AF217911

Rowohlt Verlag GmbH, Kirchenallee 19, 20099 Hamburg

Kontaktadresse nach EU-Produktsicherheitsverordnung:
produktsicherheit@rowohlt.de

Wir beschäftigen uns erst mit Sterben und Tod, wenn wir direkt damit konfrontiert werden. Dann stellen wir uns die Frage: Wie möchte ich sterben? Und wie kann man als Angehöriger trösten? Welche Möglichkeiten und Grenzen der Begleitung gibt es? Aus der Auseinandersetzung mit diesen Fragen und seiner jahrzehntelangen Arbeit als Sterbebegleiter zieht Ernst Engelke Rückschlüsse auf die Bedürfnisse aller Betroffenen und gibt Hilfestellung, um diese schwierige Zeit am Ende des Lebens besser meistern zu können. So entsteht ein eindringliches und hilfreiches Buch über den Umgang mit sterbenskranken Menschen.

Prof. Dr. Ernst Engelke, Jg. 1941, studierte Philosophie, Theologie, Pädagogik und Psychologie. Von 1980–2007 war er Professor für Soziale Arbeit an der Fachhochschule in Würzburg. Vorher war er unter anderem neun Jahre als Klinikseelsorger tätig. Seitdem begleitet er Sterbenskranke und führt deutschlandweit Fortbildungen und Supervisionen für Mitarbeiter von Kliniken, Sozial- und Palliativstationen, Hospizen und Altenheimen durch. Seit 2000 engagiert sich Engelke u. a. in der Akademie für Palliativmedizin, Palliativpflege und Hospizarbeit und auf den Palliativstationen der Stiftung Juliusspital Würzburg. Engelke ist Autor von zwölf Fachbüchern und zahlreicher Aufsätze zur Sozialen Arbeit und zur Palliativmedizin, Palliativpflege und Hospizarbeit. Er lebt in Würzburg.

ERNST ENGELKE

DIE WAHRHEIT ÜBER DAS STERBEN

Wie wir besser damit umgehen

Rowohlt Taschenbuch Verlag

2. Auflage Mai 2020
Originalausgabe
Veröffentlicht im Rowohlt Taschenbuch Verlag,
Reinbek bei Hamburg, September 2015
Copyright © 2015 by Rowohlt Verlag GmbH,
Reinbek bei Hamburg
Umschlaggestaltung ZERO Werbeagentur, München
Umschlagabbildung FinePic, München
Satz CPI Books GmbH aus
Adobe Garamond, InDesign
Druck und Bindung
BoD - Books on Demand GmbH,
Norderstedt, Germany
ISBN 978 3 499 62938 9

*Jeder der geht
belehrt uns ein wenig
über uns selber.
Kostbarster Unterricht
an den Sterbebetten.*

HILDE DOMIN

6 Wie Angst und Hoffnung miteinander konkurrieren 143

7 Wenn das Leben ausgeschöpft ist 167

ZUR EINFÜHRUNG

WIR FÜRCHTEN IHN, und doch kommt er unausweichlich: der Tod. Wer also ist nicht daran interessiert, dass dem Sterben von seinem Schrecken genommen wird? Vor der schmerzvollen Realität des Sterbens möchten wir uns schützen. Die einen versuchen es durch Ignorieren, andere durch Idyllisieren oder Glorifizieren. Das können sterbenskranke Menschen nicht mehr. Sie erleben, was im Sterben wirklich geschieht.

Kranken, sterbenden und trauernden Menschen bin ich in meinem Leben in verschiedenen Rollen begegnet: als Sohn, Neffe, Cousin, Freund, Kollege, Nachbar, Klinikseelsorger, Psychologe und Psychotherapeut. Viele Begegnungen sind mir noch gegenwärtig und wirken in mir nach.

In meiner Dissertation habe ich 153 Gedächtnisprotokolle, die 70 Klinikseelsorger über ihre Gespräche mit Sterbenskranken aufgeschrieben haben, ausgewertet.[1] Mit mehr als 600 Ärzten habe ich im Rahmen von Fortbildungen ihre palliativ-medizinische Behandlung besprochen und die Kommunikation zwischen ihnen und Sterbenskranken reflektiert. Über 80 Seminare und Workshops habe ich mit Pflegekräften zur Kommunikation mit Sterbenskranken durchgeführt. Dazu kommen zahlreiche Supervisionen und Projekttage mit Mitarbeiterinnen und Mitarbeitern von Sozialstationen, Palliativstationen, Hospizen, ambulanten palliativ-medizinischen Diensten, Seniorenheimen und Hospizvereinen.[2]

In diesem Buch möchte ich weitergeben, was ich aus diesen Begegnungen über das Sterben gelernt habe, und aufzeigen, wie wir besser damit umgehen können. Es sind meine persönlichen Erfahrungen und Kenntnisse. Sind sie *die* Wahrheit über das Sterben? Darüber lässt sich streiten. Über «die Wahrheit am Krankenbett» und wie mit ihr umzugehen sei, wird seit Jahrzehnten auf Kongressen und in Kliniken diskutiert. Beinahe täglich stehen viele Ärzte vor der Aufgabe, ihren Patienten «die Wahrheit» zu sagen, nämlich die Wahrheit, dass sie bald sterben müssen. Diese Wahrheit ist vielfältig und komplex. Der Umgang mit ihr fordert heraus und strengt an. Die Vielfältigkeit und Komplexität des Sterbens und auch die des Umgangs mit dem Sterben und mit Sterbenden möchte ich darstellen. Dieses Sterben hat sowohl physische als auch psychische und soziale Aspekte. Ich möchte komplizierte Sachverhalte einfach beschreiben und erklären, ohne sie zu banalisieren. Zugleich möchte ich ermutigen, wahrhaftiger mit dem Sterben und Sterbenskranken umzugehen.

Töten, Mord, Krieg und Tod als Strafe sind nicht das Thema des Buches. Mein Thema ist das Sterben an einer Krankheit oder an einer tödlichen Verletzung. Fragen und Definitionen, ab wann jemand sterbend ist und wann jemand tot ist, behandle ich in diesem Buch nicht. Ich unterscheide Sterbenskranke und Sterbende. Ein sterbenskranker Mensch leidet an einer zum Tode führenden, unheilbaren Krankheit, stirbt aber noch nicht. Sterbende dagegen leben ihre letzten Tage oder Stunden.

Das Zusammenleben von gesunden und sterbenskranken Menschen erscheint mir wie das Spiel eines Schachspielers und eines Damespielers an ein und demselben B(r)ett. Beide spielen nach ihren eigenen Regeln – und aneinander vorbei. Die Gesunden, in der Metapher der Schachspieler, verfügen über 16 Figuren: einen König, eine Dame, zwei Türme, zwei Läufer, zwei Springer und acht Bauern. Die Figuren können vorwärts- und rückwärtsbewegt werden, sie können laufen und springen. Alle Felder des Brettes können genutzt werden. Der Damespieler, in der Metapher der Sterbenskranken, hat dagegen nur 12 flache, runde Steine. Nutzen darf er nur die dunklen Felder des Brettes. Die Steine darf er jeweils nur ein Feld in diagonaler Richtung und auch nur vorwärtsbewegen. – Wie kann da ein Zusammenspiel entstehen?

Schachspieler sind oft stolz auf ihr königliches Spiel. Dame zu spielen ist unter ihrer Würde. Sie lassen sich ungern dazu hinab. Im Leben ist es leider so, dass gesunde Menschen irgendwann krank und auch sterbenskrank werden. In der Metapher ausgedrückt: Das königliche Spiel ist vorbei, und der Schachspieler muss «Dame spielen». Sehnsüchtig blicken wir, wenn es uns trifft, zurück und erleben, dass Schachspieler nichts mit uns zu tun haben wollen.

Das Urteil Sterbenskranker über den Umgang mit Sterben und Tod in der Gesellschaft kann sehr hart sein. Stellvertretend für sie lasse ich den sterbenskranken Christoph Schlingensief zu Wort kommen: «Man kann versuchen, die Verblödung, mit der Krankheit, Leiden, Sterben und Tod in unserer Gesellschaft diskutiert wird, wenigstens im Kleinen ein wenig aufzuhalten. Denn gequatscht wird ja ununterbrochen, das ist ja gar nicht zu fassen, wie viel Blödsinn geredet und geschrieben wird übers Dahinvegetieren, über die Würde, die angeblich verlorengeht, wenn man nicht mehr alleine scheißen kann oder was weiß ich.»[3]

Aus Sicht Sterbenskranker – und auch aus meiner Sicht – sind Klischees, Idealisierungen, Ideologien und falsche Behauptungen über das Sterben und das Erleben Sterbenskranker weit verbreitet, auch in der medizinischen Fachliteratur und in der Palliativ- und Hospizbewegung. Sie lassen erkennen, dass zwar viel über Sterben und Tod diskutiert, aber selten mit Sterbenskranken gesprochen und ihnen zugehört wird. Meine Erfahrung ist: Diese Klischees, Idealisierungen und Ideologien über das Sterben und das Erleben Sterbenskranker stehen fast immer im Widerspruch zum wirklichen Erleben Sterbenskranker und Sterbender sowie zu den realen Möglichkeiten ihrer Betreuer. Außerdem führen sie zu falschen Erwartungen, unnötigen Belastungen und unberechtigten Schuldgefühlen bei allen, die Sterbenskranke begleiten. Zudem verhindern abgehobene Diskussionen über Sterben, Tod, Sterbebegleitung und Sterbehilfe sowie über Hospize, Palliativstationen und Pflegeheime oft eine offene und ehrliche Begleitung Sterbenskranker; sie sind ein Grund für deren Einsamkeit in unseren Tagen.[4]

Unser Reden und Handeln mit Sterbenskranken sollte daher nicht durch eigensinnige Bilder und Vorstellungen vom Sterben geleitet werden. Wir haben uns am wirklichen Erleben und Verhalten der Sterbenskranken zu orientieren; deren Lebenswirklichkeit korrigiert unsere Annahmen nachhaltig.

Mich erstaunt: Der Europarat moniert, dass in Deutschland vor allem einheitliche politische Vorgaben und Strategien zur Palliativversorgung und Hospizarbeit fehlen würden. Betroffene, und als solche werden die Patienten und ihre Angehörigen charakterisiert, würden insbesondere am Lebensende – trotz des normalerweise guten medizinischen Standards und der damit oft auch einhergehenden hohen Kosten – bisher häufig nicht bedarfsgerecht versorgt. Selbstbestimmung und Teilhabe am gesellschaftlichen Leben seien nicht in der Weise gewährleistet, wie es wünschenswert wäre. Beispielhaft werden hier die oft fehlende Integration von psychosozialer und spiritueller Unterstützung sowie die immer noch nicht ausreichende Berücksichtigung ehrenamtlicher Hilfsangebote genannt. Die Deutsche Gesellschaft für Palliativmedizin hat der Analyse des Europarates zugestimmt und ebenfalls festgestellt, dass trotz vieler guter Ansätze eine bedarfsgerechte Versorgung in Deutschland noch aussteht.[5]

Was heißt bedarfsgerecht? Wer stellt den Bedarf fest? Und nach welchen Kriterien? Vergessen wird: Sehr, sehr viele Menschen setzen sich heute in Deutschland dafür ein, dass Menschen bei sich zu Hause, im Krankenhaus, auf einer Intensiv- oder Palliativstation, im Hospiz und auch im Senioren- oder Pflegeheim würdig sterben können und auch würdig sterben. Sie tun das oft vorbildlich, obgleich die Bedingungen für diese Arbeit nicht immer günstig sind. Wir schulden ihnen Dank und Wertschätzung. Bei aller notwendigen Kritik darf nicht vergessen werden, dass – so vermute ich gut begründet – in Deutschland kaum jemals zuvor Sterbenskranke und Sterbende so aufmerksam und unterstützend betreut worden sind, wie das heute vielfach geschieht.

Noch ein paar Anmerkungen zu meiner Darstellungsweise: Immer wieder habe ich, um etwas zu verdeutlichen, Beispiele aus der Literatur in das Buch eingefügt. Ich habe bewusst auch Autoren aus früheren Jahrhunderten einbezogen. Sie zeigen: Sterbenskranke haben zu allen Zeiten ähnlich empfunden. Der Prozess des Bewusstwerdens und der Kampf gegen das Wissen «Ich muss bald sterben» ist von Schriftstellern erschütternd lebendig beschrieben worden: Alexander Solschenizyn beschreibt in seinem Roman «Krebsstation» das Zusammenleben der Patienten auf einer Krebsstation. Isabel Allende lässt uns am Sterben ihrer Tochter «Paula» teilnehmen. Siegfried Lenz schildert in «Der Verlust», wie ein Journalist seine

Sprache verliert. In seiner Novelle «Der Tod des Iwan Iljitsch» lässt Lew Tolstoi uns die Tiefe menschlicher Angst vor dem Tod nachempfinden. Mitch Albom gibt in «Dienstags bei Morrie. Die Lehre eines Lebens» die Interviews mit seinem an ALS erkrankten Professor wieder.

Besonders wertvoll sind mir natürlich Aufzeichnungen der Autoren, die ihr eigenes Erleben beschrieben haben: Robert Gernhardt lässt uns in seinen Gedichtbänden «K-Gedichte» und «Später Spagat» an seinem selbstironischen Kampf als Herz- und Krebskranker teilnehmen. Fritz Zorn beschreibt in «Mars» seinen Zorn auf seinen Krebs und seine Eltern. Maxie Wander lässt uns ihr Tagebuch «Leben wär' eine prima Alternative» lesen. Ruth Picardies Ehemann hat die E-Mail-Korrespondenz seiner sterbenskranken Frau «Es wird mir fehlen, das Leben» veröffentlicht. Peter Nolls «Diktate über Sterben und Tod» und «Das Leben ist der Ernstfall» von Jürgen Leinemann sind Reflexionen Sterbenskranker über das eigene Sterben und den Umgang mit Sterben und Tod in unserer Gesellschaft. Christoph Schlingensief hat sein Erleben als Sterbenskranker täglich auf Band diktiert, daraus entstand «So schön wie hier kanns im Himmel gar nicht sein». Arno Geiger erzählt in «Der alte König in seinem Exil» von seinem Vater, dem die Erinnerungen abhandenkommen und dessen Orientierung in der Gegenwart sich auflöst. Peter Gross beschreibt in «Ich werde sterben» das Sterben seiner Frau.

Wenn ich aus diesen Werken zitiere, gebe ich die Quelle an. Darüber hinaus habe ich auch Aussagen von Sterbenskranken, Angehörigen, Ärzten und Pflegenden aus meinem persönlichen und beruflichen Umfeld aufgenommen, verfremdet und ohne Quellen anzugeben.

Gesunde Menschen muten sich selten zu, Sterbenskranke zu berühren und damit sich selbst zu begegnen. Beides wird abgewehrt. Mitunter sogar gerade dadurch, dass man ständig über das Sterben – über das Sterben der anderen, natürlich – spricht. Sterbenskranke können nicht nur, sondern sollten uns wegweisende Lehrer sein. Um die Metapher aufzugreifen: Kluge Schachspieler befassen sich frühzeitig mit dem Damespiel.

Es mag sein, dass Sie beim Lesen persönlich berührt werden, sich an Begegnungen mit Sterbenden erinnern und traurig werden. Dann brauchen Sie jemanden, dem Sie Ihr Herz ausschütten können. Die aufgebrochenen Fragen und Gefühle sind allein kaum auszuhalten. Das weiß und kenne ich. Ich wünsche Ihnen dann einen Menschen in Ihrer Nähe, der Ihnen zuhört, Sie so annimmt, wie Sie gerade sind, bei dem Sie Wärme und Wertschätzung erfahren, der nicht erklärt, abwehrt und wertet, sondern einfach bei Ihnen ist und mit Ihnen aushält.

I UNSER VERHÄLTNIS ZU STERBEN
UND TOD IST AMBIVALENT

Sterben und Tod sind kein Tabu

«SIE WERDEN STERBEN» – mit diesem Schock-Spruch wollte die ARD im Herbst 2012 aufrütteln. Auf allen Kanälen ging es damals eine Woche lang um die Themen Sterben, Tod und Trauer. Die Themenwoche «Leben mit dem Tod» war mit Hospiz- und Palliativexperten erarbeitet worden. Sie sollte dazu beitragen, das Reden über Sterben und Tod in unserer Gesellschaft zu enttabuisieren und langfristig eine neue Kultur des Sterbens und Trauerns aufzubauen. Ob dieses Ziel wirklich erreicht worden ist?

«Nichts gegen das Thema, aber in dieser Ballung ist das schwer erträglich», reagierte dann auch Christian Stöcker, Journalist bei SPIEGEL-ONLINE. «Meine Sterblichkeit ist mir durchaus bewusst. Genauso wie die der Menschen, die ich liebe. [...] Die Tatsache, dass du (liebe ARD) mich jeden Morgen an der Bushaltestelle, in ganzseitigen Magazin-Anzeigen, auf Plakatwänden und sonst überall ständig mit den fettgedruckten Worten ‹SIE WERDEN STERBEN› belästigst, in einer nebligen, verregneten Novemberwoche voller toter Blätter und kahler Bäume, empfinde ich als Unverschämtheit.»[6] Stöcker hat für viele gesprochen, auch für mich.

Die Kampagne wurde damit gerechtfertigt, dass der Tod als die größte Bedrohung des Lebens tabuisiert sei, ganz und gar aus dem Leben ausgeblendet, hinter die Kulissen des gesellschaftlichen Lebens verlagert oder jedenfalls aus dem öffentlichen Leben verbannt. Mit diesen oder ähnlichen Behauptungen beginnen fast alle Publikationen, die sich mit Sterben und Tod befassen.

Ich bin der Ansicht: Sterben und Tod lassen sich gar nicht tabuisieren, selbst, wenn wir es versuchen würden. Sie sind überall gegenwärtig. Und, viel wichtiger noch: Sie werden auch nicht tabuisiert, wie die Reaktion vieler auf die ARD-Themenwoche zeigt. Ganz selbstverständlich werden die Wörter «Sterben» und «Tod» im Alltag benutzt: Todesflug. Tödliches Ende einer Reise. Blutiger Sonntag. Spiel auf Leben und Tod. Sterbehilfe. Unsterblich verliebt. Friss oder stirb. Sie sind als Faktum und als Metapher allgegenwärtig, ohne dass unbedingt gleich ein persönlicher Bezug hergestellt wird. Und immer wieder erkranken Menschen in unserer Nähe tödlich und sterben. Dann trifft es uns, und als Angehörige und Freunde trauern wir um sie. Schließlich wissen wir nur zu gut, dass auch wir irgendwann sterben müssen.

Der Büchermarkt ist mit Publikationen zu Sterben und Tod überschwemmt. Die Schlagzeilen der Printmedien berichten von tödlichen Katastrophen. Zeitschriften und Magazine beschreiben tödliche Erkrankungen und Selbstmorde von Prominenten; Sterbende und Tote füllen Nachrichten- und Sondersendungen. In Großaufnahmen wird gezeigt, wie Menschen erschossen, lebensgefährlich Verletzte aus Trümmern gezogen und Leichen nach einem Attentat weggeschafft werden. Wir können in unserem Wohnzimmer dem Sterben in der ganzen Welt zuschauen. Somit zeigt sich: Die Rede von der Tabuisierung des Todes geht völlig an der Wirklichkeit vorbei.

Die Wahrheit ist vielmehr: Unser Verhältnis zu Sterben und Tod ist zwiespältig. Wir sind fasziniert und erschrecken zugleich. Gedanken an den Tod fesseln uns und machen uns neugierig. Nicht minder ängstigen sie uns und lassen uns in unserem tiefsten Inneren erzittern.

Der Lust, Sterben und Tod zu erleben, steht die Angst, selbst sterben zu müssen oder geliebte Menschen sterben zu sehen, gegenüber.

Was ist der Tod?

Bevor wir uns damit beschäftigen, wie wir mit Tod und Sterben umgehen, sollten wir den Tod selbst in den Blick nehmen. Was ist der Tod? Diese Frage mag zunächst seltsam erscheinen, denn es scheint doch offensichtlich zu sein: Der Tod ist das Ende des Lebens. Und der Tod steht jedem von uns bevor. Da wir aber nicht wissen, wann er zu uns kommt, leben wir, als ob er es nie täte. Wir wollen nicht wahrhaben, dass er uns treffen wird, obgleich er uns das Gewisseste ist. Daher ist es sinnvoll zu fragen: Was wissen wir tatsächlich von ihm, was können wir überhaupt über ihn wissen? Welche Geheimnisse birgt er? Ist er ein Phänomen? Gar eine Person? Männlich oder weiblich? Geschlechtslos? Ist der Tod nur Übergang? Darf man Leben unter gewissen Voraussetzungen bewusst beenden? Ab wann spricht man überhaupt von Leben, wann vom Tod? Wo liegt die Grenze zwischen beiden?

Wie schwierig diese Fragen zu beantworten sind, beweisen die hitzigen Debatten, wenn es um Fragen nach dem Zeitpunkt des Todes geht, um das Recht auf Tötung bzw. Selbsttötung von Menschen (Schwangerschaftsabbruch, Euthanasie, Suizid), den gesellschaftlichen Umgang mit dem Tod oder die Frage nach einem Fortleben nach dem Tod (Unsterblichkeit) und ob sich die Todesgewissheit auf die eigene Lebensführung auswirkt.

«Wenn von Tod und Unsterblichkeit gesprochen wird – wir wissen nichts», schreibt der Arzt und Philosoph Carl Jaspers (1883–1969).[7]

Betrachtet man den Tod aus der Perspektive der biologischen und medizinischen Wissenschaften, scheint die Antwort auf unsere Fragen auf den ersten Blick einfach: Sie bezeichnen Tod als das Erlöschen wesentlicher organischer Vorgänge (Lungentod, Herztod, Hirntod). Vom «natürlichen» Tod aufgrund von Erkrankungen oder/und Alterungsprozessen wird der «unnatürliche» Tod durch äußere Einwirkung unterschieden. Gestritten wird darüber, wann genau der Tod eintritt und wie man diesen Zeitpunkt feststellen kann. Die Entscheidung darüber ist wichtig, zum Beispiel, wenn Organe für eine Organspende entnommen werden sollen.

Noch komplizierter wird es, wenn man den Tod philosophisch, theologisch und juristisch betrachtet. In letzter Konsequenz sind zwei grundsätzlich verschiedene Auffassungen verbreitet:

- Der Tod beendet das Leben, die körperlich-organische und aktive, physisch feststellbare geistige Existenz eines Lebewesens endgültig. Der Mensch wird ganz und gar vernichtet. Der Verstorbene existiert nicht mehr. Er kann nur noch in der Erinnerung der Überlebenden oder in seinen Werken weiterleben.
- Der Tod beendet zwar das biologische, physikalische Leben, nicht aber den Menschen an sich. Der Tod ist vielmehr ein Übergang, eine Tür. Er führt zu einem neuen Leben oder zum Weiterleben in einem völlig anderen

Seinszustand (Unsterblichkeit, Totenreich, Jenseits, Auferstehung, Himmel, Hölle).

Religion und Philosophie bieten vielfältige Auffassungen und Vorstellungen zum Leben mit und nach dem Tod an: Für Platon (427–347 v. Chr.) zum Beispiel ist der Tod philosophisch gesehen ein personaler Übergang in die Welt der Ideen, eine Vorstellung, die in vielen Religionen auch vorkommt. Nach Thomas von Aquin (1227–1274) steht der Tod der Glückseligkeit des Menschen in seinem irdischen Leben grundsätzlich im Wege. Es bleibt ihm daher nur die Hoffnung auf eine Glückseligkeit nach dem Tode aus göttlichem Wirken heraus. In der Moderne verlieren die Hoffnung auf Unsterblichkeit und der Glaube an ein Weiterleben nach dem Tod zunehmend an Bedeutung. Der französische Philosoph Vladimir Jankélévitch (1903–1985) untersucht zum Beispiel in seinem Buch «La mort» (1977) «den Grenzfall Tod in seiner ganzen Banalität und Fremdheit, in seiner Widersprüchlichkeit» und auch im Zusammenhang mit dem Nachdenken über den Tod in der Philosophiegeschichte. Für ihn ist der Tod das Prinzip unserer Vernichtung: «Der Tod läßt uns an der Vernunft des Seins zweifeln und flüstert dem Menschen früher oder später ins Ohr: *Wozu das alles?*»[8]

Aus den philosophischen und religiösen Vorstellungen kann jeder für sich persönlich ableiten, als was er den Tod ansieht und was diese Vorstellung für sein Leben bedeutet. Verbinden wir mit dem Tod das Ende von Leid und Schmerz, den Eingang in die ewige Gemeinschaft mit Gott, die Vernichtung unserer Existenz? Müssen wir ihn als Todfeind unseres Lebens bekämpfen? Hat Gott den Tod gebracht und müssen wir – nach Auffassung von Elias Canetti[9] – Gott deswegen hassen? Es ist eine persönliche Entscheidung, welche «Lehre» man für sich annimmt und ob und in welchem Umfang man sein Leben danach ausrichtet.

Im Leben können wir keine gesicherte Antwort erhalten, welche der diskutierten Auffassungen und Lehren wirklich stimmt. Die Antwort ist und bleibt ein Geheimnis des Todes.

«Bevor wir geboren sind, ist alles offen im Universum ohne uns.
Denn so lange wir leben, ist alles geschlossen in uns.
Und wenn wir sterben, ist alles wieder offen.
Offen geschlossen offen. Das ist alles, was wir sind.»
YEHUDA AMICHAI (1924–2000)

Faszination Sterben und Tod

«Da die Menschen unfähig waren, Tod, Elend, Unwissenheit zu überwinden», erklärte der französische Mathematiker, Naturwissenschaftler und Philosoph Blaise Pascal (1623–1662) «sind sie, um glücklich zu sein, übereingekommen, nicht daran zu denken. [...] Der Tod, an den man nicht denkt, ist leichter zu ertragen als der Gedanke an den Tod überhaupt. [...] Als man das erkannte, wählte man die Zerstreuung.»[10]

Die Medien nutzen diese Weisheit: Sie bieten den Menschen Ablenkung, auch und gerade, was das Thema Sterben angeht. Falls Sie heute Abend den Fernseher einschalten, können Sie sich – da bin ich mir ziemlich sicher – auf fast allen Kanälen durch Sterben und Tod unterhalten lassen. Täglich werden Sendungen aus dem Action-Thriller-Krimi-Genre zu den besten Sendezeiten angeboten: «Ich sterbe, du lebst» – «Rendezvous mit dem Tod» – «Der Tod fährt mit» – «Stirb, damit ich glücklich bin».

Die hohen Einschaltquoten zeigen, wie beliebt solche Sendungen sind, aber auch, wie stark dadurch unsere Bilder und Vorstellungen von Sterben und Tod bestimmt werden: Sterben wird mit Qual, Gewalt und Töten verbunden. Seit fast fünf Jahrzehnten läuft «Tatort», für viele ist das gemeinsame Schauen der Krimiserie ein beliebtes Ritual am Sonntagabend. Es gibt mehr als neunhundert Folgen; die Sendung hat inzwischen Kultstatus erreicht. Während wir dem Sterben anderer zuschauen, rekeln wir uns bequem im Fernsehsessel, trinken Bier, naschen Pralinen und beklagen uns gegebenenfalls über die enttäuschenden Schauspieler.

Im Internet werden Sterben und Tod virtuell kommuniziert: Es gibt zahlreiche Ego-Shooter-Spiele, die man online spielen kann.

Für manche Zeitgenossen reicht der virtuelle Kitzel nicht aus. Die einen reisen zur «Criminale», dem größten deutschsprachigen Krimifestival. Hinter dem Festival steht das «Syndikat», eine Vereinigung von mehr als achthundert Krimiautoren. Die anderen besuchen die Ausstellung «Körperwelten». Der Plastinator Gunter von Hagen lässt enthäutete Menschen- und Tierkörper mit Kunststoff füllen, aushärten und die so präparierten Leichen lebensnah ausstellen: Ein Basketballer wirft den Ball in den Korb. Ein Radler fährt mit seinem Fahrrad. Die «Körpermaschinen» leben zwar nicht mehr, «funktionieren» aber noch: Sie befriedigen unsere Schaulust.

Wem das nicht reicht, der fährt unverzüglich zur nächsten Unglücksstelle. Dort kann er aus sicherer Entfernung die Katastrophe und den Kampf der Rettungskräfte um das Leben der Unfallopfer miterleben. Die Rettungsdienste beklagen zunehmend, dass Gaffer sie bei ihrer Arbeit behindern. Appelle, von diesem Tourismus abzusehen, scheinen eher das Gegenteil zu bewirken.

Die skizzierte Entwicklung ist nichts Neues: Sterben und Tod dienten auch früher der Zerstreuung: Der Lust der Menschen, sich durch sie unterhalten zu lassen, wurde zu allen Zeiten und in allen Kulturen vielfältig Rechnung getragen. Die Römer vergnügten sich vor 2000 Jahren an den Kämpfen der Gladiatoren auf Leben und Tod. Zeitzeugen beschreiben, wie im Mittelalter das ganze Dorf erwartungsvoll auf den Anger oder den Galgenberg spazierte, um sich das Schauspiel einer Hinrichtung anzusehen. Diese waren äußerst grausam: So wurden zum Beispiel Verurteilte nackt in einen eisernen Käfig eingesperrt und dieser aufgehängt, bis die Menschen qualvoll verdursteten oder erfroren. Ihre Überreste wurden nach ihrem Tod noch eine Zeitlang in dem Käfig belassen, um die Bevölkerung der Stadt davon abzuhalten, ähnliche Straftaten wie die Verurteilten zu begehen.[11]

Mord und Totschlag werden und wurden auch in der Kunst kultiviert. In Literatur, Schauspielen und Opern geht es seit Jahrhunderten um Liebe, Eifersucht, Intrigen, Ehebruch, Verrat mit Tod, Mord und Suizid. Auf den Bühnen der Theater und Opernhäuser der ganzen Welt sterben bis heute Hamlet, Jedermann, die Jungfrau von Orleans, Norma, Tristan, Isolde, Othello, Desdemona. Und das Publikum genießt die Sterbeszenen.

Diese Beispiele zeigen eindrücklich, dass von einer Tabuisierung nicht die Rede sein kann, im Gegenteil: Tod und Sterben sind in gewisser Weise faszinierend allgegenwärtig.

Gleichzeitig ist der Wunsch, selbst nicht sterben zu müssen, so alt wie die Menschheit, und wir tun – verständlicherweise – viel, ihn möglichst hinauszuzögern und gesund zu bleiben. Auch manch Hundertjähriger schmiedet Zukunftspläne und bekämpft seine Erkrankungen.

Gesund leben – um nicht zu sterben?

Gesundheit ist unser höchstes Gut: «Die Gesundheit ist zwar nicht alles, aber ohne Gesundheit ist alles nichts.» Kaum ein anderer Aphorismus Arthur Schopenhauers (1788–1860) wird so häufig zitiert wie dieser. «Neun Zehntel unseres Glücks beruhen allein auf der Gesundheit», schrieb der vor 150 Jahren verstorbene Philosoph. «Mit ihr wird alles eine Quelle des Genusses.»

Noch nie wurde in Deutschland so viel Aufmerksamkeit auf Ernährung und gesunden Lebensstil gerichtet wie heute. Viele Kochbücher und Ratgeber zum gesunden Leben sind Bestseller. Ärzte schreiben über die Kunst, gesund zu leben. Selbsternannte Experten stellen immer neue Regeln auf, wie man fit bleibt. Mit dem Hinweis «Das ist gesund!» lässt sich fast alles verkaufen.

Die Gesundheitsindustrie – dazu gehören selbstverständlich auch alternative Heiler und Heilmethoden – lebt nicht schlecht von der Weigerung der Menschen, krank zu werden, krank zu sein und zu sterben.

Und auch auf der politischen Ebene tut man einiges, um die Behandlung der großen Volkskrankheiten zu verbessern und ihnen vorzubeugen.

So möchte man mit der bisher größten medizinischen Langzeitstudie Deutschlands neue Erkenntnisse im Kampf gegen Krebs, Diabetes und Demenz gewinnen. 200 000 Personen sollen daran teilnehmen.[12] Dementsprechend unterstützt die Gesundheitsministerkonferenz die Aktivitäten des Kooperationsverbundes Gesundheitliche Chancengleichheit. Diesem Verbund gehören 61 Organisationen an. Er beschäftigt sich hauptsächlich mit der Gesundheitsförderung bei Kindern und Jugendlichen, bei Arbeitslosen, bei Älteren und im Stadtteil. Das Motto der Aktivität benennt zugleich ihr Ziel: «Gesund aufwachsen für alle!»[13] Außerdem möchte die Bundesregierung die Gesundheitsvorsorge mit einem Präventionsgesetz fördern.

Auch jeder Einzelne von uns tut sein Möglichstes, lange gesund zu bleiben. Und wenn wir krank sind, tun wir (fast) alles, um wieder gesund zu werden. Je intensiver wir uns um unser Gesundsein sorgen, desto stärker wehren wir uns gegen das, von dem wir ahnen, dass es auf uns zukommen könnte. Unser Engagement für unsere Gesundheit ist letztlich nichts anderes als unser persönlicher Kampf gegen Krankheit, Sterben und Tod – und das ist seit Menschengedenken so.

Sterben und Tod auf Abstand halten

Zu diesem Kampf passt, dass wir – jenseits von Entertainment – den Tod und das Sterben meiden: Eine Sache ist es, Sterben und Tod abgeschirmt in den Medien zu erleben und sich dadurch unterhalten zu lassen. Eine völlig andere Sache ist es dagegen, mit Sterbenskranken selbst zusammen zu sein, ihnen persönlich zu begegnen, sich von ihnen berühren zu lassen. Die Mehrzahl der Deutschen scheut solche Begegnungen: Als in einer Kleinstadt ein Hospiz für Sterbende eingerichtet werden sollte, wehrten sich die Nachbarn vehement. Sie wollten sich den Tod vom Leibe halten: «Das Hospiz muss vor die Stadt, ins Grüne.» Unterstützt wurden sie von Mitgliedern des Stadtrates. Die Bürger hatten Erfolg mit ihrem Protest. Das Hospiz wurde in einem anderen Ort gebaut.

Es scheint, als seien Altenheime und Pflegestationen von unsichtbaren Zäunen umgeben, einer Bannmeile. Wer nicht unbedingt muss, vermeidet es, dort hinzugehen; selbst dann, wenn man jemanden besuchen will, fühlt man einen inneren Widerstand und neigt dazu, den Besuch möglichst hinauszuschieben.

Dieser Widerstand wird dadurch verstärkt, dass über diese Einrichtungen oft schlecht geredet wird: «Die Versorgung alter Menschen ist katastrophal» – «Nicht einmal satt und sauber» – «Unterernährung und Flüssigkeitsmangel sind in deutschen Pflegeheimen an der Tagesordnung» – «Das Altenbett ist ein Gefängnis» – «Die Pflege: eine organisierte Entwürdigung der Alten» – «Albtraum Altenpflege» – «Chronik eines unwürdigen Todes».

Alle sind sich einig: Schlechte Pflege ist nicht akzeptabel, und jeder einzelne Fall von Vernachlässigung ist ein Fall zu viel. Als Verantwortliche für die unwürdigen Zustände in den Heimen werden vor allem die Politiker und die Träger der Einrichtungen beschuldigt: Sie seien nicht bereit, genügend Geld zur Verfügung zu stellen, um mehr Personal einstellen zu können. Und auch den Pflegenden wird vorgeworfen, sie würden sich nicht ausreichend um die Pflegebedürftigen kümmern, selbst wenn sie genügend Zeit hätten.

Meiner Ansicht nach sollte man überprüfen, ob die beklagten Skandale und Notstände nicht auch auf eine generell fehlende Bereitschaft der Gesellschaft, konkret von uns, sich alten und sterbenskranken Menschen zu nähern und sie zu begleiten, zurückzuführen sind. Soweit ich sehe, wird dieser Aspekt weder bei öffentlichen Diskussionen noch in den Fachkreisen gebührend berücksichtigt.

Selbstverständlich gibt es Angehörige und Freunde, die diesen Liebesdienst tun. Das kann man gar nicht genug anerkennen. Andere würden es gern tun, werden aber aus Gründen, die sie persönlich nicht zu verantworten haben und auch nicht ändern können, daran gehindert. Die große Mehrheit meidet jedoch die Nähe zu sterbenden Menschen und versucht so, der Konfrontation mit der Pflegebedürftigkeit und dem persönlichen Verfall auszuweichen.

Deshalb werden sterbenskranke und pflegebedürftige Menschen an «Profis» und spezielle Einrichtungen abgegeben. Dort können sie jedoch nicht so gepflegt und versorgt werden, wie die Pflegebedürftigen und ihre Angehörigen es sich wünschen: Das notwendige Personal fehlt, und das vorhandene Personal ist oftmals überfordert. Andererseits sind Angehörige, wie in den Heimen beklagt wird, selten bereit, selbst ihren Teil zur Pflege beizutragen – sei es durch Besuche oder Ähnliches. Sie würden eher dazu neigen, sich über vermeintliche oder wirkliche Mängel aufzuregen und die Pflege generell zu skandalisieren.

War das früher genauso? Gab es einmal einen besseren, menschlicheren Umgang mit sterbenskranken Menschen?

Oft wird kolportiert, früher seien die Menschen im Kreis ihrer Familie friedlich gestorben, sie hätten weniger Angst vor dem Sterben gehabt. Der Tod wäre akzeptiert worden – er gehörte zum Leben einfach dazu. Ist das nur ein beliebtes Klischee? Oder stimmen diese Aussagen wirklich?

Der französische Historiker Philippe Ariès (1914–1984) behauptet das jedenfalls. In seiner vielzitierten Studie «Geschichte des Todes» (1982) führt er aus, dass fast zwei Jahrtausende lang im Abendland die Grundeinstellung der Menschen zum Tod nahezu unverändert geblieben sei. Der Tod sei ein vertrauter Begleiter, ein Bestandteil des Lebens gewesen, er sei akzeptiert und häufig als eine letzte Lebensphase der Erfüllung empfunden worden. Erst seit dem 19. Jahrhundert habe sich ein entscheidender Wandel vollzogen: «Der Tod ist für den heutigen Menschen angsteinflößend und unfassbar, und er ist außerdem in der modernen, leistungsorientierten

Gesellschaft nicht eingeplant. Der Mensch stirbt nicht mehr umgeben von Familie und Freunden, sondern einsam und der Öffentlichkeit entzogen, um den »eigenen Tod« betrogen.»[14]

Fundierte Kritik an diesen Behauptungen wird – bis heute – weitgehend ignoriert, obwohl es sie gibt. «Romantischen Geistes sieht Ariès im Namen der besseren Vergangenheit mit Misstrauen auf die schlechtere Gegenwart», kritisierte zum Beispiel Norbert Elias (1897–1990): «So reich sein Buch an historischen Belegen ist, seiner Auslese und Interpretation muß man mit großer Vorsicht begegnen. […] Ruhiges Sterben in der Vergangenheit? Welche Einseitigkeit der historischen Perspektive!»[15]

Und tatsächlich: Zieht man historische Quellen heran und verzichtet dabei auf eine einseitige Auswahl, dann zeigt sich ein differenziertes, wenn nicht sogar konträres Bild. In dem im Jahr 1404 erschienenen Büchlein «Der Ackermann», das zu den bedeutendsten Prosadichtungen des späten Mittelalters gehört, findet man beispielsweise folgende Anklage: «Grimmiger Zerstörer aller Länder, schädlicher Verfolger aller Welt, grausamer Mörder aller Leute, Ihr Tod, Euch sei geflucht! […] Angst, Not und Jammer verlassen Euch nicht, wo Ihr umgeht; Leid, Trübsal und Kummer, die geleiten euch allenthalben. […] Angst und Schrecken trennen sich von Euch nicht, Ihr seid, wo Ihr seid! Von mir und der Allgemeinheit sei über Euch wahrhaft Zeter geschrien mit gewundenen Händen.»[16]

Und auch der Königsberger Arzt Johann Jakob Woyth (1671–1709) schrieb in seinem 1701 verfassten Lexikon mit dem Namen «Medicinische Schatz Kammer»: «Mors, der Tod, ist die Scheidung der Seelen von dem Leibe, das Ende alles menschlichen Elends, der Anfang der ewigen Freude und wahren Ruhe, scheinet dennoch einigen, insonderheit den Gottlosen, grausam zu seyn und solches aus Furcht der ewigen Verdammung, den Reichen wegen Hinterlassung ihrer Güther.»[17]

Die Trennung von Gesunden und Kranken war weit verbreitet. Pestkranke wurden in Pesthäuser am Rande der Städte ausgelagert. In den Viehställen sah es sauberer aus als in den Krankenzimmern. Quarantäne, sprich Isolation, war eine beliebte Maßnahme gegen ansteckende Krankheiten. Die Bevölkerung akzeptierte diese Kasernierungen, um sich vor dem «Schwarzen Tod» zu schützen.

Die Furcht vor dem «Jüngsten Gericht» eines strafenden Gottes und der Verurteilung zur ewigen Verdammnis war weit verbreitet. Die natürliche Angst vor dem Tod wurde dadurch noch verstärkt. Zur Entlastung der Gläubigen und um vor dem Gericht Gottes bestehen zu können, wurde eine Ars moriendi (die Kunst zu sterben) entwickelt und praktiziert. Im Volk waren «Sterbebüchlein» weit verbreitet. Darin waren die religiösen Rituale (Beichte mit Sündenvergebung und «Letzte Ölung») und Gebete zur Vorbereitung auf einen guten Tod aufgezeichnet, um gut gerüstet ins Jenseits zu gelangen und dort zu bestehen.

Darüber hinaus sind in den vergangenen Jahrhunderten sehr viele Menschen nicht daheim im eigenen Bett, sondern auf den Schlachtfeldern, beim Bau von Schlössern, Kirchen und Brücken, auf den Straßen und in den Wäldern sowie auf den Meeren der Welt gestorben. Unzählbare Menschen sind von der Pest und anderen Seuchen in wenigen Tagen dahingerafft worden. Millionen Menschen wurden in Kriegen getötet, «verreckten» auf den zahlreichen Schlachtfeldern, und Millionen verhungerten oder erfroren elendig auf den Flüchtlingstrecks.

Und das Sterben in den Krankenhäusern? Rainer Maria Rilke beschreibt in seinen «Aufzeichnungen des Malte Laurids Brigge» (1910), wie in einem Pariser Krankenhaus, dem bekannten Hotel Dieu, um die Wende vom 19. zum 20. Jahrhundert gestorben wurde: «Dieses ausgezeichnete Hotel ist sehr alt, schon zu König Chlodwigs Zeiten starb man darin in einigen Betten. Jetzt wird in 599 Betten gestorben. Natürlich fabrikmäßig. Bei so enormer Produktion ist der Tod nicht so gut ausgeführt, aber darauf kommt es auch gar nicht an. Die Masse macht es. Wer giebt heute noch etwas für einen gut ausgearbeiteten Tod? Niemand.»[18]

Schwerkranke und Sterbende waren ihren Krankheiten ziemlich schutzlos ausgeliefert. Deshalb mussten sie starke Schmerzen ertragen. Die Möglichkeiten der Ärzte, Krankheiten zu heilen und Symptome zu lindern, waren äußerst begrenzt.[19] Weder Schmerzmittel noch Psychopharmaka, wie wir sie heute kennen, standen zur Verfügung. Die Kranken mussten ohne Novalgin, Ibuprofen, Fentanyl oder Tavor auskommen. Und die Angehörigen mussten die vor Schmerzen schreienden Sterbenskranken aushalten.

Es gibt also keinen vernünftigen Grund, unsere Vorfahren für einen anderen Umgang mit Sterben und Tod zu glorifizieren.[20] Sie hatten genauso wie wir ein ambivalentes Verhältnis zu ihnen. Als eindrückliches Beispiel dafür sei Johann Wolfgang von Goethe (1749–1832) genannt. Für ihn war der Tod ein Element des Lebens und ein Tor zur Unsterblichkeit. Zumindest auf dem Papier.[21] Reale Krankheit und reales Sterben allerdings verletzten sein «ästhetisches Empfinden» und störten ihn bei seiner Arbeit. Goethe zog sich jedes Mal zurück, wenn es um den Besuch oder die Begleitung kranker oder sterbender Angehöriger und Freunde ging.[22] Als seine Ehefrau, Christiane Vulpius, schwer erkrankte, schickte er sie zu bekannten Ärzten und auf Kur. Er selbst aber verreiste und begann eine neue Verbindung mit einer anderen, jüngeren

Frau. Am 6. Juni 1816 starb Christiane Vulpius, und ihr Ehemann schrieb in sein Tagebuch: «Gut geschlafen und viel besser. Nahes Ende meiner Frau. Letzter fürchterlicher Kampf ihrer Natur. Sie verschied gegen Mittag. Leere und Totenstille in und außer mir. […] Meine Frau um 12 nachts ins Leichenhaus. Ich den ganzen Tag im Bett.»[23]

Johanna Schopenhauer (1766–1838) beschrieb das Sterben von Goethes Frau so: «Die entsetzlichen Krämpfe, in denen sie acht Tage lag, waren so furchtbar anzusehen, dass ihre weibliche Bedienung, die zu Anfang um sie war, auch davon ergriffen ward und fortgeschafft werden musste. […] Allein, unter den Händen fühlloser Krankenwärterinnen, ist sie fast ohne Pflege gestorben. Keine freundliche Hand hat ihr die Augen zugedrückt. Ihr eigener Sohn ist nicht zu bewegen gewesen, zu ihr zu gehen, und Goethe selbst wagte es nicht.»[24]

Die moderne Hospiz- und Palliativbewegung

Seit der Mitte des 20. Jahrhunderts haben sich die gesellschaftlichen Rahmenbedingungen für die Versorgung sterbenskranker Menschen negativ zugespitzt, insbesondere bei den Krankenhäusern. Als beim Wiederaufbau Deutschlands nach dem Zweiten Weltkrieg auch viele neue Krankenhäuser und Pflegeheime gebaut wurden, fehlte oft das erforderliche Pflegepersonal. Die Bedingungen, unter denen Patienten und Heimbewohner leben mussten, wurden scharf kritisiert. Die Versorgung und Pflege wurde an vielen Orten als menschenunwürdig angesehen. Erstmals wurde von einem Pflegenotstand gesprochen. Pflegepersonal wurde zum Beispiel aus Indien, von den Philippinen und aus anderen Ländern angeworben und in den Kliniken eingesetzt.

Ehrenamtliche Besuchsdienste wurden in vielen Städten gegründet, um Patienten und Heimbewohner zu besuchen und auf diese Weise das Pflegepersonal zu unterstützen und zu entlasten. Vor allem Frauen («Grüne Damen») besuchten regelmäßig Patienten und Heimbewohner. Für ihren Einsatz wurden sie meist nicht eigens vorbereitet.

Die Krankenhäuser seien, so wurde damals kritisiert, zwar der Humanität verpflichtet, und ihre Träger würden das auch für ihre Einrichtungen beanspruchen. In Wirklichkeit aber seien sie inhuman. Nach Auffassung der Kritiker waren die Krankenhäuser zu «Gesundheitsfabriken» einer technisierten und rationalisierten Medizin mutiert. Die naturwissenschaftlich ausgerichtete Medizin habe den Kranken als Menschen aus dem Blick verloren. In den «weißen Fabriken» sei die Pflege daher zur «Pflege am Fließband» verkommen. Die alten Ideale der Pflege und der Nächstenliebe würden der zunehmenden Orientierung der Krankenhäuser am Profitprinzip geopfert. Hiervon seien insbesondere Schwerstkranke und sterbende Patienten betroffen, die man lieblos abschiebe.[25]

Um die Zustände zu verbessern, wurden «Kampagnen zur Humanisierung der Institutionen» organisiert. Gleichzeitig wurden an mehreren Orten in europäischen und angloamerikanischen Staaten Initiativen gegründet, um die Lebensbedingungen und die Versorgung der Sterbenden zu erforschen und zu verbessern.[26]

Vor allem strebte diese Hospiz- und Palliativbewegung an, den Alltag schwerstkranker und sterbender Menschen in den Institutionen menschlicher zu gestalten. Sie war und ist bestrebt, sterbenskranke und sterbende Menschen auf ihrem letzten Weg zu versorgen und so zu begleiten, dass sie in Würde Abschied nehmen können.[27]

Palliative Care nennt sich das Konzept der modernen Hospiz- und Palliativbewegung zur Behandlung und Pflege von Patienten, die sich im fortgeschrittenen Stadium einer unheilbaren, lebensbedrohlichen oder terminalen Erkrankung befinden, und für deren Angehörige. Ärzte, Pflegende sowie Psychologen, Physiotherapeuten, Seelsorger und Sozialarbeiter arbeiten nach diesem Konzept zusammen. Ehrenamtliche Helfer und Angehörige werden gleichfalls eingebunden.[28]

Palliative Care umfasst Palliativmedizin und Palliative Pflege gleichermaßen. Es ist wohl kein Zufall, dass eine entscheidende Pionierin der modernen Palliativ- und Hospizarbeit, die Britin Ciceley Saunders (1918–2005), sowohl Ärztin als auch Krankenschwester und Sozialarbeiterin in einer Person war.

Zu den Zielen von *Palliative Care* gehört auch, Sterbebegleitung zu einem Teil üblicher mitmenschlicher Begegnungen zu machen und damit Sterben in den Alltag zu integrieren. Kern der Hospiz- und Palliativarbeit ist der Dienst geschulter Hospizbegleiterinnen: Heute engagieren sich rund 100 000 Menschen in der deutschen Hospizbewegung und begleiten ehrenamtlich Sterbenskranke und Sterbende auf dem letzten Weg.[29]

Die Hospizbegleiterinnen (bis auf wenige Ausnahmen engagieren sich fast ausschließlich Frauen in diesem Dienst) werden auf ihre Besuche gut vorbereitet und in regelmäßigen Treffen professionell begleitet. Was tun sie praktisch? Sie betreuen Sterbenskranke und Angehörige in der Regel bis zu vier Stunden wöchentlich – zu Hause, in einer Klinik, einem Hospiz oder Pflegeheim und unterliegen der Schweigepflicht. Sie bringen Zeit und Bereitschaft zum Zuhören und Unterstützen mit. Bei Spaziergängen, Einkäufen und Arztbesuchen begleiten sie Patienten und übernehmen Tag- oder Nachtwachen. Dadurch tragen sie dazu bei, dass sich der Umgang mit schwerstkranken und sterbenden Menschen in unserer Gesellschaft verbessert. Von hauptamtlichen Mitarbeiterinnen des Hospizvereins (Koordinatorinnen) wird ihre Tätigkeit koordiniert und unterstützt. Sie arbeiten unentgeltlich und erhalten nur ihre Ausgaben ersetzt.

Eng verbunden mit der Hospiz- und Palliativbewegung ist auch die erfolgreiche Entwicklung und Anwendung von Medikamenten, um den Begleiterscheinungen, wie zum Beispiel bei Übelkeit, Erbrechen, Atemnot, Schmerzen und Verstopfungen, etwas entgegenzusetzen. Getragen vom Engagement vieler Ärzte, Pflegekräfte und Klinikseelsorger sowie dem Einsatz zahlreicher Bürger, verbreitete sie sich schnell. In Deutschland ist aus der kleinen Gruppe der Pioniere inzwischen eine vielfältig organisierte Bürgerbewegung auf Orts-, Landes-, Bundes- und Weltebene geworden.[30] Sie trägt heute entscheidend dazu bei, schwerstkranke und sterbende Menschen zu versorgen und die Hospizidee in der Gesellschaft zu verankern.

Die «Charta zur Betreuung schwerstkranker und sterbender Menschen in Deutschland» enthält die Kernaussagen der Hospiz- und Palliativbewegung in Deutschland. Herausgeber der Charta sind die beiden führenden Organisationen der Hospiz- und Palliativbewegung (der Deutsche Hospiz- und PalliativVerband e.V. (DHPV) und die Deutsche Gesellschaft für Palliativmedizin e.V. (DGP)) sowie die Bundesärztekammer. Ihr Ziel: Sterbende sollen gut begleitet werden und möglichst auch dort sterben, wo sie gelebt haben – zu Hause. Deshalb wird der flächendeckende Ausbau und die Weiterentwicklung der Palliativ- und Hospizversorgung, die Gestaltung gesetzlicher Rahmenbedingungen für eine bessere Palliativ- und Hospizversorgung, die Vernetzung der zahlreichen ambulanten und stationären Einrichtungen der

Hospiz- und Palliativarbeit und die Förderung der Forschung in Palliativmedizin und Sterbebegleitung gefordert. Mehr als 10 000 Einzelpersonen und annähernd 900 Institutionen haben die Charta seit ihrer Veröffentlichung im September 2010 unterzeichnet.[31] Diese Resonanz zeigt die Bedeutung und den Einfluss der Hospiz- und Palliativbewegung heute.

Was ist «gutes Sterben»?

Jedes Leben hat ein Ende. Was ist ein gutes Ende? Die Fragen danach, was menschenwürdiges Sterben ausmacht und wie seine Begleitumstände sein sollten, sind nicht nur Angelegenheit der Institutionen, sondern betreffen jeden von uns persönlich, insbesondere dann, wenn wir miterleben oder davon hören, wie andere Menschen sterben (müssen) – wenn Menschen bei einem Verkehrsunfall getötet werden, einem Herzinfarkt erliegen oder lange leiden müssen, ehe sie sterben.

Aber was ist überhaupt eine «wünschenswerte» Art zu sterben? Im Bett vom Schlag getroffen zu werden? Friedlich im Kreis der Familie und Freunde einzuschlafen? Ohne viele Worte und Aufhebens mit einer Überdosis eines Medikamentes das Leben zu beenden? Selbst den Zeitpunkt zu bestimmen oder sich dem Verlauf des Sterbens zu überlassen? Es liegt auf der Hand, dass wir uns, wenn wir schon sterben müssen, einen sanften Tod erträumen. Ein qualvolles Sterben erscheint uns schrecklich.

Schon Cäsar soll auf die Frage nach einer «guten» Todesart geantwortet haben: «Eine plötzliche Art des Todes ist die beste!» Der Theologe und Schriftsteller Joachim Bernhard Nicolaus Hacker (1760–1817) hat dazu vor zweihundert Jahren ergänzt: «Die Geschichte giebt uns mehr Beyspiele, daß die Helden, die dem Tode auf dem Schlachtfelde entgangen waren, vor dem Tode auf einem Sterbebette gezittert haben.»[32]

Gläubige Christen jedoch haben sich bis in unsere Zeit keinen plötzlichen Tod gewünscht. Vielmehr wollten sie vor dem Tod noch Zeit haben, um sich durch Buße und den Empfang der Sterbesakramente auf das Gericht Gottes vorbereiten zu können. In unserer modernen Gesellschaft spielt dieser Aspekt des «guten Sterbens» auch bei praktizierenden Christen kaum noch eine Rolle, denn der Glaube an einen richtenden und strafenden Gott ist weitgehend durch den Glauben an einen liebenden und sich erbarmenden Gott abgelöst worden.

Aber die Frage nach dem Wie des Sterbens stellt sich gerade in unserer industrialisierten Gesellschaft mit ihrer Hochleistungsmedizin aufs Neue.

H. Christof Müller-Busch, einer der führenden Palliativmediziner Deutschlands, beschreibt in seinem Buch «Abschied braucht Zeit» (2012) ganz konkrete Vorstellungen darüber, was für ihn ein «guter» Tod ist, und benennt zwölf Kriterien:

– Den Zeitpunkt, wann der Tod kommt, kennen und verstehen, was im Sterben passiert.
– Sterben können, wenn der Zeitpunkt da ist, und keine sinnlose Lebensverlängerung erleiden müssen.
– Das gesamte Geschehen kontrollieren.
– Würde und Privatsphäre werden respektiert.
– Schmerzen und andere Symptome werden gut behandelt.
– Den Sterbeort wählen können.
– Alle notwendigen Informationen erhalten.
– Spirituelle und emotionale Unterstützung bekommen.
– Hospizbetreuung sollte möglich sein.
– Bestimmen können, wer am Ende dabei sein soll.

- Vorausbestimmen können, welche Wünsche respektiert werden sollen.
- Zeit haben für den Abschied.[33]

Andere Autoren nennen außerdem:
- Arzt und Pflegenden vertrauen können.
- Keine Last für andere sein.
- Überzeugt sein, ein lebenswertes Leben gelebt zu haben.
- Selbst über den Zeitpunkt des Sterbens bestimmen können.
- Tötung auf Verlangen.
- Für gläubige Menschen: Frieden mit Gott.

Ein 49-jähriger Sterbenskranker, der über seinen «wahren Gesundheitszustand» informiert war, fasste seine Vorstellung vom guten Tod ganz knapp in dem einen Satz zusammen: «Dass ich von allem nichts mitbekomme und keine Schmerzen haben muss.»

Offen bleibt selbstverständlich, welche der genannten Kriterien für jeden Einzelnen von uns welche Bedeutung haben, weiterhin, ob wir unser Sterben nach unseren Vorstellungen und Wünschen auch wirklich gestalten und regeln können. Es wird vermutlich so sein, dass wir manche Kriterien nicht beeinflussen oder durchsetzen können, dass wir dem Geschehen möglicherweise ausgeliefert sind und unsere Würde und Privatsphäre nicht in dem von uns gewünschten Maße beachtet werden.

Dennoch bleibt die Möglichkeit, durch eine Patientenverfügung und Vorsorgevollmacht zumindest zu regeln, welche ärztlichen Maßnahmen zu unserer medizinischen Versorgung getroffen werden sollen und welche wir ablehnen. Das können wir vorab verbindlich festlegen, falls wir bei einer schweren

Krankheit oder nach einem Unfall unseren Willen nicht mehr äußern können. Bis zu diesem Moment können wir freilich jederzeit unsere Verfügungen ganz oder in Teilen ändern.

Es ist ratsam, die Patientenverfügung mit einer Vorsorgevollmacht zu verbinden. Darin kann eine Person unseres Vertrauens (Ehepartner, Kinder, Geschwister, Freund oder Freundin) benannt werden. Durch unseren Auftrag wird sie zu unserem Bevollmächtigten in Gesundheitsfragen: Wenn diese Person unsere Kriterien, wie wir sterben möchten, kennt, ist sie am besten in der Lage, in unserem Sinn zu entscheiden. Wir können diese Person auch als rechtlichen Betreuer vorschlagen, so erklären wir, dass sie in allen wichtigen Angelegenheiten für uns handeln kann.[34]

RESÜMEE
Sterben und Tod faszinieren und erschrecken uns zugleich

Sterben und Tod sind in unserer Gesellschaft präsent. Die Wahrheit ist: Wir sind von ihnen fasziniert und fürchten uns zugleich davor. Beide Pole der Ambivalenz sollten wir wahrnehmen, um zu verhindern, dass «Blödsinn» über Sterben und Tod geredet wird und Sterbenskranke alleingelassen werden. Das kann uns auch davor schützen, von einem angenehmen oder gar von einem glücklichen Sterben zu sprechen. Wir neigen dazu, Sterbenskranken aus dem Weg zu gehen, um nicht von ihnen und ihrem Schicksal berührt zu werden. Über das «Phänomen Sterben» können wir stundenlang diskutieren, das Buch über «das Phänomen Tod» raubt uns un-

seren Nachtschlaf nicht. Bin ich aber eine Stunde mit einem Sterbenden zusammen gewesen und habe mich ihm geöffnet, dann brauche ich selbst jemanden, dem ich mein Herz ausschütten kann.

Wenn wir das wissen und uns auch dazu bekennen, können wir vielleicht offener und wahrhaftiger mit Sterben und Tod in unserer Gesellschaft umgehen und zugleich Kranke und Sterbende menschlicher betreuen.

2 VON WEM UND WO STERBENSKRANKE VERSORGT UND GEPFLEGT WERDEN

Sterbenskranke haben ein Anrecht auf Versorgung und Pflege

«WER PFLEGT MICH, wenn ich einmal alt oder sterbenskrank bin?» und «Kann ich mich darauf verlassen, dass ich menschenwürdig behandelt werde?». Diese Fragen stellen wir uns, und sie sind mehr als berechtigt. Denn so sicher ist es nicht, dass alte und sterbenskranke Menschen gepflegt werden. Der Wert, der ihnen von der Gesellschaft jeweils zugestanden wird, entscheidet darüber, ob und wie sie versorgt werden.

Die menschenwürdige Pflege alter und sterbender Menschen war zu keiner Zeit und in keiner Epoche selbstverständlich, wie wir in Kapitel 1 gesehen haben. Und die Lebensbedingungen für Alte und Sterbenskranke waren bei unseren Vorfahren keinesfalls so ideal, wie das oft behauptet wird. Die Vergangenheit wird zumeist verklärt. Einige Nomadenstämme haben beispielsweise ihre Alten und Kranken, die nicht mehr mit dem Stamm mitziehen konnten, mit Nahrung für einen Tag allein zurückgelassen. In anderen Stämmen musste der älteste Sohn seine greisen Eltern mit dem Messer töten, und auch in Europa war in den vergangenen Jahrhunderten der pflegebedürftige alte oder kranke Mensch kein vollwertiges Mitglied der Gesellschaft.[35]

In den letzten zwei Jahrhunderten haben sich die Lebensbedingungen in Europa generell verbessert, auch für alte und sterbenskranke Menschen. In Deutschland übernahm der Staat Verantwortung für ihre Versorgung. Mit der 1911 in Kraft gesetzten Reichsversicherungsordnung wurde – ergänzt durch individuelle Hilfen – für eine soziale Absicherung bei Krankheit und Alter gesorgt. Sie ist seitdem die grundlegende gesetzliche Ordnung für die Sozialversicherungen in Deutschland.

Seit Gründung der Bundesrepublik Deutschland schützt das Grundgesetz die Würde des Menschen, auch die der alten und sterbenden Menschen. Ihre Würde ist unantastbar. Sie zu achten und zu schützen ist Verpflichtung aller staatlichen Gewalt. Jeder Mensch hat das Recht auf Leben und körperliche Unversehrtheit. Die Freiheit der Person ist unverletzlich.

Der deutsche Staat verantwortet und garantiert heute durch Gesetzgebung und Kostenübernahmen für seine Bürger ein Mindestmaß an sozialer Unterstützung bei Not und Krankheit. Details sind im Sozialgesetzbuch geregelt. In den Schutz der sozialen Pflegeversicherung sind kraft Gesetzes alle einbezogen, die in der gesetzlichen Krankenversicherung versichert sind. Wer bei einem privaten Krankenversicherungsunternehmen versichert ist, muss eine private Pflegeversicherung abschließen. Die Pflegeversicherung soll mit ihren Leistungen vor allem die häusliche Pflege und die Pflegebereitschaft der Angehörigen und Nachbarn unterstützen, damit die Pflegebedürftigen möglichst lange in ihrer häuslichen Umgebung bleiben können. Leistungen der teilstationären Pflege und der Kurzzeitpflege gehen den Leistungen der vollstationären

Pflege vor. Die Leistung muss von einem Vertragsarzt oder Krankenhausarzt verordnet werden.

Versicherte mit einer nicht heilbaren, fortschreitenden und weit fortgeschrittenen Erkrankung bei einer zugleich begrenzten Lebenserwartung, die eine besonders aufwendige Versorgung benötigen, haben Anspruch auf eine spezialisierte ambulante Palliativversorgung. Dieser Anspruch steht auch Versicherten in stationären Pflegeeinrichtungen, in Einrichtungen der Eingliederungshilfe für Menschen mit Behinderung, in Einrichtungen der Kinder- und Jugendhilfe und in stationären Hospizen zu.

Festzuhalten ist aber auch: Der Gesetzgeber geht davon aus, dass Pflegebedürftige zunächst von ihren Angehörigen in ihrer häuslichen Umgebung gepflegt werden.

Die häusliche Pflege und ihre Grenzen

Im Rahmen der Pflegeversicherung gab es im Jahr 2011 in Deutschland 2,5 Millionen pflegebedürftige Menschen.[36] Davon wurde der Großteil, 1,7 Millionen, zu Hause versorgt. Allein von ihren Angehörigen wurden 1,2 Millionen Pflegebedürftige gepflegt. 58 Prozent der Pflegebedürftigen waren 90 Jahre alt und älter; 85 Jahre und älter waren 38 Prozent. Selbstverständlich waren nicht alle Pflegebedürftige sterbenskrank oder gar sterbend. Genaue Daten dazu liegen nicht vor.

In vielen Fällen haben Angehörige den Pflegebedürftigen zu sich in die Wohnung genommen; in anderen Fällen sind sie selbst in die Wohnung des Pflegebedürftigen gezogen, leben in seiner Nähe oder in der unmittelbaren Nachbarschaft. Pflegende Angehörige nehmen soziale, rechtliche, auch finanzielle und pflegerische Aufgaben und Verantwortungen wahr.

Diese unterscheiden sich von den Aufgaben und Kompetenzen professioneller Pflegekräfte.

Oft sind mehrere Angehörige an der Pflege beteiligt. Als sogenannte Hauptpflegeperson wird die Person bezeichnet, die tatsächlich am meisten präsent ist; für gewöhnlich ist es ein Familienmitglied. Die Hauptpflegeperson ist auch die wichtigste Ansprechperson für die beruflich Pflegenden, wenn der Kranke seine Angelegenheiten nicht (mehr) selbst regeln kann. Die Hauptpflegeperson hat nicht automatisch die gesetzliche Betreuung. Dafür ist eine Ernennung durch das zuständige Betreuungsgericht erforderlich.

In Privathaushalten wurden mehr als eine halbe Million Pflegebedürftige von ihren Angehörigen zusammen mit oder vollständig durch ambulante Pflegedienste betreut; zum Teil auch unterstützt durch eine spezialisierte Palliativversorgung, die ärztliche und pflegerische Leistungen umfasst und sich insbesondere um Schmerztherapie und Symptomkontrolle kümmert.

Knapp 70 Prozent der Deutschen leben bis wenige Monate vor ihrem Tod zu Hause, werden dort gepflegt, ehe sie so krank und pflegebedürftig werden, dass sie in eine Klinik oder in ein Pflegeheim verlegt werden und dort sterben. Eigentlich wollen sie nicht verlegt werden, denn die meisten Menschen möchten zu Hause in vertrauter Umgebung sterben. Das favorisieren auch Fach- und Interessenverbände. Diese heben hervor, dass in der vertrauten Umgebung die Belastung der Sterbenden sinke. Das Sterben in häuslicher Umgebung wird geradezu idealisiert.

Dennoch sterben immer weniger Menschen zu Hause. Diese Tatsache kann nicht geleugnet werden. Obgleich die Anzahl der ambulanten Hospiz- und Palliativdienste seit 1996 mehr als verdreifacht ist, gibt es eine verstärkte Tendenz in

unserer Gesellschaft, Sterbenskranke spätestens in der Endphase an wenige Spezialisten in besonderen Einrichtungen
abzugeben, sie sogar noch in ihren letzten Stunden in eine
Klinik, auf die Palliativstation oder ins Hospiz zu verlegen.
Nicht selten mit der Hoffnung, dass dort das Lebensende
doch noch hinausgeschoben werden kann.

Wo sind die 893 825 Menschen[37] verstorben, die im Jahr
2013 in Deutschland verstorben sind?

Präzise lässt sich diese Frage nicht beantworten. Denn *nur*
die Sterbefälle in Krankenhäusern werden vom Bundesamt
für Statistik genau erfasst. Alle übrigen Angaben sind Schätzungen. Ich gebe die Spannweiten der Schätzungen zu den
verschiedenen Einrichtungen an, wie sie derzeit in der Fachliteratur diskutiert werden.

– In *Krankenhäusern* sind im Jahr 2013 knapp 47 Prozent
  aller in dem Jahr in Deutschland Verstorbenen gestorben. Nur jedes achte Krankenhaus hatte im Jahr 2013
  eine *Palliativstation*. Geschätzt wird, dass zwischen 2 und
  4 Prozent aller Verstorbenen auf einer Palliativstation
  gestorben sind. Zwischen 1 und 2 Prozent sind auf einer
  Intensivstation gestorben.
– Die Sterbefälle in den 195 *Stationären Hospizen* machen
  1 bis 2 Prozent aller Sterbefälle in einem Jahr aus.
– In einem der 12 000 *Senioren- und Pflegeheime* sind zwischen 25 und 30 Prozent der Menschen verstorben.
– In *häuslicher Umgebung* starben nur 15 bis 20 Prozent.
– Auf *Straßen, am Arbeitsplatz* usw. verstirbt etwa
  1 Prozent.[38]

Es zeigt sich: Pflege- und Sterbeort sind nicht mehr identisch:
1,7 Millionen Menschen sind in häuslicher Umgebung gepflegt worden, von ihnen sind jedoch weniger als 20 Prozent

zu Hause gestorben, 80 Prozent dagegen in einem Krankenhaus oder einem Pflegeheim und nur 1 Prozent in einem Hospiz.

Diese Daten zeigen eindeutig, dass das Sterben in Institutionen heute der Normalfall ist. Woran liegt das? Die Gründe dafür sind vielfältig. Die Lebens- und Wohnverhältnisse Sterbenskranker und ihrer Angehörigen haben sich tiefgreifend geändert, entsprechen in vielen Fällen nicht den Anforderungen an eine optimale medizinische Behandlung und Pflege und/oder lassen eine häusliche Pflege gar nicht zu.

Patienten sind heute häufig mehrere Monate oder gar jahrelang krank und pflegebedürftig. Die Patienten und Krankheitsverläufe sind oft schwierig und strengen über die Maßen an. Häufig fehlen Angehörige, die zu Hause pflegen könnten: In 41 Prozent der Privathaushalte lebt heute in Deutschland nur eine Person. Wer soll da pflegen? In 35 Prozent der Privathaushalte leben zwei Personen. Da steht nur eine Person für die Pflege zur Verfügung, und die ist schnell überfordert. Wie weit Menschen in Mehrpersonenhaushalten bereit sind zu pflegen, ist offen.[39]

Zudem leben die Mitglieder einer Familie heute – nicht zuletzt wegen der vom Arbeitsmarkt geforderten Mobilität – oft räumlich weit voneinander entfernt und sind an ihrem Wohnort jeweils fest eingebunden. Andere Familienmitglieder sind sogar weltweit unterwegs und haben keinen festen Wohnsitz mehr. Die erwachsenen Mitglieder einer Familie sind für gewöhnlich berufstätig; die Familie ist auf das gemeinsame Einkommen angewiesen. Sie können sich nicht einfach freinehmen und sterbenskranke Eltern oder Kinder in deren häuslicher Umgebung versorgen.

Pflegende Angehörige werden durch die intensive und anstrengende Pflege erschöpft und «können einfach nicht mehr».

Angehörige, die eigentlich pflegen könnten, sehen sich dazu nicht immer persönlich in der Lage: Sie können zum Beispiel kein Blut sehen, ekeln sich vor Schleim, Urin und Stuhlgang. Sie möchten ihre Eltern nicht nackt sehen oder befürchten, etwas falsch zu machen. Ehepartner und Familien sind zerstritten und nicht mehr bereit, füreinander zu sorgen. Die Zahl der Ehescheidungen und Familientrennungen ist hoch. Auch das nimmt zu: Angehörige verweigern sich, wollen ihr Leben genießen und sich nicht mit Krankheit und Sterben befassen. Die Gruppe der Bundesbürger, die ihren Ruhestand im Ausland verlebt, wird immer größer. Viele von ihnen kehren erst zurück, wenn sie krank werden. Oft sind sie dann allein und ganz auf professionelle Versorgung und Pflege angewiesen.

Abhängig vom Schweregrad der Erkrankung, dem Befinden des Kranken und den häuslichen Ressourcen, entscheidet es sich, ob und – wenn ja – wie lange zu Hause gepflegt wird.

Nicht selten beginnt dann eine Verlegungskette mit den Stationen Klinik, Palliativstation, Hospiz oder Pflegeheim; mitunter ist es ein Verlegungskarussell. Dabei werden Sterbenskranke jedes Mal aus ihrem vertrauten Umfeld herausgenommen; sie sind danach weitgehend von daheim und der Außenwelt abgeschnitten. Zugleich klären Verlegungen Patienten immer auch über ihre Lage auf. In der Regel fällt es Sterbenskranken schwer, ihrer Verlegung auf eine Palliativstation oder in ein Hospiz zuzustimmen: «Noch ist es nicht so weit. Ich lass mich nicht abschieben.» Freilich tauscht niemand seine vertraute Wohnung und sein eigenes Bett gern gegen ein steriles Krankenzimmer und ein Pflegebett ein. Auf seinen Wunsch hin wurde zum Beispiel ein junger Patient von der Palliativstation zum Wochenende nach Haus entlassen. Aus seinem «Heimaturlaub» kehrte er mit seinem eigenen

Sofa zurück. Darauf könne er gut und schmerzfrei schlafen, auf dem «Nagelbrett in der Klinik» nicht.

Das Gegenteil ist auch möglich: Auf der internistischen Station wurde die Entlassung eines sterbenskranken, bewusstlosen Patienten nach Haus geplant. Das war auch sein Wunsch gewesen. Die Ehefrau weigerte sich jedoch, einen Sterbenden nach Haus zu holen. Daraufhin wurde der Patient zum Sterben auf die Palliativstation verlegt. Der Patient wurde wieder ansprechbar und wiederholte seinen Wunsch, zu Hause zu sterben. Nun stimmte die Ehefrau zu. Die Großfamilie hatte zusammen mit ihr, dem Hausarzt, der Sozialstation, der Hospizgruppe und ehrenamtlichen Helfern aus der Pfarrgemeinde ein Netz für die Pflege und Betreuung geschaffen. Nach der Rückverlegung starb der Patient eine Woche später zu Hause im Kreis seiner Familie.

Oder andersherum: Eine Sterbenskranke wollte nicht nach Haus zurückverlegt werden, obgleich ihre Familie sie gern daheim pflegen wollte: «Ich will keine Therapie mehr und auch nicht mehr nach Hause. Ich möchte, dass mein Mann und meine Töchter zu Hause die Bilder aus guten Tagen haben und diese Bilder nicht getrübt sind durch ein Sterbebett und mich als Sterbende. Dort soll das schöne und unbeschwerte Leben Platz haben.»

Der Wunsch, zu Hause zu sterben, kann auch *metaphorisch* verstanden werden. Dann geht es nicht um ein bestimmtes Haus oder eine konkrete Wohnung, sondern um eine freundliche Umgebung und wohlwollende Begleitung für den Sterbenskranken. Angesichts heutiger Lebens- und Wohnverhältnisse liegt die Vermutung nahe, dass oftmals eher die Metapher als die konkrete Wohnung gemeint sein könnte.

Die Aufteilung verschiedener Arbeiten zwischen Mann und Frau gehört zu den ältesten Formen der Arbeitsteilung; es handelt sich hier vereinfacht gesagt um die Teilung zwischen reproduktiven Aufgaben, die den Frauen, und produktiven Aufgaben, die den Männern zugewiesen werden. Die traditionellen Rollen sind, allen emanzipatorischen Beteuerungen zum Trotz, bisher ziemlich stabil erhalten geblieben. Mit dieser Aufteilung ist selbstverständlich auch eine geschlechtsspezifische Hierarchie verbunden. Das Verhältnis von Arzt und Krankenschwester entspricht dieser kulturellen und institutionalisierten Arbeitsteilung, konstituiert Machtverhältnisse und begründet viele Konflikte.

Sowohl die häusliche als auch die professionelle Pflege Sterbenskranker wird fast ausschließlich von Frauen geleistet. Mehr als drei Viertel der Pflegenden in der häuslichen Pflege sind Ehefrau, (Schwieger-)Tochter oder Mutter des Pflegebedürftigen. 60 Prozent der Männer sind bei ihrem Tod verheiratet und wurden vor ihrem Tod für gewöhnlich von ihrer Ehefrau betreut. 61 Prozent der Frauen sind dagegen bei ihrem Tod verwitwet und werden vor ihrem Tod auch von Frauen gepflegt und versorgt[40], denn in Pflegediensten und Pflegeheimen sind über 85 Prozent der Pflegenden Frauen. Auf Palliativstationen und in stationären Hospizen pflegt hier und da ein «Alibimann», sonst pflegen auch dort nur Frauen. In Krankenhäusern sind ebenfalls 86 Prozent der Pflegenden Frauen. In den Hospizvereinen besuchen fast nur Frauen Sterbende und ihre Familien. Der Anteil der Männer liegt unter 4 Prozent! Und es sind auch fast ausschließlich Frauen, die aus anderen Ländern nach Deutschland für die Pflege angeworben werden und in der häuslichen Pflege, in Kliniken und

Pflegeheimen tätig sind. Mittlerweile sind es über 150 000 Frauen; viele von ihnen sind sogar illegal hier.

Weshalb ist das so? Viele Gründe werden genannt. Einige davon sind: Geburt und Tod sind von Natur aus Sache der Frauen. – Florence Nightingale habe im 19. Jahrhundert erklärt, dass die Organisation und Ausübung der Pflege nicht in die Hände von Männern gehöre. – Männer sind nicht für den Pflegeberuf geeignet. – Man ist daran gewöhnt, dass «die Pflege» mit «Frauenberuf» gleichgesetzt wird. – Im Judentum dürfen Frauen nicht von Männern gewaschen werden; Männer dürfen von beiden Geschlechtern gewaschen werden. – Männer werden dazu erzogen, keine «weiblichen Tätigkeiten» zu ergreifen. – Männer, die einen «Frauenberuf» ausüben, werden stigmatisiert und müssen oft gegen Vorurteile kämpfen. – Es fehlt in unserer Gesellschaft an männlichen Vorbildern, die zeigen, dass ein Pflegeberuf auch für Männer ein erstrebenswerter Beruf in einem interessanten und anspruchsvollen Arbeitsumfeld ist. – Der Beruf ist wegen seiner schlechten Vergütung und fehlender Karrieremöglichkeiten unattraktiv.

Welche Gründe auch immer zutreffen mögen, Tatsache ist: Männer meiden in Deutschland «traditionsgemäß» Begegnungen mit Sterbenskranken und Sterbenden; sie halten sich aus deren Pflege fast völlig raus. Selbst bei Vorträgen zu Themen der Hospiz- und Palliativarbeit fehlen sie zumeist; auch daran nehmen fast nur Frauen teil. Doch in den Leitungsgremien, Vereinsvorständen und wissenschaftlichen Beiräten sind sie, und fast nur unter sich. In den Vorständen der Krankenkassen, Ärztekammern, Wohlfahrtsverbände und in den Leitungen der Krankenhäuser, Pflegeheime sind weniger als 20 Prozent Frauen vertreten. Dort haben Männer das Sagen und entscheiden fast allein über die Organisation und die

Finanzierung der Hospiz- und Palliativarbeit in Deutschland. Ob das so bleiben sollte?

Spezialisierung auf die Begleitung Sterbender

«Bin ich ein schlechter Mensch, wenn ich meine Eltern nicht pflege?» Die Frage legt den Gewissenskonflikt vieler Kinder offen. Sie spüren einerseits die Erwartung und auch die Verpflichtung, ihre Eltern persönlich zu pflegen, andererseits sehen sie sich oft dazu nicht in der Lage oder wollen es nicht. Nur jeder Dritte wäre heute in Deutschland bereit, Angehörige zu pflegen. Bei den unter 30-Jährigen können sich das lediglich 16 Prozent vorstellen.[41]

Wechselseitiges Helfen ist für archaische Gesellschaften genauso unerlässlich wie für hochkultivierte und moderne Gesellschaften. Allerdings haben sich mit dem Wandel der gesellschaftlichen – insbesondere der wirtschaftlich-politischen – Bedingungen auch die Bedingungen für den Bedarf an Hilfe, die Formen der Hilfe und die wissenschaftliche Erforschung und Reflexion der Hilfe gewandelt.[42]

In *archaischen Gesellschaften* ist das persönliche wechselseitige Helfen selbstverständlich. Auch die Pflege und die Versorgung kranker und alter Menschen gehört zu den Pflichten. Die Größe der Gesellschaft erzwingt und erlaubt diese Art des Helfens.

Hochkultivierte Gesellschaften sind durch Arbeitsteilung und Schichtendifferenzierung geprägt. Helfen ist nicht mehr nur eine persönliche Interaktion, sondern ein statuskonstituierendes Prinzip, eine Standespflicht, in mehr von Vätern bestimmten häuslichen Verhältnissen auch eine fürsorgliche Verantwortung des Hausherrn. Zugleich wird das Helfen als Tugend religiös begründet. Es bilden sich Berufe (Ärzte, Juristen, Priester, Krankenschwestern), um in ungewöhnlichen Lagen zu helfen. Diese Fachleute schaffen Sicherheit und bieten Problemlösungen durch spezialisierte Formen des Umgangs mit Not, Krisen, Krankheit. Der Dank wird durch Geld geleistet. Geld *wird* zum generalisierten Hilfsmittel.

Industrialisierung und Zivilisation kennzeichnen *moderne Gesellschaften*. Die Versorgung der Bevölkerung wird als gesamtgesellschaftliche Verantwortung gesehen. Wechselseitige persönliche Hilfe wird weitgehend durch organisierte Systeme ersetzt; sie sind durch Spezialisierung, Arbeitsteilung, Mobilität, Individualisierung und Ökonomisierung gekennzeichnet. Dafür werden Orte, Kommunikationswege, Programme und Personen gebraucht, die finanziert werden müssen. Geld *ist* das generalisierte Hilfsmittel, mit dem Hilfe ermöglicht und finanziert wird.

Arbeitsteilung und Spezialisierung haben sich auch im Gesundheitswesen durchgesetzt. Die Dienstleistungen wurden in unterschiedliche Teilprozesse aufgeteilt, wodurch sich Berufsbilder herauskristallisiert und ausdifferenziert haben, zum Beispiel Ärzte mit den Untergruppen Allgemeinärzte, Anästhesisten, Chirurgen, Internisten, Psychiater usw.; bei den Internisten wieder in Kardiologen, Onkologen, Nephrologen, Pneumologen usw. Bei den Pflegenden in Gesundheits- und Krankenpfleger, Gesundheits- und Kinderkrankenpfleger, Altenpfleger, Heilerziehungspfleger; bei den Gesundheits- und Krankenpflegern wiederum in Pflegepädagogen, Pflegemanager sowie arbeitsfeldspezifische Spezialisierungen wie Pflege auf Intensivstation, in der Psychiatrie usw.

Die Spezialisierung bewirkt, dass sich die Menschen und Institutionen auf einen Teil der gesamten Dienstleistungen konzentrieren können, für den sie besonders qualifiziert sind.

Gleichzeitig erfordert die Arbeitsteilung eine enge Koordination der Aktivitäten und die Kooperation aller Beteiligten.

Die grundsätzlichen Nachteile der Arbeitsteilung sind bekannt: Wer kann schon mit einer Arbeit zufrieden sein, bei der er acht Stunden am Tag immer dieselben einfachen und monotonen Handgriffe machen muss! Fachliche Spezialisierungen führen häufig auch zu Abhängigkeiten und Machtverhältnissen. Bei den Gesundheitsberufen ist zum Beispiel jemand, der sich auf Medizin spezialisiert, in vielen Fällen gegenüber anderen weisungsberechtigt; zudem kann er eine Ähnlichkeit seines Tuns mit einem Pflegenden kaum mehr (an)erkennen.

Sterbenskranke und sterbende Menschen zu behandeln und zu pflegen ist immer schon essenzieller Bestandteil sowohl ärztlicher Tätigkeit als auch der Kranken- und Altenpflege gewesen[43], gleichzeitig wurden Ärzte während ihrer Ausbildung bislang kaum auf diese verantwortungsvolle Aufgabe vorbereitet. Viele Ärzte bedauern das aufrichtig und beklagen diesen Mangel. Erst seit 2009 werden Ärzten im Studium gezielt palliativmedizinische Fachkenntnisse vermittelt, allerdings haben sich bis heute weniger als 2 Prozent der berufstätigen Ärzte in Palliativmedizin weitergebildet. Nach meinen Kenntnissen tun das vor allem Allgemeinärzte, Anästhesisten und Internisten; Chirurgen sind in den Seminaren eine Seltenheit.

Bei Gesundheits- und Krankenpflegern sowie Altenpflegern sieht die Lage ähnlich desolat aus: Auch hier haben sich bislang weniger als 2 Prozent der fast 1,5 Millionen Pflegekräfte in ambulanten Pflegediensten, Pflegeheimen und Krankenhäusern in Palliative Care weitergebildet.[44]

Für Pflegende und Ärzte gilt gleichermaßen: «Palliativmediziner» oder «Palliativschwester» zu sein ist kein eigenständiger Beruf. Es handelt sich um eine Zusatzweiterbildung. Es gibt allerdings Bestrebungen, sowohl einen Facharzt für Palliativmedizin als auch eine fachliche Spezialisierung als Palliativpfleger zu schaffen. Die Spezialisierung als «Palliativmediziner» ergibt sich heute für Ärzte im Grunde aber erst dann, wenn sie – ausschließlich – hauptberuflich in der Palliativversorgung tätig sind, in der ambulanten palliativen Versorgung oder stationär auf einer Palliativstation. Entsprechendes gilt für Pflegende, die auch in einem Hospiz oder Pflegeheim angestellt sein können.

Auf einen großen Unterschied möchte ich aufmerksam machen: Manche Ärzte und Pflegende spezialisieren sich bewusst auf die Versorgung und Pflege Sterbender, zum Beispiel über eine Anstellung in der ambulanten palliativen Versorgung, auf einer Palliativstation oder in einem Hospiz. Vor allem viele Pflegende versorgen und pflegen jedoch Sterbenskranke und Sterbende, obgleich sie dieses weder speziell angestrebt haben noch dafür ausgebildet worden sind, zum Beispiel in einem Pflegeheim.

Eine professionelle Spezialisierung auf Sterben und Tod – acht Stunden am Tag, Woche für Woche, ein Arbeitsleben lang – hat es in früheren Gesellschaften nicht gegeben, sie ist ein Produkt der modernen Gesellschaft. Ich bin mir ziemlich sicher, dass mit ihr die Grenzen der Zumutbarkeit und damit die Grenzen der Arbeitsteilung überschritten werden.

Spannungen und Konflikte
unter den Akteuren

Je mehr Akteure sich spezialisiert um die Sterbenskranken kümmern, desto größere Reibungspunkte gibt es zwischen ihnen. Als nicht einfach erweist sich zum Beispiel mitunter die Kooperation von Ehren- und Hauptamtlichen in der Hospiz- und Palliativarbeit. Hospizbegleiterinnen haben zum Beispiel eigene Vorstellungen von ihrer Tätigkeit. Diese stimmen nicht immer mit dem überein, was Angehörige, Pflegende und Ärzte ihnen zugestehen wollen. In Hospizvereinen birgt die Zusammenarbeit der festangestellten Koordinatorinnen mit dem ehrenamtlichen Vorstand und den ehrenamtlichen Hospizbegleiterinnen erheblichen Konfliktstoff.

Ärger und Streit untereinander belasten die Mitarbeiter auch auf Palliativstationen oder in einem Hospiz mitunter mehr als die Betreuung der Sterbenskranken.[45] Pflegende sind mit Ärzten unzufrieden: Die Behandlungsstrategie für die Sterbenskranken ist ihnen zu nebulös. Ärzte sind wiederum mit Pflegenden unzufrieden: Sie halten sich nicht an ärztliche Anweisungen.

Ein eigenes Konfliktfeld ist schließlich die Kooperation und die gegenseitige (Nicht-)Wertschätzung behandelnder Ärzte. Ärzte aus verschiedenen Fachrichtungen und Abteilungen behandeln zum Beispiel denselben Sterbenskranken, haben aber verschiedene Auffassungen über dessen Behandlung, sprechen nicht miteinander, reden vielmehr über einander, qualifizieren sich gegenseitig ab und verändern jeweils die Verordnung der Kollegen. Das Verhältnis von Onkologen, «die immer noch eine Chemo anbieten», und Palliativärzten, die dem Sterbenden «keine falschen Hoffnungen» mehr machen möchten, ist oft angespannt. Palliativmediziner provozieren besonders dann Ärger bei ihren ärztlichen Kollegen, wenn sie vorgeben: «Die Palliativmedizin schafft es, dass Patienten mit weniger Medizin länger leben.»[46]

Überdies neigen Seelsorger, Psychologen, Sozialarbeiter und Hospizbegleiterinnen dazu, Ärzte und Pflegende zu kritisieren. Meistens missfällt ihnen die Art und Weise, wie diese mit Sterbenskranken umgehen.

Die Beziehung zwischen Patienten und Ärzten ist grundsätzlich problematisch: Ärzte genießen hohes gesellschaftliches Ansehen; das bestärkt sie in ihrer Selbsteinschätzung, von ihren Patienten gern gesehen und erwünscht zu sein. Oft liegen sie damit falsch: Sie sind zwar erwünscht, zugleich aber auch in hohem Maße unerwünscht. Denn die Erkrankung, die die Beziehung zum Patienten begründet, ist unerwünscht. Sterbenskranke erleben diese Ambivalenz am stärksten: «Gegenüber Ärzten hat man immer das Gefühl, undankbar zu sein.»[47]

Nicht viel anders geht es Pflegenden und allen anderen, die wegen der Erkrankung mit dem Sterbenskranken zu tun haben (Physiotherapeuten, Psychologen, Seelsorger, Sozialarbeiter, Hospizbegleiterinnen). Auch ihnen fällt es schwer zu erkennen und anzuerkennen, dass sie erwünscht und zugleich auch unerwünscht sind.

Allein schon durch ihre Anwesenheit konfrontieren Ärzte und Pflegende Sterbenskranke und ihre Familien damit, dass sie in großer Not sind und fremde Hilfe benötigen. Sterbenskranke können den Tod nicht fassen und sich mit ihm persönlich auseinandersetzen. Ärzte und Pflegende repräsentieren jedoch schon durch ihre Gegenwart Todesnähe. «Im Halbschlaf erscheint mir der Anästhesist [...] Das ist er, der mich einschläfern wird. Er ist einfach der Tod für mich.»[48]

Ohne die Bedrohung durch den Tod wäre der Sterbenskranke den Ärzten und Pflegenden nicht «ausgeliefert». In extremen Fällen führt das dazu, dass Angehörige Ärzte oder Pflegende für den Tod verantwortlich machen und einen Rechtsstreit mit ihnen beginnen.

Hinzu kommt, dass ärztliche Behandlungen die Autonomie der Sterbenskranken einschränken und Widerstand provozieren; sie müssen häufig lästige und schmerzhafte Eingriffe vornehmen, um ihren Patienten zu helfen. Eine Sterbenskranke schrie deshalb die Krankenschwester, die gerade einen verkrusteten Verband von der Wunde löste und ihr dabei Schmerzen bereitete, an: «Du Weißhexe!»

In letzter Konsequenz gesehen, dringen Ärzte und Pflegende in das Privatleben ihrer Patienten und auch in das der Angehörigen ein, erwarten zum Beispiel, dass sich die Kranken selbstverständlich ausziehen, sich von ihnen anfassen lassen und ihnen von dem berichten, was eigentlich nicht für fremde Ohren bestimmt ist. So werden Ärzte und Pflegende in familiäre Konflikte der Sterbenskranken mit hineingezogen. Nicht selten erleben sie, dass sich niemand um den Sterbenskranken kümmert: «Ich ärgere mich maßlos über Verwandte, wenn sie die großen Trauernden spielen, aber sich wochenlang überhaupt nicht um den Patienten gekümmert haben. Dann habe ich keine Lust, mich hinzustellen und das Schauspiel mit anzugucken.»

Umgekehrt erwarten Patienten und ihre Angehörigen, dass Ärzte und Pflegende sich für sie persönlich interessieren und ihnen wirksam helfen. Hohe Erwartungen stoßen schnell an die Grenzen der Medizin und auch an die persönlichen Grenzen der Ärzte und Pflegenden. Werden die Erwartungen nicht erfüllt, reden Sterbenskranke mitunter durchaus abfällig über ihre Ärzte: «Kann dir nicht sagen, warum/ob der Krebs auf dem Vormarsch ist, und die spatzenhirnigen Onkologen können's ebenso wenig.»[49] Wenn das Trügerische überhöhter Erwartungen entlarvt wird, schlagen Hilflosigkeit und Hilfsbedürftigkeit leicht in Anklage und Wut um. Dann greifen manche Sterbenskranke ihre Ärzte persönlich an und drohen ihnen sogar mit Rache. Aus der

Drohung kann eine Bedrohung werden, bis hin zur Androhung körperlicher Gewalt.

Manchmal kontrollieren Angehörige akribisch, was mit ihrem Sterbenskranken gemacht wird. Das ärgert Ärzte und Pflegende; sie spüren unausgesprochenes Misstrauen.

Bei der Begegnung von Arzt und Patient stoßen zudem Fach- und Laienwissen aufeinander. Im günstigen Fall sind beide miteinander vereinbar. Wenn das aber nicht so ist, ist die Zusammenarbeit gefährdet, wenn nicht gar ausgeschlossen. Kranke wechseln mitunter so lange den Arzt, bis die Auffassungen des Arztes mit ihren eigenen übereinstimmen. Der Streit über «Schulmedizin», «alternative Medizin» und «Esoterik» gehört deshalb zum Alltag der Begleitung Sterbenskranker.

«Extremkranke» werden schnell zu einer Zerreißprobe für jedes Team. Ein solcher Konflikt trat auf, als einige aus einem Team nicht länger bereit waren, Herrn S. zu pflegen. Der Sterbenskranke war Aufseher im KZ Auschwitz gewesen und erschreckte alle, die in sein Zimmer kamen, mit detaillierten Schilderungen von Grausamkeiten und Tötungen von KZ-Insassen, die er während seiner Tätigkeit als Aufseher begangen hatte. Einige Pflegende forderten die sofortige disziplinarische Entlassung von Herrn S. Andere waren dagegen und verwiesen auf die komplizierte Pflege der aufbrechenden, stinkenden und nässenden Metastase im Halsbereich, die drohte, die Halsschlagader zu zerstören. Diese sei einer häuslichen Pflege oder einem Hospiz nicht zuzumuten.

Die Belastungen von Teams, bei denen es immer um Leben und Tod geht, sind gewaltig. Der Druck ist auf alle groß. Spannungen und Streit können schnell entstehen. Wenn Ärzte oder Pflegende zeigen, dass sie nicht mehr können, riskieren sie, deswegen als ungeeignet für die Arbeit angesehen und dementsprechend behandelt zu werden. Sie können aber auch erfahren, dass die Kollegen sie auffangen und unterstützen. In gutgeführten Teams wird großer Wert auf gegenseitige Unterstützung gelegt. Dafür wird Zeit reserviert und werden Rituale gepflegt. Nachdem auf einer Palliativstation an einem Tag mehrere Patienten verstorben waren, trafen sich zum Beispiel die Mitarbeiterinnen im Stützpunkt, stellten sich im Kreis auf, fassten sich an, weinten und trauerten gemeinsam.

RESÜMEE
Sterbenskranke zu begleiten ist eine wichtige Lebensaufgabe

Jeder Mensch hat das Recht auf würdiges Sterben. Das ist heute selbstverständlich und wird allseits anerkannt. Für eine bessere Sterbebegleitung muss noch mehr getan werden. Das wird ebenfalls überall gefordert. Doch müssen auch Menschen bereit sein, diese Aufgabe zu übernehmen. Und da gibt es erhebliche Probleme, überschrieben mit dem Begriff «Pflegenotstand». Der Pflegenotstand ist ein doppelter Notstand: Zum einen fehlen notwendige Pflegekräfte, und zum anderen sind die, die pflegen, oft überfordert. Sachkundige sprechen nicht mehr vom «Pflegenotstand», sondern sogar von einer «Pflegekatastrophe».[50] Als Ersatz für fehlende Pflegende werden Frauen aus osteuropäischen Staaten, oft ungelernte Kräfte, geholt. Dadurch können die Probleme ganz bestimmt nicht gelöst werden.
Die Freiheitsrechte des Einzelnen zu achten und zu schützen und so lang wie möglich ein selbstbestimmtes Leben

zu ermöglichen ist eine grundlegende Verpflichtung unserer Gesellschaft. Verpflichtet dazu sind alle Mitglieder der Gesellschaft, nicht nur eine Minderheit, und schon gar nicht nur Frauen.

3 WARUM KEIN STERBEN DEM ANDEREN GLEICHT

Sterben «nach Plan»?

WAS ERLEBT EIN MENSCH, und wie verhält er sich, wenn er unheilbar erkrankt ist und bald sterben muss? Inwieweit gleicht sich das Sterben der Menschen? Sind bestimmte, immer wiederkehrende Phasen und Verhaltensmuster zu erkennen? Oder stirbt jeder Mensch unverwechselbar seinen eigenen Tod?

Diese Fragen sind für viele Menschen auf der ganzen Welt von Elisabeth Kübler-Ross (1926–2004) beantwortet worden. Die Schweizerin wird weltweit als Begründerin und Wegweiserin der Hospizbewegung verehrt. Über zwanzig Universitäten haben sie mit dem Ehrendoktortitel geehrt. Riesig ist die Zahl ihrer nationalen und internationalen Auszeichnungen. Das TIME Magazine zählte sie 1999 zu den hundert bedeutendsten Wissenschaftlern und Denkern des 20. Jahrhunderts.

Ihr erstes Buch «On Death and Dying. What the dying have to teach doctors, nurses, clergy, and their own families» (1969) wird weltweit als Standardbuch der Sterbeforschung geschätzt.[51] Sie hat es in zwei Monaten nach zweijähriger Tätigkeit in einer Chicagoer Klinik geschrieben. Sie wollte «über neue und wichtige Möglichkeiten berichten, den Patienten als menschliches Wesen im Blickfeld zu behalten.» Kern ihres Buches ist ein Phasenmodell, mit dem sie das Erleben und Verhalten Sterbender beschreibt. Danach verläuft das Sterben in fünf Phasen. Hoffnung existiere in allen Phasen. Der Sterbeprozess beginne mit der Aufklärung über die tödliche Erkrankung durch den Arzt. Auf die Nachricht, unheilbar erkrankt zu sein, reagiere der Patient stufenweise mit

– Nichtwahrhabenwollen und Isolierung – «denial and isolation»,
– Zorn – «anger»,
– Verhandeln – «bargaining»,
– Depression – «depression»,
– Zustimmung – «acceptance».

In der Literatur – und auch von Kübler-Ross selbst – wird behauptet, mit dem Buch habe die Sterbeforschung begonnen, und die Hospiz- und Palliativbewegung sei initiiert worden. Erstmals habe Kübler-Ross Sterbende interviewt, das Tabu des Todes gebrochen und neue Erkenntnisse über Sterbende gewonnen und veröffentlicht. Ihre Ausführungen seien originär und wissenschaftlich fundiert.[52] Kübler-Ross hat von sich angegeben, das Phasenmodell sei «plötzlich zu ihr gekommen, fast so wie durch göttliche Inspiration.»[53]

Schon weit vor Kübler-Ross haben Menschen das Erleben und Verhalten Sterbender systematisch erforscht. Sterbeforschung ist unter dem Namen Thanatologie spätestens seit dem 18. Jahrhundert nachgewiesen.[54] Erkenntnisse zu Tod und Sterben waren nicht neu, sondern sind zuvor schon von anderen Autoren veröffentlicht worden. Die Methode, Sterbende zu interviewen, um dadurch die Begleitung der Ärzte, Psychologen und Seelsorger zu verbessern, hatte bereits Tradition. Phasenmodelle für den Sterbe- und Trauerprozess wurden schon vor ihrer Publikation in Fachjournalen und Monographien diskutiert und veröffentlicht.[55] Gespräche mit Sterbenden und Gedächtnisprotokolle über diese Gespräche sind seit 1935 fester Bestandteil des sogenannten Clinical Pastoral Trainings, auch in der Klinik in Chicago, in der Kübler-Ross angestellt war.[56]

Das Phasenmodell wurde in der Fachwelt sofort gründlich kritisiert, da die Interviews weder dokumentiert noch fachgerecht ausgewertet worden sind. Es handelt sich um einmalige, zufällige Interviews und nicht um Verlaufsstudien. Die Grenzen der Untersuchungsmethode sind weder beachtet noch benannt worden. Die als «typisch» für die einzelne Phase angegebenen Interviews begründen die jeweilige Phase nicht. Das Phasenmodell ist in seiner Art zwar beschreibend, lädt aber durch seine Darstellung dazu ein, als *vor*schreibend angesehen zu werden, «als Fahrplan für das Sterben».

Zur Aufbereitung ihrer Interviews wollte Kübler-Ross «alles Material heranziehen, das sie bekommen konnte.»[57] Die in ihrer Zeit relevanten Publikationen zu Sterben und Tod hat sie in ihrer Bibliographie aufgeführt. Einige Sterbe- und Trauerforscher und -forscherinnen (Saunders, Parkes u. a.) kannte sie persönlich. Ihre Ausführungen wirken wie eine Zusammenfassung der Studien von John Hinton, Barnay G. Glaser, Anselm Strauß, Margaretta K. Bowers und Cicely Saunders; manches hat sie sogar wörtlich übernommen. Auf Quellenverweise und Fußnoten hat Kübler-Ross indes verzichtet, in der deutschen Übersetzung fehlen die Bibliographie und die Danksagung, sodass nicht mehr nachvollziehbar ist, auf welche Quellen sie sich konkret bezieht. John Bowlby und C. Murray Parkes haben darauf hingewiesen, dass Kübler-Ross sich ihr Phasenmodell für Trauer zu eigen gemacht habe, ohne sie zu erwähnen. Bekannt ist auch, dass Beatrix Cobb, eine damalige renommierte Sterbeforscherin in den USA, schon vor Kübler-Ross ein Phasenmodell für das Sterben entwickelt und veröffentlicht hat. Auch die Sterbeforscher C. Knight Aldrich und Carl A. Nighswonger, denen Kübler-Ross nach Angaben von Zeitzeugen sehr viel verdankt, erwähnt sie nicht. Mehrere Jahre hat sie eng mit ihnen zusammengearbeitet. Nighswonger hat zeitgleich ebenfalls ein Phasenmodell für das Sterben veröffentlicht.[58]

Trotz der schwerwiegenden Kritik, die nun schon über vierzig Jahre vorgetragen wird, hat sich an der Beliebtheit des Phasenmodells fast nichts geändert. Es wird zumeist unreflektiert und ohne seinen Kontext im Buch zu beachten übernommen. Vor allem in der Pflege wird es wie ein unumstößliches Dogma behandelt.[59]

Überlesen wird: Kübler-Ross selbst relativiert ihr Modell, indem sie betont, dass Sterbende «ihren persönlichen Stil, ihre gewohnten Verhaltensweisen» auch im Sterben nicht aufgeben.[60] Ob ein Sterbender alle Phasen durchlebt und in welcher Reihenfolge, sei individuell verschieden. Auch würden manche Sterbende nicht alle Phasen durchleben, wobei sich einige auch wiederholen könnten. Die Hoffnung, nicht sterben zu müssen, bestehe in jeder Phase.[61] Trotzdem behauptet sie, «Phasen darzustellen, die der Mensch durchzumachen hat, wenn er eine unheilvolle Nachricht erhält».[62]

Die Leugnung des Todes – wie bei Ärzten und in der Gesellschaft üblich – biete weder Hoffnung noch überhaupt einen Sinn, sondern steigere nur unsere Angst und Aggressivität. Dagegen forderte die Sterbeforscherin, den Tod zu akzeptieren und sich Sterbenden liebevoll zuzuwenden. Wir kämen «dem Frieden, unserem persönlichen und dem unter den Völkern, einen Schritt näher, wenn wir der Realität unseres eigenen Todes ins Auge sähen und ihn annehmen würden».[63]

Kübler-Ross behauptete sogar, der Tod existiere nicht. Er sei nur ein Übergang in eine andere, bessere Welt und könne «zur schönsten Erfahrung des Lebens» werden, wenn man ihn nur akzeptiere. Sie hat diese Behauptungen mit Studien zu Nah-Tod-Erfahrungen begründet und stützte sich auch auf angebliche Zeichen von Verstorbenen und persönliche Begegnungen mit ihnen, zum Beispiel auch mit Jesus.[64]

Als die weltberühmte Sterbeforscherin selbst sterbenskrank wurde, hat allerdings auch sie den Tod gefürchtet und wollte nicht sterben. Schlaganfälle, Lähmungen und große Schmerzen setzten ihr zu. Sie war allein. Die todkranke Frau haderte mit ihrem Schicksal, litt unter ihrer Einsamkeit und protestierte heftig gegen ihr Leiden.

Ihre Schwester Erika Faust-Kübler wunderte sich über sie: «Sie will noch bestimmen, wann sie gehen kann. Ich glaube, sie kann nicht loslassen. Sie ist einfach noch nicht bereit. Und irgendwie irritiert es mich auch. Sie hat so viel über Tod und Sterben geschrieben, es sogar verherrlicht. Jetzt, da ihre Zeit kommt, sagt sie: ‹Ich muss noch dies und das machen.›»[65]

Als Kübler-Ross bewusst wurde, dass der Tod für sie nicht mehr nur eine Möglichkeit, sondern eine bevorstehende Wirklichkeit war, wehrte sie sich gegen ihn und verweigerte ihm ihre Zustimmung. Das zeigt: Über den Tod philosophisch zu sprechen und das Sterben anderer zu begleiten ist eine Sache. Eine ganz andere ist es, sich ihm *selbst* stellen zu müssen. Dessen sollten wir uns immer bewusst sein, wenn wir über Tod und Sterben reden!

Wie lässt sich erklären, dass das Phasenmodell von Kübler-Ross trotzdem so beliebt und verbreitet ist?
– Das Modell ist einfach, fest umrissen und vermeintlich wissenschaftlich begründet.

- Mit dem Modell wird das Sterben strukturiert und handhabbar.
- Das Modell schützt mit seiner Generalisierung vor der persönlichen Berührung des Sterbenden.
- Das Modell legt nahe, dass Sterbende ihrem Tod zustimmen; damit werden sie «pflegeleicht».
- Das Modell entspricht den Denkmustern (Planung, Organisation, Kontrolle) moderner Gesellschaften.

Die meisten Sterbe- und Trauerforscher sind sich jedoch darin einig, dass das Phasenmodell von Kübler-Ross und auch die Phasenmodelle anderer Autoren den Sterbeprozess nicht abbilden und deshalb zur Orientierung bei der Begleitung Sterbenskranker nicht taugen. Die Forscher sind sich sogar darin einig, dass es keine allgemein geltenden Ablaufregeln oder Gesetzmäßigkeiten für das Sterben gibt. Die Komplexität von Sterbesituationen mit ihren vielen Einflussfaktoren lasse solche Regeln nicht zu.

Das Gemeinsame

Der Vergleich der Ergebnisse empirischer Studien über den Verlauf menschlichen Sterbens ergibt: So, wie das Leben eines jeden Menschen einzigartig ist, ist auch sein Sterben einzigartig. Dennoch gibt es Übereinstimmungen im Sterben aller Menschen. Der sterbenskranke Peter Noll beschreibt das so: «Das Faszinierende am Tode ist Folgendes: Der Tod ist das Allgemeinste und zugleich das Individuellste. Ein toter Bundesrat ist gleich tot wie ein toter Jugoslawe, der bei der Müllabfuhr gearbeitet hat. [...] Zugleich aber ist der Tod das individuellste Ereignis der Person. Jeder stirbt allein, kein anderer kann mit ihm sein, selbst wenn er gleichzeitig stürbe.»[66]

Gemeinsam ist allen Sterbenskranken, dass sie mit Erkenntnissen, Aufgaben und Einschränkungen, die für das Sterben typisch sind, konfrontiert werden und die jeden persönlich herausfordern. Sterbenskranke können diese Zumutungen nicht einfach ignorieren, auch dann nicht, wenn sie es wollten. Irgendwie müssen sie damit klarkommen, und zwar jeder für sich selbst.

Was sind für das Sterben *typische Erkenntnisse?* Da ist zunächst die schlimme Erkenntnis: «Mein Leben ist durch eine Krankheit bedroht.» Im Verlauf des Sterbeprozesses kommen immer wieder neue Erkenntnisse hinzu; zum Beispiel: «Es gibt keine Heilung mehr.» – «Die Ärzte können nichts mehr für mich tun.» – «Ich habe nur noch wenige Monate zum Leben.» – «Ich habe Angst vor dem Sterben.»

Typische Aufgaben ergeben sich für Sterbenskranke allein schon aus den typischen Erkenntnissen, darüber hinaus aus dem Verlauf der Erkrankung, der Therapien und ihrer Nebenwirkungen. Wer erkennt, dass er sterbenskrank ist, muss sich zum Beispiel entscheiden, wie er mit dieser Erkenntnis umgeht: Glaube ich dem Arzt? Lass ich mich noch operieren? Wen informiere ich? Gleichzeitig muss er seinen Entscheidungen folgend handeln. Vor allem muss er viel Gewohntes aufgeben, zum Beispiel seine Berufstätigkeit oder seine Wohnung.

Typische Einschränkungen resultieren vor allem aus der lebensbedrohlichen Erkrankung, den medizinischen Behandlungen und den Nebenwirkungen. Solche Einschränkungen sind zum Beispiel, dass der Kranke nicht mehr reisen, gehen oder sprechen kann, viele Medikamente nehmen muss, ans Bett gefesselt ist.

Im Verlauf der Erkrankung und des Sterbens gibt es immer wieder neue typische Erkenntnisse, Aufgaben und Einschränkungen, die mit der Zeit herausfordernder werden. Fast täglich verlieren Sterbenskranke etwas von ihrer Normalität. Sie erhalten nicht mehr nur eine schlechte Nachricht, sondern viele schlechte Nachrichten, müssen immer wieder mit Rückschlägen aller Art umgehen lernen. «Jetzt bin ich ans Bett gefesselt», weinte eine junge Frau, nachdem der Tumor sich ausgebreitet hatte. Die Einschränkungen werden extremer, und die Abhängigkeit von anderen wird größer.

Das Persönliche

Eine Fülle an Aufgaben, Problemen und Konflikten stürzt auf den Sterbenskranken ein. Niemand kann sie ihm abnehmen, er muss sie irgendwie für sich bewältigen. Um das zu schaffen, benötigt der Sterbenskranke seine ganze Energie.

Die einen überlassen sich dem, was da kommen kann, und versuchen, die verbliebene Zeit zu nutzen: «Ich werde mich pensionieren lassen und dann noch alles tun, was ich immer aufgeschoben habe. Es ist wirklich eine Chance, den Tod auf sich zukommen zu sehen. Erstens muss man keine Rücksichten mehr nehmen; mehr als das Leben kann dir niemand nehmen. Zweitens kann man alles vorbereiten und abschließen.»[67]

Andere Sterbenskranke setzen ihre Hoffnung auf die Ärzte und entscheiden sich für medizinische Eingriffe, wie zum Beispiel für eine Operation. «Ich will die Operation, und wenn ich danach wieder aufwache, dann fange ich ein neues Leben an.» Wieder andere ziehen sich zurück: «Man braucht das Alleinsein, um zu sich zu kommen und Kräfte zu sammeln. Wie sonst sollte ich das alles aushalten?»

Das Persönliche und Unverwechselbare im Sterben entsteht aus dem Zusammenspiel und der Wechselwirkung verschiedener Faktoren. Zu diesen Faktoren gehören

– die genetische Ausstattung,
– der Persönlichkeitstyp,
– der Charakter,
– die Lebensgeschichte,
– die körperlichen, psychischen und spirituellen Ressourcen,
– die sozialen Bindungen und ihre Qualität,
– die finanzielle Ausstattung und Absicherung,
– die weltanschaulichen und religiösen Überzeugungen und Praktiken,
– die Belastungen aus der Familie (Sorge um kleine Kinder, pflegebedürftige Eltern),
– die Art, der Grad und die Dauer der Erkrankung sowie die Folgen und Nebenwirkungen der Behandlung,
– die Qualität der ärztlichen Behandlung und der Pflege,
– die materiellen Rahmenbedingungen (Ausstattung der Wohnung, der Klinik, des Heimes),
– die Erwartungen, Normen und das Verhalten der Angehörigen, Pflegenden, Ärzte und der Öffentlichkeit.

Charakterzüge und Beziehungen
verändern sich

Wie wirkt sich die lebensbedrohliche Erkrankung eines Menschen auf seine persönlichen Eigenschaften, Verhaltensmuster und auf seine Beziehungen zu anderen Menschen aus?

Menschen sind gesprächig, ruhig, zurückhaltend, mitfühlend, hartherzig, streitsüchtig, ängstlich, mutig, launisch, sorglos, verantwortungsvoll, freundlich, leichtsinnig, zufrieden, organisiert, geizig, jähzornig usw. Jeder von uns lebt einige dieser Eigenschaften und Verhaltensmuster; sie charakterisieren uns.

Durch die tödliche Bedrohung werden wir kein neuer Mensch, leben aber in aller Regel unsere Eigenheiten und Verhaltensmuster stärker aus: Ein ruhiger Mensch wird noch ruhiger, ein launischer noch launischer, ein jähzorniger noch jähzorniger. Alltägliche Gewohnheiten werden für gewöhnlich beibehalten, andere, die lange Zeit verschüttet waren, können wieder durchbrechen. Deshalb kann es auch sein, dass wir uns anders verhalten als gewohnt und von anderen erwartet: Wir werden ungeduldig, obgleich wir vorher die «Geduld in Person» waren. Wir begehren auf, obgleich wir zuvor alles geschluckt haben. Wir werden ruhig, obgleich wir ehemals als Hektiker bekannt waren. Und unsere Angehörigen und Freunde wundern sich, dass wir auf einmal so anders sind.

Mit zunehmendem Alter fällt es uns immer schwerer, uns und unser Verhalten zu ändern. Unser gegenwärtiges Verhalten ist stets eine Folge vergangener Entwicklungen, und die Ereignisse der Vergangenheit wirken in die Gegenwart hinein: Ein Finanzmanager lag auf der Palliativstation und handelte auch sterbend noch mit Aktien an der Börse. Ein 90-jähriger Nazi begrüßte jeden, der sein Zimmer betrat, mit «Heil Hitler!» und riss dabei seinen Arm hoch. Eine Kettenraucherin ließ sich alle Stunde im Rollstuhl auf die Terrasse schieben, um «ihren» Zigarillo zu rauchen. Ein sterbenskranker Frauenheld nervte mit seinen sexistischen Sprüchen und Grapschversuchen die Frauen auf der Station.

Anders gelagert sind Fälle, in denen die Persönlichkeit und das Verhalten zum Beispiel durch einen Hirntumor oder durch Medikamente verändert werden. Ich habe erlebt, wie ein aggressiver Hirntumor den Charakter und das Verhalten eines Mannes völlig umgekrempelt hat: Als Gesunder war er zurückhaltend und gehemmt; als Kranker ging er hemmungslos auf Frauen zu, umarmte und küsste sie – ohne deren Zustimmung.

Die Nähe des Todes wirkt sich auch auf die Beziehungen aus, die Sterbenskranke zu ihren Angehörigen und Freunden haben. Eine lebensbedrohliche Erkrankung schweißt die betroffenen Menschen und ihre Partner nicht automatisch zusammen. Vielmehr gilt: Stabile Beziehungen werden stabiler, und zerbrechliche Beziehungen werden zerbrechlicher.[68] Jetzt offenbart sich die Qualität der sozialen Beziehungen und Bindungen des Sterbenskranken. Bei einander zugewandten Partnern werden die Begegnungen und ihre Sprache liebevoller und verbindlicher. «Zu merken, dass man geliebt wird, ist schön. Jemanden zu lieben ist auch schön. Aber was machen die Leute, die niemanden haben?»[69] Stabile Partnerschaften verfügen über Energien, um die Belastungen zu ertragen und auszuhalten: «Tatsache ist, es gibt keine Basis, keinen sicheren Grund, auf dem die Menschen heute stehen können, wenn nicht die Familie. Das ist mir sehr deutlich geworden, während ich krank war. […] Sagen wir mal, ich wäre geschieden oder lebte allein oder hätte keine Kinder. Diese Krankheit – was ich jetzt durchmache – wäre so viel schwerer zu ertragen.»[70]

Neue Studien haben ergeben, dass Männer eher ihre sterbenskranke Frau verlassen als Frauen ihren sterbenskranken Mann. Die Dauer der Partnerschaft schützt nicht vor späterer Trennung. Bei zerstrittenen Partnern wird der Streit oft heftiger und kann dazu führen, dass sie parallel oder gegeneinanderleben. Risse in Partnerschaften werden unter dem Druck der Erkrankung breiter und tiefer, bis zum völligen Auseinanderbrechen. Das kann dazu führen, dass der gesunde Partner den erkrankten Partner verlässt. Oder umgekehrt: Der Sterbenskranke trennt sich. Ich kam einmal dazu, als ein 60-jähriger Ehemann völlig verstört vor dem Zimmer seiner sterbenskranken Ehefrau stand. Als ich ihn fragte, was los sei, redete er: «Jetzt stehe ich hier vor dem Zimmer meiner Frau: Sie hat mich gerade rausgeworfen! Mit meinem Rosenstrauß hat sie nach mir geschlagen. Was ist nur mit ihr los?! Sie will mich nie wieder sehen und schreit mich wütend an. So kenne ich sie nicht. Meine Huren sollten mir meine Unterhosen waschen. Das Leben mit mir sei ihr eine Hölle gewesen. Wenigstens im Sterben soll ich sie in Ruhe lassen.»

Schon kleine Zerwürfnisse können in der Familie eine eigene Dynamik entwickeln. Verfeindete Familien finden auch durch die tödliche Erkrankung in der Regel keinen Frieden. Der Streit wird nicht selten selbst am Sterbebett ausgetragen; oft sehr heftig und rücksichtslos. Ein Beispiel: Nach einem schwierigen Leben, dazu gehörten eine abgebrochene Lehre, Drogenkonsum, Zerwürfnis mit den Eltern, frühe Mutterschaft, zwei Scheidungen und Verarmung, lag die junge Frau sterbenskrank auf einer Palliativstation. Zu ihren Eltern hatte sie seit zwölf Jahren überhaupt keinen Kontakt mehr. Als die Eltern auf die Palliativstation kamen, um sie zu besuchen und sich mit ihr zu versöhnen, lehnte ihre Tochter den Besuch rigoros ab.

Ob Nachbarn, Freunde und Kollegen dem Sterbenskranken beistehen, hängt ebenfalls davon ab, wie sie zuvor miteinander umgegangen sind: «Also, was meine Gefühle betrifft. Wenn ich Leute und Freunde hier habe, dann geht es mir sehr gut. Die liebevollen Beziehungen halten mich aufrecht.»[71]

Die Sprache der Sterbenskranken
ist tiefgründig

Sterbenskranken kann es sehr schwer fallen, sich anderen mitzuteilen, sich wirklich auszusprechen. Heute können sie es, morgen vielleicht nicht mehr. Die Worte «unheilbar» und «sterbenskrank» gehen niemandem leicht über die Lippen, wenn es um einen selbst geht. Gerät man dann in dumpfe Sprachlosigkeit? Im Gegenteil! Für das Sterben haben wir in der deutschen Sprache nur wenige Wörter. Deshalb wählen Sterbenskranke Bilder, Symbole, Metaphern und metaphorische Vergleiche, um sich mitzuteilen, und sie erzählen Geschichten.[72]

Sterbenskrank spricht der Arzt zum Beispiel von seiner «letzten Visite», der Schauspieler vom «letzten Vorhang, der nun fällt», und der Schriftsteller verschreibt seine «letzte Tinte». Aus der Lebensgeschichte und der aktuellen Lage des Sterbenskranken erhalten die Bilder, Symbole, Metaphern und metaphorischen Vergleiche ihren Sinn und können aus diesem Kontext verstanden werden: «Und bastele weiter an meinem Bild des Sterbens, weil ich es wichtig finde, dass man sich nicht an Kabeln und Drähten befindet, wenn man die letzten Gedanken denkt. […] Das Bild muss also wachsen, damit man in diesem Bild verschwinden kann.»[73]

Eine sterbenskranke ältere Frau sprach immer davon, dass in ihrem Inneren ein Vulkan tobe. Der Vulkan sei hochexplosiv und stehe kurz vor dem Ausbruch: «Wenn der Vulkan ausbricht, soll es schnell gehen.» Darüber waren die Angehörigen verstört. Sie befürchteten, ihre Mutter phantasiere und hätte den Bezug zur Realität verloren. Die Sterbenskranke war aber nicht «verrückt»; mit der Metapher sprach sie lediglich von der zerstörenden Kraft ihrer Krankheit und dass sie sich kein langes Leiden, sondern ein rasches Ende wünschte. Mit ihrem verstorbenen Mann war sie mehrmals auf Sizilien gewesen und hatte den lavaspuckenden Ätna bewundert.

Über Berechenbares und Messbares können wir uns leicht verständigen. In Krisen- und Grenzsituationen reicht die Sprache der nackten Tatsachen und Zahlen allerdings nicht mehr aus, um unser Befinden auszudrücken. Alltägliche Themen, über die Sterbenskranke sprechen, erhalten vor dem Hintergrund der lebensbedrohenden Erkrankung einen neuen, tieferen Sinn. Ein 24-jähriger Student betonte wenige Tage vor seinem Tod immer wieder: «Ich habe in vierzehn Tagen meine Abschlussprüfung.» Die Ärzte und seine Eltern glaubten, dass er die Dramatik seiner Situation nicht erkannt hatte. Vergebens versuchten sie, ihn vom Gedanken an die Abschlussprüfung abzubringen. Offensichtlich hatten sie die Tiefe seiner Rede nicht gespürt: Er starb nach vierzehn Tagen, am Tag seiner «Abschlussprüfung».

Sterbenskranke wählen gern Metaphern oder metaphorische Vergleiche, um ihr Befinden auszudrücken. Die gegenwärtige Situation wird mit Bildern aus dem bisherigen Leben beschrieben. Der Sterbenskranke vergleicht zum Beispiel seine aussichtslose Situation mit einem «Abstellgleis», auf das er abgeschoben sei. Obwohl Metaphern schon in unserer Umgangssprache eine wichtige Rolle spielen, kennzeichnen auffällige, einprägsame und manchmal auch absichtsvoll rätselhafte oder dunkle Metaphern die Sprache Sterbenskranker. «Jetzt muss ich wohl die Bühne verlassen.» – «Den Löffel lege ich noch lange nicht weg.» – «Eine schwierige Reise steht mir bevor.» – «Das Spiel ist aus.» – «Mein Konto ist geplündert.» – «Die Zeit ist abgelaufen.» – «Der Krebs in mir ist wie eine Zeitbombe, die jeden Augenblick hochgehen kann.» – «Jetzt ist Sommer. Bei mir ist Spätherbst.»

Sterbende erzählen mitunter von schweren Erkrankungen und vom Sterben anderer Menschen. Auf einer tieferen Ebene sprechen sie dabei auch von sich selbst, ohne das ausdrücklich anzumerken. Träume, Traumbilder und Albträume verdichten das Erleben und die Sprache Sterbenskranker in besonderer Weise.

Aber Vorsicht, nicht immer verbergen sich hinter den Aussagen tiefgründige Gedanken: Ich erinnere mich an eine sterbenskranke Frau, die ich schon ein paarmal besucht hatte. Nach der Begrüßung sagte sie zu mir: «Ich habe kalte Füße.» Ich überlegte kurz, wie ich damit umgehen sollte: War das eine Metapher für ihre Angst? Oder hatte sie wirklich «nur» kalte Füße? Ich ging in den Stützpunkt, holte eine Wärmflasche und legte sie ihr auf die Füße. Sie bedankte sich dafür: «Gott sei Dank haben Sie nicht angefangen, mit mir über mein Sterben zu reden, sondern eine Wärmflasche geholt.»

Konfrontiert mit der eigenen Lebensgeschichte

Sterbenskranke werden in einer zuvor ungeahnten Weise mit sich und ihrer Lebensgeschichte konfrontiert: «Wenn die Zukunft schrumpft, blickt man zurück. Jetzt, da mich das Schicksal zwang, mir Rechenschaft abzugeben über meine Biographie, wurde mir klar, wie bruchstückhaft die Lebensgeschichte war, die ich mir und anderen erzählt hatte, nicht falsch, aber unvollständig.»[74] Soll und Haben, Negatives und Positives werden aufgerechnet und einander gegenübergestellt.

Das nahe Ende bewirkt, dass wir unser Leben in Frage stellen: Was habe ich erreicht? Worüber freue ich mich? Was ist mir gelungen? Womit bin ich zufrieden? Was habe ich versäumt? Was ist unerledigt? Was hätte ich anders machen sollen? Was bedauere ich? Worüber trauere ich? Was müsste ich noch tun? Was kann ich noch tun? Die Antworten drängen sich ins Bewusstsein, einige werden aber auch konkret erlebt. Denn Sterbenskranke erleben ihre Lebensbilanz zugleich unausweichlich, zum Beispiel: Die Erkrankung ist Folge des jahrelangen Fehlverhaltens bei Essen und Trinken. Die Kinder sind da, weil sie auch ihr Leben lang für sie da gewesen sind. Die Kinder kommen nicht, weil sie auch für sie nie Zeit hatten.

Versuche, die Lebensbilanz zu schönen, werden durch die realen Verhältnisse korrigiert. Die erlebte Lebensbilanz lässt sich nicht schönen, die in Worte gefasste schon. Die aktuelle Lebenswirklichkeit bezeugt, ob sich Angehörige kümmern, wie sie mit dem Sterbenskranken und miteinander umgehen.

Manche Menschen verfassen zum Ende ihres Lebens eine Autobiographie, um auf ihr Leben zurückzublicken, sich und anderen Rechenschaft zu geben, ihre Sicht der Dinge zu veröffentlichen, etwas klarzustellen oder auf Zusammenhänge hinzuweisen. Die einen erzählen bereitwillig und ausführlich aus ihrem Leben. Andere fassen ihr Leben in einem Satz zusammen. «Ich bin am Leben gescheitert.» –«Alles in allem bin ich ganz zufrieden.» – «Arbeit war mein Leben.» – «Ich habe immer wieder einen Schlag ins Genick bekommen.» – «Das Glück war bei mir immer auf der Flucht.» – «Ich bereue wenig.» Und wieder andere Sterbenskranke machen alles «still für sich» ab und sprechen mit niemandem über das, was sie in ihrem Innersten bewegt. Mitunter weigern sich Sterbenskranke, auf ihr Leben zurückzublicken, und behaupten einfach: «Da gibt es nichts zu erzählen.»

Beim Erinnern steigen Erlebnisse auf, werden ins Leben

eingeordnet und bewertet. «Aber wenn mein Leben, mein ganzes bewußtes Leben, vielleicht doch nicht so gewesen ist, wie es hätte sein sollen, was dann?»[75]

Der Rückblick kann in Zorn münden, jedoch auch Dankbarkeit, Zufriedenheit oder Reue und Trauer auslösen. Erinnerungen an «schlimme Zeiten» drängen häufig zuerst ins Bewusstsein: Erinnerungen an Armut, Einsamkeit, Krankheit, Missbrauch, Fehlgeburten, Schwangerschaftsabbrüche, Ehescheidungen, Gewalt, Kriegserlebnisse, Unfälle, Streit, Zerwürfnisse, Tod. Schmerzhafte Narben «an Leib und Seele» werden gezeigt und beklagt. Manchmal steigt beim Rückblick Bitternis auf: «Und während ich stetig bergab ging, bildete ich mir ein, immer nur bergauf zu steigen. So war es, so und nicht anders. In der öffentlichen Meinung bin ich höher und höher gestiegen, und in gleichem Maße ist mein Leben entschwunden.»[76]

Meistens ist es so: Wenn Unglück und erfahrene Ungerechtigkeiten ausreichend beklagt worden sind, wird dankbar von Zeiten der Liebe, Geburten, Familienfesten, Reisen und Erfolgen im Sport, in der Schule, im Beruf usw. geschwärmt. Auf dem Sterbebett dankte ein ehemaliger 91-jähriger Bürgermeister eines Dorfes seinen Kindern und Freunden: «Wie ihr wisst, musste ich viel Leid in meinem Leben ertragen, den Krieg, die Gefangenschaft, die schlimmen Jahre nach dem Krieg, die Krankheit und den Tod der Mutter. Mir war es immer wichtig, dass wir zusammengehalten haben. Das erlebe ich auch jetzt. Darüber bin ich glücklich, und ich danke euch, dass ihr auch jetzt alle bei mir seid.»

Das, was nicht geschehen ist, kann in gleicher Weise so bedeutsam sein wie das, was geschehen ist. Das Ungeschehene kann vom Sterbenskranken als Versäumnis, Verzicht oder Versagen erlebt werden und Enttäuschung, Reue und Schuldgefühle auslösen, aber auch neue Hoffnungen, Sehnsüchte und Wünsche wecken. Sterbenskranke bedauern und ärgern sich, dass sie Wichtiges oder gar Entscheidendes in ihrem Leben versäumt oder nicht gemerkt haben, was für ein Glück das Erlebte gerade für sie war. Falls es noch eine Zukunft gibt, so nehmen sie sich vor, soll das Versäumte nachgeholt werden. Sterbenskranke möchten häufig noch in Ordnung bringen, was in Ordnung gebracht werden muss bzw. kann: «So eine Hinterlassenschaft ist mir wichtig. […] Ich brauche jetzt hinter mir einen aufgeräumten Laden.»[77]

Nach vielen Jahren des Streitens bitten Sterbenskranke mitunter um Versöhnung und übernehmen die Verantwortung für den Streit. Wenn Unerledigtes auf dem Sterbebett nicht mehr erledigt werden kann, Versöhnung nicht mehr möglich ist, bleibt Sterbenskranken eigentlich nur noch übrig, darüber zu trauern.

Aufträge, Mahnungen, Weisungen werden an die Überlebenden weitergegeben: «Merke dir: Ich sterbe nicht an den Keimen, die du pausenlos mit deinem Gift bekämpft hast. Sei freundlicher zu den Kindern und nicht so böse zu deinem nächsten Mann wie zu mir.» In den «Geschichten aus 1001 Nacht» wird gemahnt: «Wären die Menschen verständig, so würden sie einsehen, wie die Zeit mit andern verfährt, und es sich zur Warnung dienen lassen; sie haben Schätze gesammelt, die sie wieder andern überlassen mussten, während sie selbst nach allem Abmühen ins enge Grab steigen.»[78]

Sterbenskranke sehnen sich nach Menschen, denen sie sich und ihr Leben anvertrauen können. Sie ahnen, dass sie allein nur schwerlich mit sich und ihrer Geschichte zurechtkommen. Deshalb wünschen sie sich einen Gesprächspartner, der zuhört, nicht urteilt und schon gar nicht *ver*urteilt. Wem erzählen sie von sich? Sind es Angehörige? Oder sind es eher fremde

Menschen? Wenn die Beziehung stimmt, öffnen sich Sterbenskranke ihren Angehörigen und erzählen ihnen aus ihrem Leben. Das ist allerdings nicht selbstverständlich. Oft wird lieber ein professioneller Gesprächspartner gesucht, jemand, der gelernt hat zuzuhören und zum Schweigen verpflichtet ist. Dem behandelnden Arzt, einer Krankenschwester, einem Seelsorger oder Psychologen wird dann – im geschützten Raum – aus dem Leben erzählt und die Geschichte mitunter auch mit einer Lebensbeichte verbunden. Ungeschminkt tauschen oft Bettnachbarn ihre Lebensgeschichte aus. Das gemeinsame Schicksal erleichtert ein offenes Gespräch und Verständnis füreinander.

Lebensqualität und Wohlbefinden bleiben Ziele

Wenn der Arzt mit seiner Diagnose bestätigt, was der Erkrankte zuvor schon befürchtet hat, beginnt für den Sterbenskranken und seine Angehörigen ein Kampf um Leben und Tod. Der «Sterbenslauf, Todesgang beginnt, und der Lebenslauf endet», meinte Noll.[79] Dabei geht es für den Sterbenskranken nicht zuletzt auch darum, so lange wie möglich Lebensqualität und Wohlbefinden zu erhalten.

Dem Kampf um ihr Leben weichen Sterbenskranke selten aus. Normalerweise lassen sie sich auf den Kampf ein: «Ted, diese Krankheit greift meinen Geist an. Aber sie wird meinen Geist nicht kriegen. Sie wird meinen Körper kriegen. Sie wird meinen Geist nicht kriegen.»[80]

Die lebensbedrohliche Erkrankung drängt sich unabweisbar als neuer Partner in das Leben ein – und mit ihr der Tod. Sie wird zur engsten Wegbegleiterin und schiebt sich rücksichtslos zwischen Ehepaare, Eltern und Kinder.[81] Eine vage, verzagte und gefährliche Lebensgemeinschaft beginnt, ein Leben mit dem Krebs, der Amyotrophen Lateralsklerose oder dem Schlaganfall: «Dadrinnen (in mir) lebt jetzt ein unangenehmer Zeitgenosse. Ein Dreckskerl.»[82] Es ist ein stummer, aber ein sehr aktiver Partner; ihm haftet zwangsläufig etwas Unheimliches, Hinterhältiges und Böses an.[83] Es beginnt ein Countdown ins Ungewisse. «Es blieb eine breite Grauzone der Unberechenbarkeit, mit der ich leben musste, wenn ich leben wollte.»[84]

Wie sollen die Monate fruchtbringend gelebt werden, wenn es überhaupt noch Monate sind? Macht es Sinn zu kämpfen und alle therapeutischen Möglichkeiten auszuschöpfen? Kann die frühere Lebensfreude jemals wiedergewonnen werden?

Im Kampf gegen die lebensbedrohliche Erkrankung suchen sich Sterbenskranke immer neu Verbündete. Manche kosten sehr viel Geld. «Mit Grauen denke ich daran, was ich für Dr. Scharlatan und seine Freunde ausgegeben habe. Sein Grundpreis war schon 2500 Pfund.»[85]

Der Lebensrhythmus wird ab jetzt von den Abhängigkeiten, die sich aus der Erkrankung ergeben, bestimmt. «Und ich ertrag diese beschissene Wahrheit ja auch nur, weil ich entschlossen bin, noch sehr lange zu leben, jetzt erst recht.»[86]

Obgleich Sterbenskranke sich nicht für einen Tag oder eine Stunde von ihrem gefährlichen Gefährten befreien können, loten sie aus, was noch möglich ist. Sie genießen schöne Momente und die kleinen Dinge des Lebens, wie das Abendessen mit der Familie oder Freunden, die Sonne, die durch das Fenster auf die Bettdecke fällt, oder das geliebte Musikstück, das unverhofft im Radio gespielt wird.

Der Blick auf die Welt und die Menschen ändert sich. Bislang Selbstverständliches ist auf einmal nicht mehr selbstverständlich. Die Perspektiven wechseln, und das Erleben wird intensiver. «Wenn du erkennst, dass du sterben wirst, dann siehst du alles mit ganz anderen Augen. [...] Weil ich weiß, dass meine Zeit fast abgelaufen ist, fasziniert mich die Natur, als sähe ich sie zum ersten Mal.»[87]

Sterbenskranke freuen sich, wenn sie ernst genommen werden und ihnen das Gefühl vermittelt wird, etwas wert und attraktiv zu sein. Nichts stützt sie im Kampf mehr als das Gefühl, geliebt und getragen zu werden: «[...] ich nenne es die ‹spirituelle Sicherheit› eines Menschen: zu wissen, dass deine Familie da sein wird und auf dich aufpasst. Es gibt nichts anderes auf der Welt, das dir jenes Gefühl vermitteln kann. Kein Geld. Keine Berühmtheit.»[88]

Sterbenskranke lernen, mit ihren Einschränkungen zu leben. Ihr Ziel bleibt es aber, den Gegner nicht nur zu bekämpfen, sondern zu vernichten. Zeitweise gelingt es auch, die Angriffe abzuwehren. Die Gegenmaßnahmen wirken und greifen. Der Feind, die Krankheit, scheint von den Therapien und dem Lebensmut besiegt worden zu sein. Zumindest beherrscht er das Leben nicht mehr völlig. Zeitweise kann es gelingen, den Feind einfach zu ignorieren und so zu tun, als ob es ihn und seine Attacken nicht gäbe. Mit eisernem Willen wird der normale Alltag eines Gesunden gelebt.

Mitunter ist es sogar so, dass die Krankheit endgültig besiegt und das normale Leben wieder aufgenommen werden kann. Glück kann dann im überwundenen Unglück empfunden werden: «Der Krebs war im Nachhinein ein Segen für mich», sagte mir eine junge Frau, nachdem ihr Krebs besiegt war: Sie setzte neue Prioritäten in ihrem Leben, versöhnte sich wieder mit ihren Eltern und veränderte ihre Lebensgewohnheiten.

Allerdings bleibt die Furcht, dass der Feind hartnäckig

bleibt und irgendwann wieder angreift. Und das tut er oft auch und lässt sich dann nicht mehr abschütteln. Auch wenn der Sterbenskranke spürt, dass sein Leben knapp vor dem Abgrund steht, sehnt er sich danach, noch Zeit zu haben, um die ihm wichtigen Dinge zu tun: Zeit mit der Familie oder dem Partner zu verbringen, mit Freunden zu essen oder spazieren zu gehen, Zeit unbeschwert zu genießen.

Irgendwann taucht der Gedanke in immer kürzeren Zeitabständen auf, dass der Kampf nicht mehr gewonnen werden kann. «Oft, wenn er jetzt morgens aufwachte, lag er nur da, die Decke über dem Kopf, und überlegte, ob er nicht, statt zu kämpfen, einfach nachgeben und nichts mehr tun sollte.»[89]

Angehörige und Freunde kämpfen mit – oder auch nicht

Die lebensbedrohliche Erkrankung wirkt sich sowohl auf den Alltag eines jeden Einzelnen als auch auf den Alltag der gesamten Familie aus.[90] Das ist selbst dann so, wenn von allen versucht wird, die Bedrohung zu leugnen, oder wenn die Beziehungen untereinander gestört sind. Isabel Allende beschreibt, wie die lebensbedrohliche Erkrankung auch die Angehörigen und Freunde ihrer sterbenskranken Tochter berührt: «Die Familie und die Freunde versagen nicht, nachmittags kommen so viele Besucher, dass wir aussehen wie ein Indianerstamm, einige kommen von sehr weit her, verbringen hier ein paar Tage und kehren dann in ihr normales Leben zurück.»[91]

Angesichts der tödlichen Erkrankung bilanzieren auch die Angehörigen das gemeinsame Leben und überlegen, wie es für sie nach dem Tod des Sterbenskranken weitergehen kann. Ihre Lebensbilanz kann anders ausfallen als die des Sterbenskranken: Für den Sterbenskranken war es ein schönes Leben. Seine Frau hat ihm den Rücken freigehalten und er konnte Karriere in der Wirtschaft machen. Für die Ehefrau war die gemeinsame Zeit jedoch eine einzige Leidensgeschichte: Sie musste ihm ständig den Rücken freihalten und ihre eigenen Wünsche zurückstellen. So wird durch die Bedrohung dem Sterbenskranken und seinen Angehörigen schlagartig bewusst, was man aneinander hatte, was man verfehlt, was man falsch gemacht hat, wo man im Unrecht war oder wofür man im Nachhinein dankbar sein muss.

Angehörige sind zwar Co-Patienten, legen aber großen Wert darauf, selbst keine Patienten zu sein. Deswegen versuchen sie ihren Alltag so normal wie irgend möglich zu gestalten. In gewisser Weise distanzieren sie sich innerlich ein Stück weit von dem Kranken, denn sie möchten leben und sind vielleicht auch unbewusst froh, dass sie jetzt noch nicht «dran» sind. Mitunter grenzen sie sich vom Sterbenskranken sogar hart ab. «Sterben müssen wir alle und du eben jetzt», erklärte ein Ehemann seiner Frau. Weil sie nicht mitsterben möchten, verlassen Angehörige zeitweise den Sterbenskranken, um wieder zu Kräften zu kommen.

Angehörige bestehen bewusst darauf, ihr eigenes Leben weiterzuführen, gehen beispielsweise weiterhin zur Arbeitsstelle und treffen sich mit Freunden. Eventuell fühlen Sterbenskranke sich dadurch im Stich gelassen. Zwar gönnen sie ihrem Partner sein Leben, sind allerdings trotzdem traurig oder gar wütend, dass er «einfach so» weitermachen kann und sie so krank sind.

Manche Sterbenskranke ermutigen ihre Angehörigen jedoch auch zum Eigenleben: «Ihr dürft euer Leben nicht unterbrechen. Sonst wird diese Krankheit am Ende drei statt nur einen ruiniert haben.»[92]

Häufig fühlen Angehörige sich für das Leben des Sterbenskranken verantwortlich und möchten ihn vor dem Tod schützen: «Der Tod streicht frei durch diese Gänge, und meine Aufgabe ist es, ihn abzulenken, damit er deine Tür nicht findet.»[93]

Irgendwann können Sterbenskranke nicht mehr für sich selbst sorgen und sind nicht mehr in der Lage, ihre Geschäfte allein oder überhaupt wahrzunehmen: Dann müssen andere Menschen, zumeist engste Angehörige, diese Aufgabe übernehmen; sei es einfach so oder aufgrund einer Patientenverfügung, einer Vorsorgevollmacht oder als vom Gericht bestellte Betreuer. Das kann sie völlig überfordern, in Verzweiflung und Hilflosigkeit stürzen, sodass sie zur eigenen Entlastung den Kranken (wieder) ins Krankenhaus oder in das Hospiz bringen wollen.

Schwer wiegt die Verantwortung, wenn der Angehörige eine unerwünschte und schmerzvolle Entscheidung für oder sogar gegen den Willen des Sterbenskranken treffen muss. «Die Entscheidung, Ruth in das Hospiz zu ‹geben›, war absolut qualvoll. […] Auch wenn alle zustimmen, dass man das Richtige tut, dass diese die einzig sinnvolle Lösung sei, bleibt es doch die einsamste Entscheidung der Welt.»[94]

Es kommt vor, dass Sterbenskranke in einem Krankenhaus oder Pflegeheim vernachlässigt oder unwürdig behandelt werden. Oft kann sich der Sterbenskranke dagegen selbst nicht mehr wehren, er ist zu schwach. Angehörige übernehmen das dann für ihn und setzen sich für ihn ein: «Erst nachträglich wurde mir klar, wie wichtig in diesen Tagen der Schutz durch meine Angehörigen war, die inzwischen den Pflegekräften gegenüber längst nicht mehr so höflich und handzahm waren wie zu Beginn meiner Krankenhauskarriere, sondern raubeinig und direkt.»[95]

Angehörige können sich gezwungen sehen, die Rechte ihrer

Sterbenskranken einzufordern und durchzusetzen. «Mein Vater hat in seiner Patientenverfügung klar bestimmt, dass er nicht künstlich ernährt werden möchte. Ich bestehe darauf, dass diese Verfügung eingehalten wird.»

Mitunter leiden Angehörige auch lange darunter, dass sie aufgrund der gegebenen Situation anders für den Sterbenskranken entschieden haben, als er selbst es vermutlich für sich gewünscht hätte.

Jeden Tag sterben aber auch zunehmend Menschen, um die sich niemand von den Angehörigen gekümmert hat und die sich selbst auch nicht um ihre Angehörigen gekümmert haben. In München musste die Stadt im Jahr 2013 für 1219 Verstorbene die Beerdigung organisieren, weil es keine Angehörigen gab. Sie stammten aus allen Gesellschaftsschichten. Manche wurden erst gefunden, als es im Treppenhaus schon «roch». In einigen Fällen war die Familie schon «vorverstorben», wie es in Fachkreisen heißt. In vielen Fällen, das ergaben Nachforschungen der Stadt, wollten die Angehörigen nichts mit dem Verstorbenen zu tun haben.

RESÜMEE
Das Persönliche der Sterbenskranken würdigen

Wie wäre es, wenn wir auf Phasenmodelle oder andere Festlegungen des Sterbens einfach verzichten würden und offen wären für einen persönlichen Umgang mit den typischen Erkenntnissen, Aufgaben und Einschränkungen? Wenn die Begegnung mit Sterbenden gelingen soll, dann ist ihre per-

sönliche Lebenswirklichkeit gebührend zu beachten. Wahrhaft hilfreich können Ärzte, Pflegende, Seelsorger und Angehörige für Sterbende sein, wenn sie bereit und fähig sind, sich dem Unfassbaren auszusetzen, und sich von den Sterbenden berühren lassen, zu einer Zeit, da sie selbst noch nicht sterben müssen. Wir müssen ihnen zuhören statt reden, reden, reden. In der Begegnung mit Sterbenskranken erleben wir nicht nur den Sterbenskranken, sondern auch uns selbst unmittelbar, unreflektiert, gleichwohl bewusst. Beziehung ist schließlich Gegenseitigkeit. Eindrücke, Vorgänge oder Zustände, die von uns aus der Begegnung als bedeutsam empfunden werden, verinnerlichen wir. Offen ist dabei, was wir persönlich jeweils als bedeutsam empfinden, welche Eindrücke wir aufnehmen, erinnern und was wir daraus machen. Die Lebensbilanz des Sterbenskranken provoziert bei uns, dass wir auch unser eigenes Leben kritisch ansehen.

4 STERBENSKRANKE
WISSEN, DASS SIE BALD
STERBEN MÜSSEN

Zwei Erkenntniswege

SOLL MAN EINEN UNHEILBAR erkrankten Menschen über seine Erkrankung aufklären? Wer so fragt, geht davon aus, dass unheilbar Erkrankte «nichts» wissen. Diese Annahme ist weit verbreitet, nicht nur unter Ärzten. Deshalb wird viel über «die Wahrheit am Krankenbett» diskutiert. Erörtert wird, ob lebensbedrohlich Erkrankte «die Wahrheit» erfahren sollen und wie sie gegebenenfalls zu vermitteln ist. Die Diskussionen werden schnell grundsätzlich: Was ist denn überhaupt die Wahrheit? Wie viel Wahrheit verträgt ein Mensch? Auf wie viel Wahrheit hat er ein Anrecht? Auf wie viel Halb- oder Nichtwahrheit? Wo ist die Grenze? Und wer legt sie fest?

Diese Fragen und auch die Diskussion darüber sind selbstverständlich berechtigt. Nach meiner Auffassung wird darin aber nur die halbe Wahrheit aufgegriffen. Denn es gibt nicht nur eine «Wahrheit *am* Krankenbett», sondern auch eine «Wahrheit *im* Krankenbett». Ich bin überzeugt: Unheilbar erkrankte Menschen erkennen ihre Lage selbst und wissen Bescheid. Bis auf wenige Ausnahmen sind sie sich ihrer Lebensbedrohung bewusst. Niemand musste sie eigens darüber aufklären oder hat sie darüber aufgeklärt. Allerdings gibt es auch Menschen, die erst durch den Arzt erfahren, dass sie tödlich erkrankt sind, zum Beispiel bei einem Zufallsbefund.

Die persönliche Erkenntnis «Mein Leben ist durch eine Erkrankung bedroht» geht der Information und der Aufklärung über die Diagnose und Prognose durch einen Arzt voraus. Sie bestimmt auch die Befürchtungen und Hoffnungen des Patienten vor und während der Arztgespräche und Untersuchungen.

Ärzte haben eine Informations- und Aufklärungspflicht gegenüber ihren Patienten. Sie sind verpflichtet, ihren Patienten in verständlicher Weise zu Beginn der Behandlung und, soweit es erforderlich ist, in deren Verlauf sämtliche für die Behandlung wesentlichen Umstände zu erläutern. Das gilt insbesondere für die Diagnose, die voraussichtliche gesundheitliche Entwicklung, die Therapie und die Maßnahmen, die es dazu zu ergreifen gilt. Außerdem müssen sie den Patienten über alle für die Einwilligung in die Behandlung wesentlichen Umstände aufklären. Dazu gehören Art, Umfang, Durchführung, zu erwartende Folgen und Risiken sowie ihre Notwendigkeit, Dringlichkeit, Eignung und die Erfolgsaussichten im Hinblick auf die Diagnose und die Therapie. Der Arzt muss auch auf Alternativen hinweisen, wenn mehrere Behandlungsmethoden in Frage kommen und sie zu wesentlich unterschiedlichen Belastungen, Risiken oder Heilungschancen führen können. Arzt und Patient sollen zur Durchführung der Behandlung zusammenwirken.[96]

Der Patient kann allerdings – rechtlich gesehen – darüber bestimmen, ob und inwieweit er aufgeklärt werden möchte. Es liegt also zunächst an ihm, über das Ob und den Inhalt seiner Aufklärung zu entscheiden. Wie dem Patienten «die Wahrheit» vermittelt werden soll, ist nicht festgelegt. Dem Arzt ist es überlassen, wie, in welchem Umfang und zu welchem Zeitpunkt er den Kranken informiert und aufklärt. Wenn Gefahr im Verzuge ist, besteht keine Aufklärungspflicht. Soweit die Rechtslage.

Zwei Wege führen also zu der Erkenntnis, selbst sterbenskrank zu sein: das persönliche Erleben und das Gespräch mit dem Arzt.

Das persönliche Erleben oder
Die Boten des Todes

Der Tod versprach dem Jüngling im Märchen «Boten des Todes», dass er ihm seine Boten senden werde, bevor er komme und ihn abhole. Als der Jüngling älter wurde, schickte der Tod ihm seine Boten: Fieber, Schwindel, Gicht, Ohrenbrausen, Zahnschmerz und den Schlaf als seinen leiblichen Bruder. Dieser erkannte sie aber nicht als Boten des Todes und sprach zu sich: «Sterben werde ich nicht, denn der Tod sendet erst seine Boten. Ich wollte nur: die bösen Tage der Krankheit wären erst vorüber.» Sobald er sich gesund fühlte, fing er wieder an, in Freuden zu leben. Eines Tages kam der Tod und wollte ihn abholen. Da weigerte er sich mitzugehen, es seien schließlich keine Boten zu ihm gekommen. Daraufhin belehrte ihn der Tod, welche Boten er ihm geschickt habe. Nun wusste der Jüngling nichts mehr zu erwidern, ergab sich seinem Schicksal und folgte dem Tod.

Auch uns sendet der Tod seine Boten – wie im Märchen. Sie gleichen sogar den Boten im Märchen. Wir können sie auch als seine Boten erkennen, wenn wir wollen. Das könnte zum Beispiel so ablaufen:

Für gewöhnlich fühlen wir uns gesund. Ab und zu erkälten wir uns und husten. Erkältung und Husten verschwinden in der Regel schnell wieder. Doch dann hält der Husten länger an. Das kann schon mal vorkommen. Wir greifen zu bewährten Hausmitteln, lutschen Hustenbonbons und trinken Kräutertee. Dennoch bleibt der Husten. Ja, wir müssen sogar noch öfter und stärker husten als vorher. Das gefällt uns ganz und gar nicht. Später bemerken wir, dass uns das Treppensteigen schwerer fällt. Atembeschwerden und auch Brustschmerzen stören uns auf einmal. Das haben wir bisher überhaupt nicht gekannt. Andere bemerken das und raten uns, zum Arzt zu gehen. Wir wiegeln ab; das sei nicht nötig. Der Husten sei zwar hartnäckig, werde aber bald wieder verschwinden.

Wenn wir einen hartnäckigen Husten, einen Knoten in der Brust oder Blut im Urin entdecken, werden wir unruhig und machen uns unsere Gedanken. Tolstoi beschreibt das so: «Iwan Iljitsch klagte zwar mitunter über einen seltsamen Geschmack im Mund und leichte Beschwerden in der linken Magenhälfte, doch als Krankheit konnte man das wohl kaum bezeichnen. Diese Beschwerden wurden indessen immer stärker und gingen nach und nach wenn auch nicht in Schmerz, so doch in ein andauerndes Druckempfinden in der einen Seite über und hatten zur Folge, daß Iwan Iljitsch schlecht gelaunt war.»[97]

Wir erinnern uns plötzlich an Bekannte, bei denen es «auch so» angefangen hat. Wir warten trotzdem weiter ab. Neue Boten kommen: Wir verlieren in kurzer Zeit an Gewicht. Angst und Unsicherheit wachsen. Vor 150 Jahren las Tolstojs Iwan Iljitsch medizinische Fachbücher, um besser zu wissen, was mit ihm los war.[98] Heute steht uns eine riesige Auswahl medizinischer Fachbücher und Fachzeitschriften zur Verfügung; hinzu kommt das Internet, wo uns Gesundheitsportale zum Recherchieren einladen und Dr. med. Google immer Sprechstunde hat. In Foren können wir mit anderen unsere persönlichen Erkrankungen diskutieren, unsere Erfahrungen austauschen und uns gegenseitig Tipps geben. Noch nie war es so leicht, sich über Krank- und Gesundsein zu informieren, aber es war auch noch nie so schwierig, aus der Fülle der Informationen die richtigen Schlüsse zu ziehen.

Nach den Recherchen im Internet befürchten wir, um das Beispiel fortzusetzen, dass der Husten Lungenkrebs sein könnte. Wir können uns kaum noch einer Selbsttäuschung hingeben. Der Gedanke, dass wir wirklich schwer erkrankt sein könnten, geht nicht mehr aus unserem Kopf. Es kann lange dauern, ehe wir um ärztliche Hilfe bitten. Unsere «Angst vor der Wahrheit» hält uns zurück. Schließlich gehen wir zum Hausarzt.

Der Hausarzt untersucht uns und sagt: «Wahrscheinlich nichts Bösartiges, aber Sie sollten sich vom Spezialisten checken lassen.» Er schickt uns weiter zum Lungenfacharzt. Unsere Angst bekommt dadurch neue Nahrung: «Ist es denn wirklich so schlimm, dass ich zum Facharzt muss? Sollte es wirklich etwas Ernsthaftes, gar Krebs sein?» Die Fragen lassen uns keine Ruhe.

Es ist schon viel passiert, ehe wir vor dem Facharzt sitzen und darauf warten, dass er uns die Ergebnisse seiner Untersuchungen mitteilt. Unsere Enttäuschung ist groß, wenn er uns sagt, dass wir zur weiteren Klärung und anschließenden Behandlung stationär in die Klinik müssen. Wir hatten gehofft, es sei nicht so schlimm. Also fahren wir verängstigt zur Untersuchung ins Krankenhaus. Es wird immer wahrscheinlicher, dass unsere Befürchtungen zutreffen könnten. Nun warten wir darauf, was «die in der Klinik» feststellen und uns sagen. Dabei hoffen wir weiter, nicht ernsthaft krank zu sein.

Selbstverständlich kann dieser Erkenntnisprozess völlig anders verlaufen. Die einen gehen zum Beispiel sofort mit ihrer Furcht zum Arzt; andere warten (zu) lange, ehe sie zum Arzt gehen. Manche teilen ihrem Partner sofort jede kleine körperliche Irritation mit; wieder andere ignorieren die Symptome und erzählen niemandem, was sie bei sich entdeckt haben. Mitunter sind sich Kranke sehr schnell sicher, welche Krankheit sie haben. Denn da gibt es zum Beispiel eine familiäre Krebshäufung in der Familie: Brustkrebs bei Mutter und Schwester, Blutkrebs bei Tante und beim Großvater, Blasenkrebs beim Onkel: «Ich weiß, dass ich Krebs habe. Es ist alles wie bei meiner Mutter und meiner Schwester und endet mit dem Tod», schließt eine Erkrankte daraus.

Wieder Tolstoi: «Lange, lange Zeit hatte er sich immer eingeredet, dass ihm nichts fehle, überhaupt nichts, und mit viel Ausdauer die Konsultation eines Arztes hinausgeschoben. [...] Und als er endlich hinging, wollte er nicht begreifen, was mit ihm los war. Er glaubte nicht seinem gesunden Verstand, sondern dem Wunsch: Ich habe keinen Krebs, und es wird vorübergehen.»[99]

Die Aufklärung durch den Arzt

Ein Patient erlebt die Zeit vor seinem Aufklärungsgespräch völlig anders als der aufklärende Arzt. In der Klinik ist er schon ein paar Tage und hat mehrere Untersuchungen hinter sich. Nun wartet er allein oder in Begleitung angespannt auf den Arzt und die Diagnose. Seine Angst, es könnte etwas Schlimmes sein, kämpft mit seiner Hoffnung, dass alles gutgehen werde. Bei dem Gespräch dreht sich für ihn alles einzig und allein um die Frage, ob sein Zustand lebensbedrohlich ist.

Der Arzt war vor dem Gespräch noch in der Klinik unterwegs, hatte Stress. Mehrere Neuzugänge musste er aufnehmen. Die Besprechung mit Kollegen hat ihn gerade geärgert. Jetzt muss er noch dieses Gespräch führen. Die Befunde sind miserabel. «Wie kann ich das schnell hinter mich bringen? Eigentlich wollte das ja der Oberarzt machen.» Selten können Ärzte sich innerlich auf das für den Patienten schwerwiegende Gespräch ausreichend vorbereiten und einstellen. Sie stürmen geradezu in das schwierige Gespräch hinein. Der nächste Patient, die nächste Besprechung warten ja schon.

Manche Patienten beginnen gleich selbst das Gespräch, fragen direkt: «Es ist doch kein Krebs?» Der Arzt bestätigt die Angst des Patienten, lebensbedrohlich erkrankt zu sein, oder die Hoffnung, dass nichts Böses vorliegt. Das Gespräch ist für alle Beteiligten einfach, wenn die Diagnose nicht schlimm ist und die Furcht, lebensbedrohlich erkrankt zu sein, unbegründet war: «Gott sei Dank, Frau Doktor. Ich hatte schon befürchtet, dass es Krebs ist.» Anders ist es, wenn der Arzt eine erschreckende Diagnose mitteilen und die Ahnung des Patienten bestätigen muss.

Für Ärzte gibt es Anleitungen und Modelle, wie solche schlechten Nachrichten vermittelt werden sollten. Viele Faktoren beeinflussen, wie der Arzt das Gespräch beginnt, was er sagt, wie er es sagt und wie er mit den Reaktionen der Patienten und gegebenenfalls auch mit den Reaktionen ihrer Angehörigen umgeht. Die einen nennen ohne große Umschweife die Diagnose und erläutern, was sie bedeutet. Auf Therapieoptionen weisen sie kurz und knapp hin. Andere reden und reden und reden, kommen aber nicht zur Sache; sie verwirren mehr, als dass sie aufklären.

Wenn der Arzt das Unfassbare ausgesprochen hat, sind (fast) alle Patienten geschockt, nur noch mit sich selbst beschäftigt. Ihre Ohren sind verschlossen. Sie ringen um Luft und hören nicht mehr, was der Arzt sagt. Das erkennen Ärzte nicht immer, sie reden – ohne Rücksicht – weiter auf den Geschockten ein. Manche versuchen, die Härte der Nachricht wieder abzuschwächen, und versichern: «Wir können noch etwas für Sie tun.» Die meisten bemühen sich jedoch, oft mit Fachbegriffen, die Befunde zu erläutern, den möglichen Verlauf der Krankheit zu beschreiben, Therapiemöglichkeiten aufzuzeigen und auch etwas zur Lebenserwartung zu sagen.

Wie erleben das die Patienten? Der Autor Christoph Schlingensief beschreibt das so: «Dr. Bauer hat uns heute in sein Zimmer geholt und war direkt bei der Sache. Er würde gern etwas anderes sagen, sagte er, aber wir haben den Befund, und der ist große scheiße. Das ist ein Adenokarzinom. Das muss sofort raus. Und es würde jetzt eine harte Zeit auf mich zukommen, eine verdammt harte Zeit.»[100] Die Journalistin Ruth Picardie notiert nach dem Gespräch mit dem Arzt: «Jede kleine Einzelheit einer schlechten Nachricht traf wie ein Boxhieb, der dich auf die Bretter schickt, benommen und nach Luft ringend. Aber du rappelst dich immer wieder auf, bevor du ausgezählt wirst. Als betteltest du um den nächsten Schlag, aber was sollst du sonst tun?»[101]

Häufig sehen sich Patienten in ihrer Vermutung bestätigt: «Ehrlich gesagt, der Hirntumor war eigentlich keine so große Überraschung. Ich bekam immer wieder fiese Kopfschmerzen, die drei oder vier Tage dauerten, und da waren auch wabernde Lichter an der Peripherie meines Blickfeldes.»[102]

Wie reagieren die Patienten auf ihre sie vernichtende Diagnose? Ärzte erleben es regelmäßig: mit einem Chaos der Gefühle. Alles ist möglich. Das hängt von der Diagnose, der Prognose, dem jeweiligen Stadium der Erkrankung, der Persönlichkeit des Kranken, seinen körperlichen, psychischen, spirituellen und finanziellen Ressourcen ab – und nicht zuletzt auch vom Verhalten des Arztes. Einige Beispiele: Obgleich Sterbenskranke durch ihr persönliches Erleben und ihre Vorkenntnisse auf eine schlimme Diagnose vorbereitet sein müssten, überrumpelt sie die Nachricht: «Ich kann nicht glauben, dass ich Krebs haben soll. Jetzt soll ich Krebs haben. Jahrelang war ich wegen meiner Kopfschmerzen in Behandlung, und keiner hat mir auch nur ein Wörtchen davon gesagt. Das kann nicht sein. Das darf nicht wahr sein.» Manche Patienten sind entsetzt und schreien laut: «Sie lügen. Die Werte stimmen nicht.» Einige fluchen, wieder andere kündigen sofort an, dass sie sich eine «zweite Meinung» einholen werden. Dabei erwarten sie, dass der andere Arzt die Diagnose für falsch hält. Mitunter beginnen Patienten ein Fachgespräch mit dem Arzt; sie reden mit ihm über ihre eigene Situation wie über die eines Dritten.

Sterbenskranke haben es für gewöhnlich mit mehreren Ärzten zu tun. Die Anbindung an verschiedene Institutionen und Abteilungen, der Personalwechsel in den Kliniken, der Kontakt mit mehreren Haus- und Fachärzten führen leicht zu Informationsdefiziten bei den Ärzten und Irritationen bei den Patienten. Unklar ist dann zum Beispiel, wer was wie mit dem Patienten besprochen hat. Zwischen den Ärzten entstehen oft Konflikte über die Frage, ob angebotene oder anzubietende Therapien noch sinnvoll sind. Widersprüchliche Aussagen sind dann die Folge. Sie verwirren den Patienten.

Bisweilen wird – aus welchen Gründen auch immer – kein persönliches Aufklärungsgespräch geführt. Stattdessen teilt eine Sekretärin im Auftrag des behandelnden Arztes dem Patienten die schlechten Befunde und die Diagnose per Telefon mit. Die Untersuchungsergebnisse und die daraus abgeleitete – fatale – Diagnose wurden auch schon per Fax oder E-Mail Patienten zugestellt.

Der Schock und seine Auflösung

Fast kein Patient kann sich nach seinem Aufklärungsgespräch noch genau daran erinnern, was der Arzt ihm gesagt hat. Das führt häufig dazu, dass Patienten sich später darüber beklagen, nicht oder nur unzureichend aufgeklärt worden zu sein. Darüber ärgern sich wiederum die Ärzte und kritisieren, dass Kranke sich selbst an einfachste Informationen, die sie ihnen nachweislich gegeben haben, nicht mehr erinnern können. So verschwindet Vertrauen, Streit kommt auf. Um das zu verhindern, klären Ärzte nicht in einem, sondern in zwei – kurz nacheinanderfolgenden – Gesprächen auf. In dem ersten Gespräch informieren sie über die Ergebnisse der Untersuchung und nennen die Diagnose. Danach geben sie dem Patienten Zeit, sich vom Schock etwas zu erholen. In dem zweiten Gespräch kann der Patient in der Regel zuhören; der Arzt beantwortet seine Fragen und erläutert die Diagnose und die Therapiemöglichkeiten.

Ärzte können sich kaum davor schützen, dass ihre Worte, so sorgfältig sie sie auch wählen, missverstanden werden: Dieselben Worte können von unterschiedlichen Menschen ganz unterschiedlich aufgefasst, hilfreich gemeinte Worte als sehr verletzend empfunden werden. Wenn sie sich nicht an das, was der Arzt gesagt hat, genau erinnern können, vermuten und bewerten Patienten oft, was der Arzt gesagt haben könnte: «Ich habe tagsüber die Dinge eigentlich nicht so ganz verstanden. Ich habe zwar geheult und viel telefoniert, viel geredet, aber ich habe nicht verstanden, was das jetzt soll, was passiert. [...] Warum bricht alles zusammen?»[103]

Wenn die Gefühle des Patienten sich wieder einigermaßen geordnet haben, besinnen sich viele darauf, was das alles für sie bedeutet, und beginnen zu planen, wie sie sich gegen das sich anbahnende Unheil wehren können. Jetzt sind sie für gewöhnlich auch offen für Therapieplanungen mit den Ärzten, aber nicht immer.

Ein älterer Patient war am Abend vom Oberarzt darüber informiert worden, dass er einen inoperablen Tumor habe und sich auf schlimme Symptome und eine Leidenszeit einstellen müsse. Am frühen Morgen fand man ihn tot. Ohne vorher noch mit jemandem gesprochen zu haben, war er aus einem Fenster im dritten Stock der Klinik gesprungen.

Unheilbar Kranke sind im Verlauf ihrer Erkrankung auf begleitende «Wahrheitsgespräche» angewiesen. Ein Arzt berichtet über ein solches Gespräch im fortgeschrittenen Stadium der Erkrankung: «Die einzelnen Schritte wurden mit dem Patienten besprochen. Es fand ein offenes Gespräch zur Dialyse statt, welches die Thematik des nahenden Todes beinhaltete. Eine gemeinsame Verarbeitung der nun unmittelbar tödlichen Erkrankung im Sinne des Abschließens des Lebens oder des Loslassens mit der Möglichkeit, irgendwelche ‹letzte Wünsche› oder Bemerkungen zu äußern, fand nicht statt. Es gab zumindest keinen direkten Hinweis darauf, dass der Patient ein solches Gespräch wünschte.»

Ein 78-jähriger Patient wurde in Anwesenheit seiner Schwester darüber informiert, dass sein Krebs erneut gestreut habe; gleichzeitig wurde ihm eine Radiotherapie angeboten. Der Patient war darüber sehr verärgert. Er hatte diese Information niemals bekommen wollen. Das Therapieangebot löste bei ihm eine tiefe Depression aus, denn er hatte fest geglaubt, vom Krebs geheilt zu sein. Und nun das!

Ein sterbenskranker Chefarzt lag abgekämpft und wortkarg auf der Palliativstation seiner Klinik. Viele Jahre lang hatte er dort selbst Sterbende betreut. Der Stationsarzt sagte über ihn: «Über die Endphase seines Sterbens, seine Wünsche, Ängste und Trauer wollte er nicht sprechen. Eine palliative Betreuung, spirituelle Begleitung oder psychologische Unterstützung lehnte er zu jedem Zeitpunkt ab. Bis zu seinem Tod zeichnete ihn eine große Stille und Ruhe aus. Es schien, als wüsste er, dass sein Sterben bald ein Ende haben würde, obwohl er nicht gehen wollte. Er hat niemanden an sich herangelassen.»

Ein Arzt ist selbstverständlich der Gesprächspartner, wenn es um medizinische Fragen geht. Hausärzte übernehmen häufig die kontinuierliche unterstützende Begleitung beim «Leben mit der Wahrheit». Der Arzt ist jedoch nicht der einzige Ansprechpartner für «die Wahrheit». Angehörige, Freunde, Seelsorger, Pflegekräfte und Hospizbegleiterinnen können es auch sein.

Trotz der schlimmen Nachrichten, die Ärzte ihren Patienten mitteilen mussten, danken diese ihnen nicht selten für ihre klaren Worte und besprechen mit ihnen offensiv das weitere Vorgehen.

Wie viel Zeit habe ich noch?

Als Gesunde planen wir unser Leben mit einem offenen Ende und leben auch so. An einen festen Todestag denken wir nicht. Obgleich jeder weiß, dass es diesen Tag für jeden von uns gibt. Im subjektiven Empfinden liegt dieser Termin im Irgendwo, jedenfalls weit weg von uns. Mit dem Befund, sterbenskrank zu sein, ändert sich unser Zeitempfinden jedoch radikal: Sterbenskranke leben im Augenblick. «Längst hatte ich begonnen, von einem Augenblick zum anderen zu leben, mitzunehmen, was sich zu lohnen schien. Denn wer wusste schon, wie es weiterging.»[104] Sie fühlen sich herausgefordert, die verbleibende Zeit zu nutzen. «Ich trauere darüber, dass meine Zeit zur Neige geht, aber ich nutze die Chance, die ich dadurch bekomme, die Dinge in Ordnung zu bringen.»[105] Körperliche und psychische Beeinträchtigungen behindern besonders heftig ihr Zeiterleben: «Wenn ich doch nur für ein paar Stunden keine Schmerzen mehr hätte!»

Sterbenskranke richten sich auf die begrenzte Zeit ein: «‹Jeder Tag ist für Sie jetzt ein neuer Tag. Den absolvieren Sie, und dann kommt wieder ein neuer Tag›, sagte der Radiologe. Es geht nicht mehr um die langfristigen Pläne, so hat er es formuliert. Kann mir doch ausmalen, was der meint: ein Jahr, zwei Jahre, ein bisschen Klinik, bisschen Chemo, kotzen, schreien, würgen, dann wieder aufs Podium steigen: Hallo, ja, ich bin noch da.»[106] Der Verlauf der Zeit wird neu erlebt. Es ist hart, so in der Luft zu hängen, und nicht zu wissen, wie viel Zeit einem noch bleibt. Die zur Verfügung stehende Zeit wird durch Klinikaufenthalte, den Beginn der nächsten Chemotherapie oder das Gespräch mit dem Arzt strukturiert.

Prognosen über Krankheitsverläufe gründen auf Statistiken oder Erfahrung. Statistiken basieren auf Datensammlungen und sind generalisierte Wahrscheinlichkeitsaussagen. Für den konkreten Einzelfall ist ihre Aussagekraft jedoch begrenzt. Ein Patient berichtet: «Ich lebte mit der Bedrohung, die ständig von Arschlöcherärzten wiederholt wurde, daß mein Gesundheitszustand innerhalb von nur zwei Monaten von ganz gut in D-Day umschlagen könnte. […] Zehn Jahre später habe ich das Glück, überhaupt noch am Leben zu sein.»[107] Ärzte und Pflegende stützen ihre Zeit-Prognosen zumeist auf subjektive Erfahrungen und ihre Intuition.

Die Prognose und der tatsächliche Verlauf weichen nach meinen Erfahrungen fast immer mehr oder weniger voneinander ab. Eine Prognose kann auch schon deswegen falsch sein, weil sie auf einer falschen Diagnose basiert. Ein Stationsarzt versprach einem sterbenskranken Mann und seinen Angehörigen, dass er wie gewünscht Weihnachten zu Hause feiern könne. Eine Woche vor dem Fest kam es allerdings zu heftigen Komplikationen. Der Mann verstarb noch vor Weihnachten. Darüber enttäuscht, griffen die Angehörigen den Arzt an.

Spekulationen über die voraussichtliche Lebenszeit sind dennoch üblich. «Das Unangenehmste ist, dass ich nicht weiß, wie viel Zeit mir bleibt. Gschwind meint, es könne noch Jahre dauern. Ich glaube nicht daran. Aber etwa zwei Jahre hätte ich gerne noch.»[108] Manche Sterbenskranke verlassen sich auf ihr eigenes Gespür für die ihnen noch gegebene Zeit, so wie auch Schlingensief: «Denn tief in meinem Innern glaube ich, dass es sich noch um zwei oder drei Jahre handelt, die ich auf der Erde bin. Ist komisch, aber ich spüre das so.»[109] Es war nur noch ein Jahr.

Wenn Sterbenskranke endgültig erkennen, dass sie nicht wieder gesund werden, nennen sie oftmals Termine, zu denen sie bereit sind zu sterben. Diese Termine sind meist noch eine gute Zeitspanne vom Jetzt entfernt und häufig an zukünftige Familienereignisse geknüpft: Eine Patientin im Hospiz wollte gern ihre goldene Hochzeit noch erleben. Der Hochzeitstag war in drei Wochen. Sie wünschte sich ein großes Fest mit der Familie und Freunden. Das Hospizteam war Feuer und Flamme für diese Idee und bereit, ihren Traum zu verwirklichen. Das Fest wurde mit der Familie und Freunden, Spezialmenu, Pfarrerin und Bürgermeister im Hospiz gefeiert. Alle haben es genossen. Drei Tage später verstarb die Patientin.

Jahreszeiten werden ebenfalls als Ziel angegeben: «Nur diesen einen Sommer so leben, um die Sterne zu sehen – danach brauchte ich von mir aus überhaupt nicht mehr aufzuwachen.»[110]

Selbst resignierende Sterbenskranke wünschen sich nicht selten noch weitere Lebenszeit. Eine 52-jährige Patientin sagte, sie habe wegen vieler Krebserkrankungen in ihrer Familie immer gewusst, dass sie einmal selbst Krebs bekommen würde. Nun hatte sie wirklich Krebs. Darüber war sie tief enttäuscht und schien sich schon aufgegeben zu haben: Sie könne nicht mehr und wolle auch nicht mehr. Doch als ihr geliebtes Enkelkind sie besuchte, zog sie die Dreijährige mit den Worten zu sich: «Wie gern möchte ich deine Einschulung noch erleben!»

Das subjektive Gespür Sterbenskranker für das Ende ihrer Zeit stimmt nicht immer mit den medizinischen Befunden und Prognosen überein. Manche Sterbende sagen ihren Sterbetermin voraus und sterben dann auch, obgleich sie ihrem Zustand nach noch gar nicht sterben müssten.

Sterbenskranke möchten zwar wissen, wie lange sie noch zu leben haben, hoffen aber, noch möglichst lange zu leben. Sie wehren sich gegen den Tod: «Irgendwann einmal, aber doch nicht jetzt? Irgendwann zu sterben ist nicht schlimm, aber jetzt. Und was wird ohne mich sein?»

Was Angehörige wissen

Angehörige erkennen meistens schon frühzeitig, wenn ein Familienmitglied schwer krank wird. Wenn sie täglich beieinander und füreinander aufmerksam sind, fallen ihnen Veränderungen auf: der hartnäckige Husten, die rapide Gewichtsabnahme, die Kurzatmigkeit. Offen ist, ob die Veränderungen angesprochen werden und ob der Erkrankte überhaupt darüber sprechen will. Tauschen Partner und Familienmitglieder für gewöhnlich offen miteinander aus, was sie erleben und wie es ihnen geht, dann tun sie das auch, wenn es um eine schlimme Erkrankung geht. Sie reden miteinander, hören voneinander und wissen, «was los ist». Auch wenn das nicht der Fall ist, machen sich Angehörige ihre Gedanken. Sie möchten normalerweise schon wissen, was da auf sie zukommt, und ihre Vermutungen und Ängste aussprechen und klären.

Gelegentlich sind die Symptome, das Krankheitsbild und der Verlauf in der Familie bekannt, weil ein Verwandter oder Bekannter eine ähnliche Erkrankung hatte und daran gestorben ist.

Seitdem in jedem Haushalt Computer stehen, geben auch Angehörige Symptome oder Veränderungen, die ihnen auffallen, in die Suchmaschinen des Internets ein. Andere lesen in Gesundheitslexika nach, wie die Symptome zu verstehen und zu bewerten sind. «Ich habe mich im Internet schlau gemacht. Papa hat eine tödliche Muskelerkrankung. Das dürfen wir ihm aber nicht sagen. Das hält er nicht aus.»

Nicht selten weiß nur der Erkrankte, dass er sterbenskrank ist, und spricht nicht darüber oder bagatellisiert seine Erkrankung wie ein 55-jähriger Mann, den ich ihm Rahmen meiner Arbeit kennenlernte. Bei der Aufnahme in die Klinik bestand er darauf, dass seine Ehefrau auf gar keinen Fall die Diagnose erfahren dürfe. Zu Hause hatte er sich mit dem Satz verabschiedet: «Ich bekomme was Kleines am Darm weggemacht und bin in zwei Wochen wieder zu Haus.»

Manche schwer erkrankten Menschen verschließen sich bewusst von Anfang an, wollen sich nicht mitteilen und tun dies auch nicht. Sie möchten niemanden belasten und befürchten, ihre Umgebung könnte das Unglück und ihre finsteren Gedanken nicht ertragen. Deshalb erfährt niemand aus ihrer Umgebung, was sie wirklich durchmachen und schon durchgemacht haben: «Ich bin entsetzt. Nie hat Mama uns erzählt, dass sie schon wegen Darmkrebs operiert wurde und seitdem einen künstlichen Darmausgang hat. Sie hat uns allen was vorgemacht.»

Für gewöhnlich werden jedoch die Veränderungen angesprochen. Manchmal wird das veränderte Aussehen aufgegriffen. Eine Mutter sprach ihre Tochter an: «Ich fand dich im Bett, bleich mit einem verlorenen Ausdruck im Gesicht, und ein Blick genügte mir, um zu sehen, wie schwer krank du warst.»[111] Sonderbares Verhalten irritiert. Darüber reden die, die es bemerken, und rätseln: Ist er krank? Nur ihn selbst spricht oft niemand an. Nachdem eine Frau ihren Mann gefragt hatte, warum er so schlapp sei, antwortete er knapp: «Du weißt Bescheid und ich auch.»

Zunehmend begleiten Angehörige ihren Patienten beim Aufklärungsgespräch. Für den Arzt ist das eine zusätzliche Erschwernis. Er hat jetzt nicht nur auf den Patienten und dessen Reaktionen zu achten, sondern auch auf die Angehörigen. Die Angehörigen sind zwar auch geschockt, reagieren aber anders als der Patient. Jeder spürt schlagartig, was dadurch für ihn selbst anders wird. Die Nachricht, dass seine Frau sterbenskrank sei, löste bei einem Geschäftsmann den Schrei aus: «Ich brauche dich doch! Was soll ich ohne dich machen?» Oft denken die Angehörigen erst mit einer Zeitverzögerung an den Patienten und sein Schicksal: «Nachdem der Arzt uns die Diagnose gesagt hatte, haben wir einander ganz fest in die Arme genommen und hemmungslos geweint.»

Wenn Angehörige nicht beim Aufklärungsgespräch dabei sein konnten, werden sie meist umgehend von den Patienten informiert. Eine junge Frau war allein zum Facharzt gegangen, um mit ihm über die Befunde der Untersuchung zu sprechen. Sofort nach dem Gespräch mit dem Arzt rief sie ihren Ehemann an. «Von einem Münzfernsprecher im Krankenhaus rief sie mich bei der Arbeit an, verstört und unter Tränen, kaum in der Lage, die Worte herauszubringen: ‹Es ist Krebs. Ich habe Krebs.› Der Schock jenes Augenblicks hat Narben auf meiner Seele hinterlassen. Der Tisch, auf den ich mich stützte, schien plötzlich unter mir ins Bodenlose zu fallen.»[112]

Wenn Erkrankte über ihr bevorstehendes Lebensende sprechen, müssen sie damit rechnen, dass ihre Angehörigen sprachlos werden und sich einem ehrlichen Gespräch entziehen. «Bei meinem Vater vor zwölf Jahren wollten wir auch nicht wahrhaben, dass er Darmkrebs hatte. Und ich leide heute noch unter der damaligen Sprachlosigkeit, weil keiner ihn belasten wollte.»

Angehörige können sich auch gegen schlimme Nachrichten sperren und wehren sich: «Mein Vater hat uns schon an Weihnachten gefragt, ob uns klar sei, dass dies wohl unser letztes Weihnachten ist. Ich habe ihn dafür gehasst.»

Angehörige werden von Ärzten oft direkt und allein angesprochen: «Ich habe leider eine sehr schlechte Nachricht für Sie. – Ihre Mutter hat Magenkrebs in einem sehr fortgeschrittenen Stadium. Operieren kann man da nicht mehr. Sie ist sehr spät zu uns gekommen. Die Nachbarorgane sind schon infiltriert. Viel Zeit verbleibt ihr nicht mehr. Wir sollten sie in dem Glauben lassen, dass sie eine Entzündung der Magenschleimhaut hat.» Auch Pflegende gehen auf Angehörige zu, um sie zu informieren. So versuchte eine Pflegende, die Ehefrau eines Sterbenskranken auf das Abschiednehmen anzusprechen, und sprach mit ihr über das Sterben und die letzten Dinge. Die Ehefrau hörte zu, ließ die Tatsache jedoch nicht an sich heran. Auch mit ihrem Mann konnte sie darüber nicht sprechen.

Aufklärungsgespräche belasten die Ärzte

Ärzte werden oft wegen der Art und Weise, wie sie schlimme Befunde vermitteln, heftig kritisiert: Sie würden sich gefühllos, unsensibel, distanziert, teilnahmslos, arrogant, schnoddrig, unverständlich, herzlos verhalten, sogar bewusst lügen. Ein Patient vertrug zum Beispiel die Therapie sehr gut. Bei jedem Arztbesuch bedankte er sich für «die Wunderheilung» und das zurückgewonnene Leben. Als der Tumor einige Zeit später wieder stark gewachsen war, warf er dem Arzt wütend vor: «Sie haben gewusst, was auf mich zukommt, es mir aber nicht gesagt. Sie haben mich belogen!»

Passende Worte und die richtige Dosierung der Informationen finden? Das ist in der Hektik des Klinikbetriebs kaum möglich. Zudem übersehen die Kritiker, dass Ärzte keine Medizinroboter sind. Sie sind persönlich berührt, wenn sie jemandem sagen müssen, dass er bald sterben muss. «Sie stehen mit dem Rücken zur Wand!», hat ein Chefarzt zu seinem Patienten gesagt, nachdem er ihm mitgeteilt hatte, dass sich der Krebs nun auch auf andere Organe ausgebreitet hatte. Der Patient hat ihn dann gefragt, warum er ihm das so hart und lieblos sagt. «Wenn ich mit jedem Patienten mitfühlen würde, könnte ich meinen Beruf nicht ausüben», hat er geantwortet. Er hatte – wie andere Ärzte auch – eine Schutzmauer aus Kälte und Gleichgültigkeit um sich aufgebaut.

Wir alle erwarten, dass Ärzte und Pflegende damit im Klinikalltag «klarkommen». Wer fragt schon danach, wie es ihnen damit geht, Todesurteile mitteilen zu müssen? Ganz sicher würden auch Ärzte lieber gute als schlechte Nachrichten überbringen. Gute Nachrichten gefallen jedem. Schlechte Nachrichten gefallen niemandem. Wie immer man sie auch vermittelt: Sie bleiben schlecht.

Ärzte haben wie alle anderen Menschen eine ambivalente Beziehung zu Sterben und Tod. Auch sie fürchten den Tod, obgleich sie ständig mit ihm zu tun haben. Und aufgrund einiger Studien kann man sogar fragen, ob sie wirklich gut für «Wahrheitsgespräche» geeignet und qualifiziert sind.[113] Weil Ärzte aber dazu verpflichtet sind, auch schlechte Nachrichten mitzuteilen, suchen sie Wege, wie sie sich vor allzu intensiven persönlichen Berührungen schützen können. Das ist sehr verständlich. Die Verpflichtung zur Aufklärung und der innere Widerstand dagegen, schlimme Nachrichten mitteilen zu müssen, machen es ihnen schwer. Eigenartige Formulierungen zeigen zuweilen, wie schwer ihnen die unangenehme Pflicht fällt: «Soll man einen Patienten bei erfolgreicher Verdrängung seiner inkurablen Erkrankung mit einem umfassenden Behandlungsangebot medizinisch, psychosozial und spirituell ‹beglücken›?»

In einer Studie wurde untersucht, wie offen die Ärzte bei der Mitteilung von Prognosen sind, wenn Patienten sie danach fragen. 22 Prozent der befragten Ärzte machten keine Angaben dazu. 37 Prozent teilten die ihrer Meinung nach realistische Prognose mit. 40 Prozent teilten eine andere Einschätzung mit als die, die ihrer eigenen Überzeugung nach zutraf. Die «Ausweicher» formulierten ihre Einschätzung optimistischer, als sie wirklich war.[114]

Manche Ärzte überlassen die sie bedrückende Aufgabe Kollegen. «Die Patientin wurde zunächst nicht über ihren Zustand aufgeklärt. Dies erfolgte gegen den Willen der Chef- und Oberärzte auf Wunsch der anderen Assistenzärzte durch mich als ‹Altassistent›. Die weitere Behandlung ‹durfte› dann auch durch mich erfolgen.» Andere Ärzte fliehen in knappe, für Laien unverständliche Fachbegriffe, umschreiben die Diagnose und sprechen von «Raum fordernden Prozessen» oder

«Störungen des Körperbildes». Es wird auch versucht, die Härte der Nachricht mit leeren Versprechen abzufedern: «Wir haben aber noch einige Therapieoptionen im Köcher!»

Kranke und besonders sterbenskranke Menschen sehnen sich nach guten Nachrichten. Eine schlechte Nachricht zu beschönigen oder gar in eine gute umzuformen ändert nichts daran, dass die schlechte Nachricht eine Tatsache ist. Die Betroffenen ziehen trotz der Beschönigung aus der Begegnung mit dem Arzt, aus dem, was er wie gesagt, aber auch aus dem, was er nicht gesagt hat, ihre Schlüsse. Ein Arzt wollte einen völlig verängstigten Patienten vor der harten Diagnose schützen und redete davon, dass «wir alle mal sterben müssten», aber bei dem Patienten sei es noch nicht so weit, auch wenn er sehr krank sei. Später beklagte sich der Patient bitter darüber, dass der Arzt so «drum herumgeredet» und ihn nicht ernst genommen habe.

Ärzte wissen, dass sie Wut und Zorn von Sterbenskranken und auch von Angehörigen abbekommen können. In der Praxis führt diese Erkenntnis wohl dazu, dass nicht gelogen, damit aber längst noch nicht die Wahrheit gesagt wird. «‹Hören Sie, warum habe ich denn so Rückenschmerzen? Sitzt da vielleicht auch ein Geschwür?› – ‹Aber nein›, lächelte der Arzt. ‹Das ist nur eine Sekundärerscheinung.›»[115] Die indianische Weisheit: «Wer die Wahrheit sagen will, braucht ein schnelles Pferd», könnte nahelegen, sofort nach der Benachrichtigung zu fliehen und den Kranken allein zurückzulassen. Das machen manche Ärzte auch. Meiner Erfahrung nach gilt aber auch: «Es ist besser, von einer Wahrheit verletzt als mit einer Lüge getröstet zu werden.»

Wie wir mit «der Wahrheit» umgehen

Was passiert, wenn Prominente plötzlich sterbenskrank werden? Viele gehen damit sofort an die Öffentlichkeit, wenn auch nicht alle. Der schwedische Bestsellerautor Henning Mankell, «Der Meister des inszenierten Todesfalls», ist weltberühmt. Viele Drehbücher für Filme und Fernsehsendungen («Kommissar Wallander») hat er geschrieben: Darin geht es fast immer um Sterben und Tod. Anfang 2014 erkrankte er nun an Krebs. In einem offenen Brief schrieb der 65-Jährige: «Es ist ernst. Ich habe einen Tumor im Nacken und außerdem einen Tumor in der linken Lunge. Zudem wird vermutet, dass andere Stellen des Körpers betroffen sind. [...] Meine Angst ist groß, aber im Großen und Ganzen kann ich sie unter Kontrolle halten. [...] Ich habe mich entschlossen, es genauso zu schreiben, wie es ist. Über den schweren Kampf, der es immer ist. Aber ich habe vor, aus der Perspektive des Lebens, nicht des Todes zu schreiben.»[116]

Die Nachricht, dass jemand tödlich erkrankt ist, löst immer Erschrecken aus. Bei Prominenten kommen oft noch eine gesellschaftliche und auch eine ökonomische Dimension dazu: Was bedeutet die Erkrankung und ihre Mitteilung für die Öffentlichkeit? Und wie reagiert die Öffentlichkeit darauf? Zusammen mit der Nachricht wird meistens betont: «Die Chancen auf Heilung sind gut.» Bei manchen «prominenten Bekennern» drängt sich allerdings der Eindruck auf, dass sie sich selbst mit ihrer Erkrankung noch in Szene setzen und versuchen, sich interessant zu machen.

Sterbenskranke können für gewöhnlich nur begrenzt darüber entscheiden, wie mit «ihrer Wahrheit» umgegangen wird. Die einen teilen sie ihrer Familie und ihren Freunden offen mit und sprechen darüber. Was dann damit geschieht, wer wo wie und mit wem darüber spricht, das entzieht sich ihrem Einfluss und ihrer Kontrolle. Davor wollen sich andere Sterbenskranke schützen. Deshalb legte eine Patientin ihrem Hausarzt auf: «Ich will keine Therapien mehr. Es ist ja eh zu spät! Und ich möchte nicht, dass Sie jemandem davon etwas sagen. Meiner Familie werde ich das so lange wie irgend möglich verschweigen. Sie sind doch zum Schweigen verpflichtet?»

Die Bedrohung und der Tod werden nicht selten von allen Beteiligten bis zuletzt ausgeblendet: «Obgleich ich selbst Ärztin bin, haben mein Mann und ich nie über den Tod gesprochen. Auch nicht in der Zeit, als wir wussten, dass er voller Metastasen war. Wir haben von einem Tag auf den anderen gelebt und dem Tod keinen Platz in unserem Leben eingeräumt.»

Ärzte stehen unter Schweigepflicht; insofern dürfen sie nur mit Zustimmung des Patienten etwas über ihn weitergeben. Diese Verpflichtung wird nicht immer eingehalten. Ärzte sprechen schon mal mit den Angehörigen ganz offen über einen Patienten, ohne dass der Patient dem zugestimmt hat oder davon weiß. Eine 50-jährige Patientin zum Beispiel ließ kein Gespräch in der Familie über ihre Erkrankung zu. Trotzdem spürten ihre Kinder die Schwere der Erkrankung. Der Zwiespalt zwischen ärztlicher Schweigepflicht und einer wohldosierten Aufklärung ihrer Kinder, um sie auf das vorzubereiten, was auf sie zukommt, war für den behandelnden Arzt immens.

Mitunter verlangen sogar umgekehrt Angehörige vom behandelnden Arzt, dass er seine Patientin nicht aufklärt. Eine ältere Patientin fühlte sich sehr schwach und suchte das Gespräch mit dem Hausarzt über den Tod und ihre Angst. Plötzlich tauchten ihre vier Töchter ohne ihre Mutter bei ihm auf und wollten genaue Auskunft über die Krankheit ihrer Mutter haben. Sie verlangten zudem von ihm, der Mutter nichts über ihre tödliche Erkrankung zu sagen.

In Kliniken bedrängen Angehörige zum Beispiel mitunter Ärzte und Pflegende, auf keinen Fall mit dem Sterbenskranken über seine Lebensbedrohung und sein Sterben zu sprechen. «Papa weiß nicht, wie schwer er erkrankt ist. Wenn Sie ihm sagen, dass er bald sterben muss, bricht er zusammen. Das wollen wir nicht.»

Auf einer Station in einer Klinik oder in einem Pflegeheim kann es eine unausgesprochene Übereinkunft geben, nicht über Sterben und Tod zu sprechen, schon gar nicht mit den Sterbenskranken. Ein Netz des Schweigens umgibt dann dort den Patienten bzw. die Bewohner. Es gibt Abteilungen in Kliniken, für die das Thema Sterben und Tod ausdrücklich vom Chefarzt gesperrt ist: «Bei uns stirbt niemand.» Das Sterben wird dort als Versagen und Misserfolg erlebt. Deshalb darf es nicht vorkommen. Die Erfolgsstatistik der Abteilung muss «sauber» bleiben, ohne Todesfälle.

Wenn es sich nicht vermeiden lässt, wird höchstens mit den Angehörigen gesprochen: «Ich muss Ihnen leider mitteilen, dass Ihre Mutter eine Leberzirrhose im Endstadium hat.» Die Angehörigen sind dann die alleinigen Ansprechpartner des Arztes. Sie werden informiert, häufig auch mit dem Wunsch oder gar Appell verbunden, darüber nicht mit dem Sterbenskranken zu sprechen. Offen ist, wie Angehörige mit dieser Sondersituation umgehen: Halten sie sich an die Empfehlung des Arztes? Oder suchen sie doch das Gespräch mit dem Sterbenskranken? Meistens sitzen sie wenige Minuten nach dem Gespräch mit dem Arzt am Sterbebett und versichern mit verweinten Augen: «Es wird alles wieder gut, bald bist du wieder gesund. Wir müssen nur Geduld haben.» Und der Sterbenskranke spielt mit und mimt den

Zuversichtlichen. So bleiben alle mit ihrer Trauer und ihrer Verzweiflung allein.

Die «Schutzzone» kann ausgeweitet werden: Der Besuch des Pfarrers oder der Hospizbegleiterin wird abgelehnt. Durch ihr Kommen könnte an die Nähe des Todes erinnert werden. Entfernte Angehörige dürfen nicht kommen, weil ihr Besuch den Sterbenskranken «hellhörig» machen könnte.

Gelingt dagegen eine Öffnung füreinander, können neue Kräfte frei werden, die noch verbleibende Lebenszeit gemeinsam zu leben. «Ich bin so dankbar, dass ich mit meiner Frau und mit meinen Kindern alles besprechen kann, auch wenn es uns allen sehr schwer fällt.»

Deshalb müssen wir fragen: Wer schützt letztlich wen mit Verboten, über das Sterben zu sprechen? Wovor fürchten sich diejenigen, die das Verbot aussprechen? Mit Redeverboten kann man die Wirklichkeit des Sterbens und des Todes nicht beseitigen.

RESÜMEE
Die Boten des Todes kommen und verbreiten Angst

Sterbenskranke entdecken für gewöhnlich selbst, dass ihr Leben durch ihre Krankheit bedroht ist. Die Boten des Todes kommen und überbringen – meistens dosiert – ihre vernichtende Botschaft. Eine Zeitlang kann man so tun, als würde man die Botschaften nicht hören. Auf Dauer gelingt das aber nicht. Die Botschaften werden deutlicher, und wir wissen auf einmal, dass wir bald sterben müssen. Der konsultierte Arzt bestätigt uns unsere Erkenntnis. Und wir ärgern uns, dass wir nicht schon früher die Botschaften beachtet und entsprechend gelebt haben. Vielleicht müssten wir dann noch nicht sterben?

Jetzt kann es nicht mehr darum gehen, über die Wahrheit, ob in oder am Krankenbett, zu diskutieren. Jetzt geht es nur noch darum, miteinander die schlimme und gefährliche Situation auszuhalten, gemeinsam zu klagen und zu hoffen, zu wüten und zu trauern. Es ist wirklich nicht leicht, im Angesicht des nahen Todes wahrhaftig zu sein. Man muss frühzeitig neue Formen der Begegnung und Begleitung finden und leben, die einander stützen und liebevoll ermutigen. Wer weiß schon, wie lange dafür noch Zeit bleibt.

5 STERBENSKRANKE
WOLLEN NICHT STERBEN, SONDERN
LEBEN, LEBEN, LEBEN

Was von Sterbenskranken erwartet wird

«SIE WERDEN BALD STERBEN. Die Erkrankung ist nicht mehr zu behandeln», belehrte ein Arzt seinen Patienten und wollte ihn zwingen, seine unheilbare Erkrankung zu akzeptieren. «Die Gabe von Blutprodukten macht keinen Sinn mehr. Blutprodukte sind nicht unendlich verfügbar. Die Zuteilung ist in gewisser Weise an einen medizinischen Behandlungsauftrag gebunden. Der wird ärztlich nicht mehr gesehen.» Als die Tochter des Patienten von dem Gespräch erfuhr, warf sie dem Arzt wütend einen Mordversuch an ihrem Vater vor. Dadurch fühlte der Arzt sich persönlich verletzt und rechtfertigte sich damit, er habe nur seine Pflicht erfüllt. Der Patient müsse doch wissen und einsehen, dass er bald stirbt, und sich darauf einstellen.

Mit dieser Haltung ist der Arzt nicht allein. Nach meinen Erfahrungen erwarten Ärzte für gewöhnlich, dass Sterbenskranke sich mit ihrer Lage nicht nur auseinandersetzen, sondern vielmehr einsehen, dass sie bald sterben müssen, und das auch akzeptieren. Weitere Beispiele:

Ein besorgter Arzt hatte mit dem Patienten und seiner Ehefrau die palliative Situation ausführlich besprochen.

Nach dem Gespräch berichtete er seinem Kollegen: «Herr Peters zeigt nach wie vor einen dringenden Therapiewunsch und kann sich leider mit dem Fortschreiten der Erkrankung schwer abfinden.» Eine Ärztin schüttelte über das Verhalten ihres Patienten den Kopf: «Ans Sterben will er nicht denken. Er geht von einer Klinik in die andere. Vorsichtige Gespräche über das Thema mit mir und meinem Kollegen führen zu nichts.» Ein Arzt beklagte: «Trotz vieler Gespräche mit der Patientin und ihrem Ehemann wird die Progression der Erkrankung vollständig negiert.»

Mitunter ärgern Ärzte sich sogar darüber, dass Sterbenskranke «uneinsichtig» sind und auch ihre Angehörigen starr daran festhalten, dass «es noch wird», obgleich ihrer Meinung nach alle medizinischen Fakten den nahen Tod anzeigen: «Die Patientin akzeptiert die Erkrankung einfach nicht. Mit ihrer älteren Tochter will sie nicht über die Erkrankung sprechen, verweigert die Abfassung einer Patientenverfügung und Vorsorgevollmacht. Die jüngere Tochter akzeptiert die Erkrankung der Mutter nicht, weigert sich sogar, ins Krankenhaus zu kommen.»

Fast regelmäßig erleben Ärzte, dass es ihnen nicht gelingt, Sterbenskranke dazu zu bringen, ihrem nahen Tod zuzustimmen. Deshalb möchten sie in den Seminaren gern wissen: «Warum gelingt es uns nicht?» Und sie fragen: «Wie kann man Sterbenskranken ihre ausweglose Situation klarmachen, um so auch weitere Belastungen abzuwehren?»

Offenkundig sehen Ärzte für sich eine pädagogische Aufgabe darin, Sterbenskranke zur Akzeptanz ihres Leidens und Sterbens zu bringen. Wie kommen sie überhaupt dazu? Über die Antwort auf diese Frage lässt sich spekulieren.

Vermutlich hängt das damit zusammen, wie sie ihre eigene Rolle als Arzt und die Rolle der Patienten definieren. Ärzte gehen normalerweise davon aus, dass der Erkrankte seine Rolle als Patient anzunehmen hat, mit ihnen konstruktiv zusammenarbeitet, ihrer Diagnose und ihren Therapievorschlägen zustimmt, die angegebenen Medikamente einnimmt und ihre Ratschläge befolgt. Nur wenige Ärzte erwarten Widerspruch und sind auf ihn eingestellt; die meisten bevorzugen Einbahnkommunikation. Nicht zuletzt wirkt sich auch aus, dass Ärzte hierarchisch sozialisiert sind. Zu Beginn ihres Berufslebens müssen sie den Oberen gehorchen, später, wenn sie selbst Oberer sind, erwarten sie, dass ihnen gehorcht wird. Kliniken sind hierarchisch strukturiert, und Patienten befinden sich am unteren Ende der Hierarchie. Sie sollen gehorchen. Die gegenwärtige Tendenz, «Kranker» und «Patient» durch «Kunde» oder «Gast» zu ersetzen, ändert nichts an den grundsätzlichen Rollenzuschreibungen und den daran geknüpften Erwartungen.

Die Rolle des Patienten soll gefasst, ergeben, kooperativ und dankbar eingenommen werden. Mit ihm kann man nicht nur «ruhig über alles» reden; mehr noch, er folgt und passt sich den Bedingungen und Erwartungen ergeben und geduldig an. Stöhnen, Jammern, Wimmern und Klagen stören und sind zu unterbinden. «Unnötige Fragen» sind nicht zu stellen. Das alles wird dem Patienten direkt und indirekt vermittelt. Wenn er sich nicht entsprechend verhält, wird es ihm mehr oder weniger liebevoll nahegebracht.

Wie Ärzte erwarten auch Pflegende, Psychologen, Seelsorger und Angehörige regelmäßig, dass Sterbenskranke ihrem Schicksal zustimmen. Auch Pflegende bemühen sich zum Beispiel, Sterbenskranke «zur Einsicht» zu bringen. Eine von ihnen hat es so versucht: «Ich habe die Patientin darin bestärkt, nicht aufzugeben, aber auch hinzugefügt, dass ich ihr wünsche, dahin zu kommen, das, was nicht zu ändern ist, zu akzeptieren.» Psychologen wiederum vermissen, dass Sterbenskranke ihre tödliche Erkrankung «verarbeiten». Was damit gemeint sein könnte, ist zumeist nicht klar. Verarbeiten kann viel und Verschiedenes bedeuten: Soll der Patient seine tödliche Erkrankung aushalten, begreifen, durchdenken, verdauen, verkraften, vertragen, erdulden, durchstehen, hinnehmen oder sich mit ihr abfinden? In den meisten Fällen wird erwartet: Der Sterbenskranke soll begreifen, dass er bald sterben muss, und sein Schicksal annehmen. Auch Seelsorger versuchen nicht selten, Sterbenskranke dazu zu bringen, sich dem «Willen Gottes» klaglos zu unterwerfen und «gottergeben» ihr Kreuz zu tragen. Aber genau das wollen/können Sterbenskranke nicht.

Sterbenskranke weigern sich zu sterben

Wer ist schon gern «Patient» oder gar «Sterbender»? Folglich wehren wir uns dagegen, wenn uns jemand diese Rolle zuschreibt oder zuschreiben will. Der Jurist Peter Noll erläutert seine Weigerung: «Hätte ich die Operation vornehmen lassen, so wäre ich Patient geworden, hätte mich definitiv in die Rolle des Patienten begeben, für den Rest des Lebens. So aber bin ich nicht Patient, zwar nicht kerngesund, sondern todkrank, aber eben nicht Patient. Bis zuletzt kann ich die Rolle des Gesunden und des Normalen ‹spielen›.»[117]

Sterbenskranke sind gleichbleibend ihrer lebensbedrohlichen Situation ausgesetzt; sie sind sich auch dessen bewusst und hadern damit. Insofern ist es absurd, wenn man Sterbenskranke dazu bringen will, sich mit ihrer Situation auseinanderzusetzen. Wenn von ihnen sogar noch gefordert wird, ihrem nahen Ende zuzustimmen, dann erleben sie das als gewaltsamen Angriff auf ihren Lebenswunsch. Sie hoffen normalerweise bis wenige Stunden vor ihrem Tod, dass doch noch ein Wunder geschieht. Deshalb protestieren sie nicht nur mit Worten gegen solche Versuche, sondern rebellieren auch durch ihr Verhalten.

Ein über seine Krankheit sehr gut informierter Patient personalisierte seinen Tumor, nannte ihn «Charly» und fragte seinen Arzt: «Ob der Tumor wohl kapiert, dass er mich leben lassen muss, damit er auch überlebt?» Eine 50-jährige Patientin war an Brustkrebs erkrankt und behauptete: «Ich sterbe noch nicht, denn ich bin so ruhig und habe keine Angst. Ich habe diese Krankheit doch gar nicht, und wenn, dann kann ich damit auch leben.» Manche Sterbenskranke betonen ihre Lebensfreude, planen große Unternehmungen: Ein 62-jähriger Patient zum Beispiel, der von den Chirurgen über seine geringe Lebenserwartung umfassend aufgeklärt worden war, erwarb trotzdem noch ein reparaturbedürftiges Haus auf dem Land. Mit seiner Lebensgefährtin zog er ein und wollte das Haus von Grund auf renovieren. Eine 55-jährige Krankenschwester beauftragte noch drei Tage vor ihrem Tod ihre Freundin, ein Smartphone für sie zu kaufen und Online-Banking für sie einzurichten. Sie hatte mehrere Jahre auf einer Palliativstation gearbeitet.

An jedem Morgen schminkte sich eine attraktive Patientin sorgfältig; niemand sollte sehen, wie krank sie war. Andere Kranke definieren ihre Situation um: «Es gibt keine Krankheit. Ich will das als Zustand betrachten, als Zustand, der ein bisschen unerfreulich ist, weil ich blöde Schmerzen haben werde und ich mich nicht mehr so leicht kratzen kann. Aber es gibt keine Krankheit. Schluss! Ist einfach ein Unfall.»[118] Manche geben sich unwissend: «Wissen Sie, man ist so hilflos hier im Bett. Wenn ich wenigstens wüsste, was mit mir los ist.» Eine junge sterbenskranke Tänzerin wollte mit dem Tanzen aufhören und Krankenschwester werden, also in ihre

Gegenrolle wechseln: «Dann könnte ich die Kranken pflegen. Das würde mir Freude machen. Dann wäre ich nicht mehr unter den Kranken, sondern bei den Schwestern.»

Es kommt sogar vor, dass ein Körperteil stellvertretend für die Sterbenskranken protestiert. Eine Sterbenskranke, die seit Wochen gefügig in ihrem Bett lag, begehrte auf: «Zehn Wochen lang hat mein Bein brav gelegen. Nie hat es aufgemuckt. Auf einmal zittert es und schlägt um sich. – Bis jetzt habe ich alles still ertragen: die starken Schmerzen, die Operationen und Bestrahlungen, die Querschnittlähmung, meine Ängste. Am liebsten würde ich laut schreien: Ich kann nicht mehr. Aber das darf man hier doch nicht. Mein Bein, das bin ich.»

Auch Ärzte und Pflegende wehren sich – oft heftiger als andere –, wenn sie selbst die Rolle des Patienten oder Sterbenden einnehmen müssen: «Aber warum diese Ungerechtigkeit? Warum muß mich, eine Onkologin, ausgerechnet eine onkologische Krankheit befallen, wo ich alle Varianten kenne, mir alle Begleiterscheinungen, Folgen, Komplikationen genau vorstellen kann?»[119]

Über ihre Behandlung sterbenskranker Patienten liegen mir von über 600 Ärzten aus ganz Deutschland schriftliche Fallberichte vor. Die Ärzte haben sie im Rahmen ihrer Weiterbildung in Palliativmedizin verfasst. In keinem Fallbericht wird erwähnt, dass der Sterbenskranke oder ein Angehöriger die tödliche Erkrankung akzeptiert hat. Das Gegenteil ist der Fall: Alle haben sich geweigert, ihrem Sterben zuzustimmen. In der Mehrzahl der Fälle haben Ärzte versucht, den Sterbenskranken – und auch ihre Angehörigen – zum Akzeptieren der Erkrankung und ihrem nahen Ende zu bringen. Alle Versuche waren vergeblich. Häufig war nach dem Überredungsversuch die zuvor vertrauensvolle Beziehung des Arztes zum Patienten gestört.

Auf Dauer können Sterbenskranke jedoch dem «Patient-sein» nicht ausweichen. Also bemühen sie sich in vielen Fällen, die Erwartungen zu erfüllen, sich anzupassen, «brav» zu sein. Sie wissen ja, dass sie auf das Wohlwollen der Pflegenden und Ärzte angewiesen sind. «Manchmal könnte ich vor Schmerzen laut schreien und fluchen. Das haben sie hier aber nicht so gern. Also unterdrücke ich es», vertraute mir ein Sterbenskranker an.

Der Protest und die Weigerung können natürlich nichts an der Wirklichkeit des Sterbens ändern. Es bleibt letztlich keine andere Wahl, als in irgendeiner Weise mit der Bedrohung zu leben. Ob man sich mit dem Sterbenmüssen arrangieren kann? Ruth Picardies Antwort: «Ich weiß tief in meinem Herzen nach so vielen Begräbnissen und sterbenden Freunden, daß ich wahrscheinlich auch bald sterbe [...], aber ich hab noch immer genug Energie, mir einzureden, daß es nicht geschieht.»[120]

David Rieff, der Sohn der amerikanischen Essayistin und Medizinkritikerin Susan Sonntag, wollte seine sterbenskranke Mutter auf ihrem Weg zum Tod trösten. Enttäuscht stellte er fest: «Stattdessen sprachen wir fast bis zu dem Augenblick, in dem sie starb, von ihrem Überleben, von ihrem Kampf gegen den Krebs und nie vom Sterben.» Er wollte das Thema nicht ansprechen, solange sie es nicht tat.[121] Dabei hat sie nichts anderes getan, als mit ihm über ihr Sterben zu sprechen, nur nicht so, wie ihr Sohn sich das vorgestellt hatte.

Wir träumen davon, dem Tod zu entkommen, selbst dann, wenn unser Leben nur noch an einem seidenen Faden hängt.

Der eigene Körper wird zum Feind

Ein Sterbenskranker im 18. Jahrhundert klagte: «Was mich betrifft, so können Sie glauben, daß alle Hofnung meines

längern Lebens nunmehr gänzlich verschwunden sey. [...]
Fleisch und Kräfte sind weg; keine Speise schmeckt mir mehr.
Meine Brustbeschwerung will mich bey Tag und bey Nacht
ersticken. [...]. Die Schmerzen, die mir den ganzen Körper
einnehmen, berauben mich des Schlafs.»[122]

Auch heute – mehr als zweihundert Jahre später – erleben
Sterbenskranke trotz moderner Hochleistungsmedizin, dass
die tödliche Erkrankung ihren Körper angreift und zerstört.[123]
Ihr Körper wird ihnen zur Qual. Und sie erleben ihre Krankheit heute wie damals als Kränkung, als tiefe existenzielle Er-
niedrigung.[124]

Normalerweise spüren wir unseren Körper nicht; er funktioniert fast ohne Störungen. Sterbenskranke erleben jedoch
viele Störungen ihres Körpers. Er funktioniert nicht mehr so,
wie sie es als gesunder Mensch erlebt haben und sie es sich
auch weiterhin wünschen. Ihr Körper wird letztlich zu ihrem
Feind. Jede kleine Veränderung beunruhigt sie: «Was ist das
wieder?» Sie haben jetzt viel Zeit, ihren Körper und jede Veränderung an ihm genau zu beobachten. «Die Verfremdung
und Entfremdung der Dinge um uns herum macht auch vor
unserem eigenen Körper nicht halt. [...] Wir erkennen uns
nicht wieder.»[125] Normalerweise drängte die Patientin schnell
nach Hause. Sie war geistig «fit», litt aber unter ihrem körperlichen Zerfall und traute sich nicht mehr nach Hause. Vor
dem Spiegel weinte sie: «Mit dem Bauch kann ich doch nicht
heim, so aufgedunsen und hässlich.»

Die Art der Erkrankung und die Wirkungen und Nebenwirkungen der therapeutischen Maßnahmen bestimmen
die Störungen und Einschränkungen: Wenn wir keine Luft
mehr bekommen, sind wir in wenigen Minuten tot. Deshalb provoziert Atemnot akute Lebensangst und Panik. Auf
Nahrungsmittel und Flüssigkeit kann man dagegen längere

Zeit verzichten. So schnell verhungern und verdursten wir nicht.

Übelkeit und Erbrechen verhindern Nahrungsaufnahme und plagen heftig. So sagte ein Patient: «Man peinigt mich mit zwei Bestrahlungen täglich. Eine Barbarei sondergleichen. Werde ich zur nächsten Bestrahlung gerufen, dann fürchte ich jedes Mal, wenn ich den Röntgenraum mit seiner stickigen Luft betrete, mich erbrechen zu müssen.»[126] Ein anderer: «Ich kann nichts mehr essen, alles ist bitter. – Immer dieser faule Geschmack. Der Tumor fault; wenn mir das doch jemand vorher gesagt hätte.»

Ausfälle der motorischen Nervenbahnen oder Störungen in der Skelettmuskulatur mindern oder verhindern, sich zu bewegen. «Wenn man täglich 18 Stunden im Stuhl sitzt, das ist doch kein Leben. Das ist doch reine Existiererei. Ich habe doch keine Geduld.»[127]

Besonders schlimm werden «Aufruhr und Stillstand» im Darmtrakt erlebt, die zu Durchfall oder Verstopfung führen. Der Kontrollverlust über den Darm ist mit Scham verbunden.

Offene Wunden, eiternde Abszesse und Nekrosen sehen schlimm aus, riechen übel und flößen Grauen ein. Sie stoßen ab und erregen nicht nur beim Patienten selbst, sondern auch bei den Pflegenden und Angehörigen Ekel und Abscheu. Das macht die Situation Sterbender schier unerträglich, wenn sie davon befallen werden: «Schrecklich! Ich verfaule am lebendigen Leib.»

Schmerzen peinigen und können zermürben. Kranke beschreiben ihre Schmerzen als quälend, marternd, lähmend, schrecklich oder heftig und sensorisch als stechend, drückend oder brennend: «Ich habe etwa ein halbes Dutzend Schlaganfälle gehabt. Einer davon im Stammhirn. Danach war ich zweieinhalb Jahre lang gelähmt und hatte gleichzeitig unerträgliche Schmerzen. [...]. Ich habe schon geschrien, wenn mir jemand gegen den linken Arm gepustet hat.»[128] Sterbenskranke erleben allerdings nicht Schmerzen als größte Herausforderung. Die kann die moderne Medizin zumindest weitgehend eindämmen. Als größte Herausforderung wird «die Kränkung des Nicht-mehr-mitspielen-Könnens, die Fülle von Misere wie Halsentzündung und Brechreiz, Verschleimung und Mundtrockenheit, Geschmacksunfähigkeit und Schluckbeschwerden, nicht heilende Wunden und Schlaflosigkeit – sowie Ohnmacht, Ohnmacht, Ohnmacht» erlebt.[129]

Manche Sterbenskranke wollen keinen Besuch, obwohl sie sich im Grunde ihres Herzens wünschen, dass sie besucht werden: Sie halten ihren Körper für abstoßend und möchten nicht, dass jemand sie in diesem Zustand sieht.

Wenn der eigene Körper zum Feind wird, dann nimmt er den Menschen ganz und gar in Besitz und beansprucht seine ganze Aufmerksamkeit. Elementare Bedürfnisse dominieren. Psychische, soziale, kulturelle und religiöse Bedürfnisse können sich nicht melden, wenn Schmerzen, Übelkeit, Erbrechen, Atemnot, Durst, Hunger vorherrschen. Dann bleibt das Buch, das der Kranke eigentlich lesen wollte, zugeklappt. Die Musik stört, auch wenn sie sonst aufmuntert und entspannt. Die junge Mutter fragt nicht mehr nach ihren kleinen Kindern. Ein 60-jähriger Palliativmediziner, der sich zeitlebens intensiv mit Philosophie und Theologie befasst hatte, stellte nach einer langen Leidenszeit kurz vor seinem Tod resigniert fest: «Am Ende bleiben nur noch Kotzen und Scheißen.»

Auf sich selbst zurückgeworfen und in der Existenz gefährdet, verliert fast alles andere an Bedeutung: «Und wenn du bedroht wirst, dann beginnst du, dich nur noch um dich selbst zu kümmern.»[130]

Der Kampf gegen die zunehmende Abhängigkeit

Selbständig zu sein und über sich selbst zu bestimmen sind für uns heute hohe Werte. Gleichwohl sind wir auf die Unterstützung durch andere Menschen angewiesen, und über uns selbst können wir auch nicht immer bestimmen. Nur wenige schneiden sich ihre Haare selbst; die meisten vertrauen sich einem Friseur an. Bei unserer Steuererklärung lassen wir uns unterstützen. Vor Gericht vertritt uns ein Verteidiger. Im Grunde genommen bleibt nur ein relativ kleiner Spielraum für uns, selbst zu bestimmen, was mit uns geschieht.

Die Erkrankung und ihre Nebenwirkungen engen diesen an sich schon geringen Spielraum bei Sterbenskranken noch mehr ein. Dagegen wehren sie sich. So lange, wie es nur irgendwie geht, möchten sie weitgehend selbständig handeln und ihr Leben selbst bestimmen. Ein Arzt berichtete über das Verhalten einer Patientin: «Ihr Recht auf Selbstbestimmung war ihr offensichtlich ein höheres Gut als meine Anweisungen und die Wünsche ihrer Familie.»

Kranke möchten nicht nur wissen und verstehen, was mit ihnen gemacht wird, sondern auch darüber entscheiden; folglich werden medizinische Anordnungen mitunter in Frage gestellt oder pflegerische Maßnahmen boykottiert: «Ich mache mit, so lange ich beim Baden und Waschen und Hinternputzen unabhängig bin. Wenn ich das nicht mehr kann, dann mache ich nicht mehr mit. Diese Abhängigkeit bin ich nicht gewöhnt.»[131] Windeln und andere Inkontinenzartikel werden verweigert. Ein Patient lehnte ein Pflegebett für sich ab: «Das kommt nicht in mein Haus!» Er weigerte sich sogar, sich in sein eigenes Bett zu legen, und blieb auf dem Sofa im Wohnzimmer liegen.

Gegen – noch so gutgemeinte – Eingriffe in ihre Selbstbestimmung wehren sich Sterbenskranke erbost: «Lassen Sie mich. Noch kann ich mich allein waschen.» Die zunehmende Hilfsbedürftigkeit ist für sie «das Allerschlimmste». Sie möchten möglichst lange selbst für sich entscheiden und handeln. Deshalb setzen sie sich zum Beispiel über Verbote hinweg, wie zum Beispiel ein 45-jähriger Tumorpatient: Die Ärzte hatten ihm verboten, Auto zu fahren. Obgleich sein Zustand immer schlechter wurde, hielt er sich nicht an das Verbot. Er bereiste mit seinem Sohn alle Nachbarstädte, fuhr mit ihm in einen weitentfernten Zoo und genoss das Fahren.

Sterbenskranke, die von Naturheilmethoden und allem, was ihrer Ansicht nach ihre Selbstheilungskräfte stärkt, fest überzeugt sind, lehnen trotz starker Schmerzen für gewöhnlich Schmerzmittel der Pharmaindustrie ab und wehren sich dagegen, sich der «Schulmedizin» zu überlassen. Sie beißen die Zähne zusammen und geben erst dann auf, wenn die Schmerzen immer stärker werden und sie zermürben.

Je weiter die Erkrankung fortschreitet, desto größer wird die Abhängigkeit. Umso mehr strengen Sterbenskranke sich an, autonom zu bleiben oder zumindest einen Teil ihrer Autonomie zu bewahren.

Mit der Aufnahme in ein Krankenhaus oder in ein Pflegeheim werden die Möglichkeiten der Selbstbestimmung weiter eingeschränkt. Wenn der Kranke dort erst einmal aufgenommen worden ist, beginnen Ärzte und Pflegekräfte für ihn zu denken. Er muss sogar erleben, dass zunehmend für ihn und über ihn entschieden wird.

Angehörige, Ärzte und Pflegende meinen es grundsätzlich gut mit den Sterbenskranken, erwarten allerdings, dass sie sich von ihnen behandeln, pflegen und versorgen lassen. «Machen Sie sich keine Sorgen. Jetzt schlafen Sie erst einmal, und morgen besprechen wir dann die Details Ihrer Behandlung.

Wenn Sie nicht schlafen können, dann lassen Sie sich von der Nachtschwester etwas geben.» Solche an sich beruhigend gemeinte Sätze können beim Sterbenskranken schnell Widerstand auslösen.

Gegen Fremdbestimmung, Eingriffe in ihre Autonomie wehren Sterbenskranke sich oft heftig. Deshalb kann es zu Konflikten zwischen ihnen und ihren Angehörigen, Ärzten und Pflegenden kommen. «In der Nacht habe ich weinend nach der Schwester gerufen, weil ich mich bekackt hatte. Seltsamerweise hatte ich nichts dazu sagen können, nur die Decke beiseitegeschoben und auf die Stelle gewiesen […] Es stank und begann schon zu stacheln, zu brennen. ‹Wenn Sie so depressiv sind, müssen wir die Dosis erhöhen›, hat die Schwester gesagt. Aber nein, ich bin doch nicht depressiv. […] Darf man nicht mal weinen, wenn einem was peinlich ist?»[132]

Konflikte sind sogar geradezu vorprogrammiert, denn Sterbenskranke erleben nicht selten, dass sie – oft auch wohlmeinend – entmündigt werden. Es wird zum Beispiel über sie gesprochen statt mit ihnen. Ihr Widerstand und ihr Protest richten sich gegen jede Art von Entmündigung, auch wenn diese im Gewande der Fürsorge daherkommt. Mit Abwehr, Empörung und Zorn können jedoch nicht nur Angehörige, sondern auch Ärzte und Pflegende schlecht umgehen. Sie meinen es ja gut und können gar nicht verstehen, dass sich der Patient gegen ihre Fürsorge wehrt.

Mit dem Fortschreiten der Erkrankung wird es dem Sterbenskranken immer weniger möglich, autonom zu entscheiden und zu handeln. «Ich bringe nichts mehr. Nicht mal waschen kann ich mich allein. Dass das mal so weit mit mir kommen könnte – wer hätte das gedacht?»

Für den Fall, dass wir nicht mehr selbst für uns entscheiden können, können wir eine Patientenverfügung verfassen und eine Vorsorgevollmacht erteilen. Allerdings löst schon allein der Gedanke, sich aufzugeben und sein Schicksal in die Hände anderer zu legen, bei vielen Menschen Angst und Widerstand aus.

Umstritten ist, wie weit das Selbstbestimmungsrecht des Einzelnen geht. Darf ich über meinen Todeszeitpunkt entscheiden? Wenn ich nicht bestimmen darf, wer darf es dann?[133]

Ab einem gewissen Punkt der Erschöpfung können manche Sterbenskranke sich jedoch anderen Menschen überlassen und fühlen sich dabei sogar wohl: «Ich begann, meine Abhängigkeit zu genießen. Jetzt genieße ich es, wenn jemand mich auf die Seite dreht und Creme auf meinen Hintern reibt, damit ich keine wunden Stellen bekomme. Oder wenn man mir die Stirn abwischt oder die Beine massiert. Das ist ein wunderbares Gefühl. Ich schließe meine Augen und gebe mich völlig hin.»[134]

«Warum gerade ich?»

Sterbenskranke haben viele Fragen und suchen nach befriedigenden Antworten, nach schlüssigen und nachvollziehbaren Erklärungen. «Warum? – Warum bin ich so krank? – Warum muss ich sterben?» Sie möchten verstehen, was mit ihnen passiert: «Aber hier wird wohl nicht mal meine Mutter eine Antwort wissen. Sie ist sehr fromm und hat uns so erzogen; für jedes Schicksal weiß sie eine Antwort. Nur einmal, als mein Junge sterben musste, er war erst zwölf Jahre alt, da hatte sie auch keine Erklärung mehr.» Immer neu sind sie entsetzt darüber, was sie getroffen hat: «Was da passiert ist, das ist echt brutal, superbrutal. Das wünsche ich meinem schlimmsten Feind nicht.» Was unbegreifbar ist, möchten sie begreifen:

«Was habe ich nur verbrochen, dass ich so leiden muss!» Sie sprechen vom Super-GAU, dem sie wehrlos ausgeliefert sind: «Alles ist zerstört, aber auch alles. Nichts ist mehr so, wie es einmal war.» Andere fühlen sich von einem Tsunami, einer nicht zu bändigen Naturgewalt, niedergewalzt. Wieder andere meinen, dass sie *jetzt* noch nichts begreifen können: «Ich kann das alles noch nicht begreifen. Dafür brauche ich noch viel Zeit. Und ich wünsche mir Zeit.» Doch zugleich sind sie sich sicher: «Andere Leute begreifen in so einer beschissenen Lage bestimmt auch nicht, was los ist.» Und ein Patient, der viel über die Zeit nachgedacht hatte, sagte mir: «Wer sich auf die Zeit verlässt, dass sie eine Antwort gibt, verspielt die Zeit. Die Zeit heilt nicht, sie vergeht und gibt keine Antwort.»

Dennoch suchen Sterbenskranke nach Erklärungen und Begründungen für ihr Schicksal und gehen fragend ihr Leben durch wie zum Beispiel ein 60-jähriger Handwerker: «Warum? Die Frage geht mir nicht aus dem Kopf. Weil ich jetzt dran war? Weil es mir zu gut ging? Weil ich mit meiner Gesundheit Raubbau getrieben habe? Weil ich geraucht habe? Weil ich zu viel gearbeitet habe? Weil ich nicht früh genug zum Arzt gegangen bin?» Nachdem er diese und weitere mögliche Begründungen aufgezählt hatte, wies er sie alle zurück: «Ich habe Fehler gemacht. Ja, aber sie waren doch nicht so schlimm, dass ich so grausam bestraft werden muss.»

Sterbenskranken fällt es schwer, mit offenen Fragen zu leben. Deshalb entwickeln und finden sie ihre eigenen Erklärungen für ihre Situation. Dafür greifen sie auf ihre bewährten Alltagstheorien zurück: Die Erkrankung wird zum Beispiel auf einen unglücklichen Vorfall zurückgeführt oder als Folge einer Sucht angesehen: «Ich weiß ja, dass ich meinen Lungenkrebs vom Rauchen gekriegt habe.» Die Erkrankung wird als Strafe Gottes für sündiges und gottloses Leben verstanden. Für andere hat ein persönlicher Schicksalsschlag die Erkrankung ausgelöst: «Ich habe den Tod meines Sohnes nie überwunden. Als er tot war, bin ich krank geworden.» Wieder andere fühlen sich als Opfer von Umweltverschmutzung.

Zuweilen wird auch das Handeln der Ärzte als Ursache der Erkrankung angesehen oder den Eltern die Schuld gegeben: «Mein Unglück ist der Krebs. […] Ich habe mir dieses Unglück auch zu erklären versucht und bin zu der Formel gelangt: Meine Eltern sind mein Krebsübel.»[135]

Die subjektiven Erklärungen der Sterbenskranken treffen in der Regel auf die medizinisch-wissenschaftlichen Erklärungen der Ärzte. «Ihr Schlaganfall hat nichts mit Ihren Familienkonflikten zu tun. Er hat sich aufgrund einer plötzlichen Durchblutungsstörung in Ihrem Gehirn ergeben.» Für denselben Sachverhalt stehen dann verschiedene Theorien nebeneinander. Und jeder beansprucht für sich, seine treffe zu. So können Theorien der evidenzbasierten Schulmedizin nicht nur mit philosophischen, theologischen, weltanschaulichen oder soziologischen Theorien konkurrieren, sondern auch auf Erklärungen der «alternativen Medizin», der «Chinesischen Medizin» und vor allem auf die ganz persönlichen Theorien der Sterbenskranken und ihrer Angehörigen treffen – und sich gegenseitig ausschließen.

Wenn die subjektiven Theorien der Sterbenskranken – oder auch der Angehörigen – von den Ärzten kritisch bewertet oder ausdrücklich abgelehnt werden und die Sterbenskranken die fachwissenschaftlichen Erklärungen der Ärzte nicht anerkennen, ist die Zusammenarbeit gründlich gestört. Manche Patienten wechseln dann so lange den Arzt, bis sie den «richtigen Arzt» gefunden haben. Das ist dann der Arzt, der ihre persönlichen Erklärungen beachtet und sie dementsprechend behandelt.

Die existenzielle Frage heißt bei allen Sterbenskranken: «Warum? Warum gerade ich?» Mitunter verharren Sterbenskranke nur bei dem «Warum». Sie liegen im Bett und murmeln endlos vor sich hin: «Warum? — Warum? —Warum? — Warum?»

Lange Zeit habe ich angenommen, dass Sterbenskranke so fragend eine Antwort darauf haben wollen, warum sie leiden und sterben müssen. Das war jedoch ein großer Irrtum, wie mich eine Sterbenskranke nachhaltig belehrte. Als ich begann, ihre Frage nach dem «Warum» philosophisch und theologisch zu beantworten, sagte sie schlicht: «Mein Sohn kommt nachher, mit dem können Sie darüber reden; der hat auch studiert.» Ihre Antwort habe ich als Ohrfeige für mein dummes Geschwätz erlebt.

Für Sterbenskranke gibt es – da bin ich mir ziemlich sicher – keine annehmbare oder auch nur schlüssige Antwort auf ihr «Warum». Der sterbenskranke Journalist Jürgen Leinemann folgerte daraus: «An Fragen fehlte es mir ja nicht. Nur mit der ewigen Warum-gerade-ich-Frage wollte ich mich nicht mehr herumschlagen. Dass die zu nichts führte, außer zu selbstquälerischen Schuldvorwürfen, hatte ich schon bei früheren Gelegenheiten erfahren.»[136]

Mir ist klargeworden: Jeder Versuch, bei Sterbenskranken die Warum-Frage inhaltlich zu beantworten, muss scheitern und scheitert auch.[137] Denn sie ist eigentlich keine Frage, sondern eine existenzielle Klage, ja Anklage! Mitunter schwingt der Vorwurf mit: «Warum nicht du?» Der Kranke protestiert gegen sein Leiden. Er empört sich über sein Schicksal. Sterbenskranke wehren sich gegen noch so kluge Erklärer und Belehrer; sie möchten als Klagende, Hadernde, Bedrückte, Verzweifelte gehört und ernst genommen werden.

Trauern über viele kleine
und große Verluste

Es ist selbstverständlich, von trauernden Angehörigen zu sprechen. Übersehen wird leicht: Sterbenskranke sind immer auch Trauernde, denn viele kleine Verluste prägen ihr Leben.[138] Es ist eine Kette von Verlusten, denn es bleibt nicht bei einer schlechten Nachricht. Immer wieder kommen neue Hiobsbotschaften dazu. Und: Sie verlieren ihr Leben. Wenn das kein Grund zum Trauern ist! – Die Trauer bleibt ihnen treu.

Das Leben Sterbenskranker ist deshalb angefüllt mit Trauer. «Manchmal, am Morgen. Das ist die Zeit, in der ich trauere. Ich betaste meinen Körper, ich bewege meine Finger und meine Hände – alles, was ich noch bewegen kann –, und ich betrauere, was ich verloren habe. […] Aber dann höre ich auf zu trauern.»[139]

Visionen entschwinden in die Ferne: «Wir hatten uns noch so viel vorgenommen. Endlich wollten wir das Leben genießen. Und jetzt das! Vor Wut kann ich nur noch heulen.» Perspektiven der Heilung gehen langsam, aber sicher verloren: «Hier komme ich nie wieder raus.» Der Abschied von Kindern muss vorbereitet werden: «Mußte weinen, als ich nach ‹Andenkenkästchen› für die Kids suchte, in denen sie Briefe, Fotos und dergleichen aufheben können.»[140]

Organe oder Körperteile werden weggeschnitten: «Wer nimmt denn eine, die nur noch eine Brust hat? Wer? Mit siebzehn Jahren!»[141] «Jetzt haben sie mir beide Beine abgenommen. Schrecklich sehen die Stümpfe aus. Wo sind jetzt meine Beine?»

Immer wieder kommen Rückschläge aller Art. «Der Krebs ist wieder da. Das sieht nicht gut aus.» – «‹Nein, ich will nicht ins Krankenhaus›, ich versuchte mich zu sträuben, ‹nicht schon wieder›. Aber ich wusste, dass ich keine Chance hatte.»[142]

Der «Umzug» in ein Pflegeheim oder Hospiz bringt viele Verluste mit sich. «Es ist leider so, dass Sie nicht länger zu Hause gepflegt werden können. Sie müssen in ein Hospiz.» Das eigene Heim muss dann aufgegeben werden: «Ich bin traurig, dass meine Kinder mich nicht zu Hause pflegen wollten und mich abgeschoben haben.» Die Wohnungseinrichtung bleibt zurück. Für das Musikinstrument gibt es keinen Platz. Tiere dürfen nicht mitgenommen, die blühenden Pflanzen müssen zurückgelassen werden: «Wer pflegt meine Orchideen? Sie sind doch so empfindlich.»

Noch ehe ein Verlust ausreichend betrauert werden kann, ist der nächste Verlust da. Das heißt: Eine Trauer überlagert die andere. Sterbenskranke können ihre zahlreichen Verluste nicht mehr in ihr Leben integrieren und wieder neu anfangen. Dazu fehlen ihnen die Zeit und die Kraft. Zudem erleben sie und müssen es erdulden, dass die Menschen in ihrer Umgebung ihre Wehmut und Verzagtheit nur mit Mühe ertragen.

Sterbenskranke können ihre Trauer kaum verbergen. Traurig liegen sie gekrümmt in ihrem Bett. Matt und kraftlos heben sie ihre Hand, wenn man sie anspricht. Ihre Augen sind feucht. «Es ist absolut bitter, begreifen zu müssen, dass man dieses Leben bald nicht mehr leben kann.»[143] Entmutigt beteuern sie mit gebrochener Stimme: «Es ist alles so schwer. Ich bin ganz verzagt.»

Im Unterschied dazu schreien manche Sterbenskranke ihre Trauer hemmungslos raus und trommeln mit ihren Fäusten wütend auf ihr Bett: «Von diesem Augenblick an begann sein drei Tage lang nicht verstummendes Schreien, das noch im übernächsten Zimmer zu hören war und so grausam klang, daß sich jeder entsetzte, der es vernahm.»[144] Diese Art des

Trauerns überfordert leicht Angehörige, Ärzte und Pflegende. Andere Sterbenskranke weinen still in sich hinein. Wieder andere reißen sich zusammen und lassen sich nicht gehen. Nach außen geben sie sich tapfer und souverän: «Immer nur lächeln, doch wie's bei mir drinnen aussieht, geht niemand was an.» Nachts jedoch, wenn niemand in der Nähe ist, fließen ihre Tränen und überschwemmen ihr Kopfkissen.

Kein Sterbenskranker kann seine Trauer ganz und gar unterdrücken. Völlig unerwartet steigt sie mitunter auf, ergreift ihn und wühlt ihn auf, wie es mir ein sterbenskranker junger Mann beschrieb: «Urplötzlich musste ich weinen. Die Tränen und der Schmerz brachen aus mir hervor. Kein Weinen, bei dem man sich einfach die Tränen abwischt, und dann ist es weg. Es war total und hielt lange an. Mit den Tränen flossen meine Trauer und meine Wut. Ich lebe doch so gern und will nicht sterben.»

Trauernde Sterbenskranke sind sehr dankbar, wenn sie einfach nur traurig sein dürfen und dabei begleitet werden: «Und ab und zu kam die Traurigkeit wieder, und ich musste weinen. Da hat sie mir einfach die Hand auf den Kopf gelegt. Und ich habe gespürt, wie gut mir solche Gesten der Wärme tun, wie schön es ist, einen Funken Liebe zu empfangen.»[145]

Das (Mit-)Leiden der Angehörigen und Freunde

Nur in Ausnahmefällen sind die Angehörigen Sterbenskranker auch selbst krank und pflegebedürftig. Für gewöhnlich sind sie nicht erkrankt, sondern handlungsfähig. Durch ihre Verbindung zum Sterbenskranken wird allerdings nicht nur ihre Handlungsfähigkeit stark eingeschränkt, sondern auch ihr bisheriges Leben bedroht. Darüber beginnen sie zu trauern. Insofern sind sie Teilhaber, Mitduldende, Mitleidende, also Compagnons des Sterbenskranken, kurz «Co-Patienten».

Freilich bestimmt die Qualität ihrer Beziehung zum Sterbenskranken den Grad der «Betroffenheit» und auch, inwieweit sie Co-Patient sind. Nahe Angehörige wie Ehepartner und Kinder sind normalerweise stärker betroffen als entfernte Angehörige. «Ich weiß ja, dass mein Mann sterben muss. Das darf er aber nicht. Wie soll ich ohne ihn zurechtkommen?» Allgemein gilt: Je liebevoller Angehörige und Freunde mit dem Sterbenskranken verbunden sind, desto intensiver werden sie zu Co-Patienten. Gleichfalls gilt: Je distanzierter Angehörige mit dem Sterbenskranken verbunden sind, desto weniger werden sie es.

Die lebensbedrohliche Erkrankung eines Familienangehörigen wirkt sich sowohl auf den Alltag jedes einzelnen Familienmitglieds aus als auch auf den Alltag der gesamten Familie. Das bisherige Zusammenspiel aller Beteiligten ändert sich. Mit der Erkrankung beginnt für alle ein Leben in der Schwebe und ein Kampf gegen den Tod: Was wird? Da rollt etwas Unheimliches auf alle zu. Angst vor dem «Ernstfall» steigt auf. Um das Leben des Vaters, der Mutter oder der Tochter wird gebangt. Der Verfall des Sterbenskranken und seine Trauer werden miterlebt und lassen auf Dauer keine Ausflüchte zu. Das Unfassbare wird beklagt und beweint: «Das gibt es nicht. Das kann nicht sein. Papa war doch nie krank und hat immer gesund gelebt. Er ist doch noch Auto gefahren.»

Jeder weiß, was los ist und auf die Familie zukommt. Niemand traut sich, es auszusprechen. Alle hoffen: «Wenn wir den Krebs besiegt haben, wird alles wieder gut.»

Fürsorgliche Angehörige tun für gewöhnlich alles, um das Unheil abzuwenden. Ehefrauen können zum Beispiel die Aussage des Arztes, dass die Heilung ihres Mannes nicht möglich sei, und den Gedanken, dass er zu spät zum Arzt gegangen sei, nicht annehmen. Vielmehr verbinden sie sich mit dem Sterbenskranken und kämpfen mit ihm und für ihn: «Ich habe mich von meinem Arbeitgeber beurlauben lassen und möchte ganz für meinen Mann da sein.»

Bisweilen sind Sterbenskranke jedoch dem Aktionismus ihrer Angehörigen schutzlos ausgeliefert. Der Ehemann einer Sterbenskranken kündigte an: «Ich werde alle Register ziehen. Nach jedem Strohhalm werde ich greifen. Ich werde sie zu dem Heiler in Spanien bringen. Der hat einen Bekannten vom Krebs befreit. So tut sich ja nichts.» Angehörige suchen nach den besten Ärzten, beantragen Kuren, setzen Heilmittel aller Art ein und recherchieren neue Behandlungsmethoden: «Wir müssen alles versuchen!» Vornehmlich Angehörige aus osteuropäischen Ländern bedrängen ihre Sterbenskranken mit Essen, missachten deren palliative Situation und fordern sie ständig – oft gegen deren Widerstand – auf zu essen, um wieder gesund zu werden.

Skeptische Angehörige verfolgen und dokumentieren dagegen die Behandlung in der Klinik oder im Heim argwöhnisch, kontrollieren jede Aktion der Ärzte und Pflegenden und hinterfragen sie. Mit Smartphones und Kameras fotografieren und filmen sie alles, was ihnen nicht gefällt, und stellen Fotos und Film ins Internet oder übergeben sie mit bösen Kommentaren der Presse.

Solche Aktivitäten aber machen Angehörige schnell zum Ärgernis für Ärzte und Pflegende. Die Situation auf der Station kann sich deshalb zuspitzen.

Ein sterbenskranker Patient und seine Ehefrau waren zum Beispiel über die ihrer Meinung nach schlechte Behandlung extrem aufgebracht. Der Patient klagte wiederholt über furchtbare Schmerzen in der Schulter. Deswegen griff seine Ehefrau den Stationsarzt an: «Mein Mann hat so entsetzliche Schmerzen. Er hält das nicht mehr aus. Sehen Sie doch, wie er leidet. Er wird hier sterben, und keiner kümmert sich hier! Wir werden Sie und die Klinik verklagen.» Ein 52-jähriger Ehemann war mit seiner gleichaltrigen sterbenden Ehefrau ganz allein; sie hatten vor Jahren den Kontakt zu allen Verwandten abgebrochen. Auf dem Notfalltelefon des ambulanten Palliativdienstes forderte er in seiner Not ständig Hausbesuche und drohte mit Anzeigen wegen unterlassener Hilfeleistung. Aus Sicht der Pflegenden war die Ehefrau eine sehr kooperative und freundliche Patientin, «die sich leider ein A...loch von Ehemann an die Seite gestellt hat».

Als die Ärzte der Tochter einer Sterbenskranken mitteilten, dass sie die Therapie absetzen wollten, schrie sie wild: «Ich will nicht, dass Sie die Therapie abbrechen. Sie können doch meine Mutter nicht gleich aufgeben. Ich werde Sie verklagen. Dem Michael Schumacher lässt man doch auch Zeit.»

Schwierig wird es für Ärzte, wenn ihre eigenen Eltern, Kinder oder Partner unheilbar erkranken. Die Doppelrolle verlangt dann viel von ihnen. Sind sie mit der Behandlung durch Kollegen zufrieden? Oder meinen sie, selbst eingreifen zu müssen? Setzen sie sich über die Medikationen und Anweisungen der behandelnden Kollegen hinweg und verändern eigenmächtig Medikationen? Die Trauer des Sohnes kann dem Wissen des Arztes im Wege stehen.

Der Kampf des Sterbenskranken gegen sein Sterben steckt also auch seine Angehörigen und Freunde an. Deshalb reagieren diese je nach Einfühlung, Temperament und Gegebenheiten zumeist hoch emotional auf alles, was beim und mit dem Patienten geschieht. Gelassenheit darf man von ihnen nicht unbedingt erwarten.

«Trotz aller wissenschaftlichen Fortschritte hat der Mensch die Angst zu sterben nicht verloren. Doch man kann sie akzeptieren lernen. Immer geht es darum, einen eigenen Weg zu finden, den Tod zu akzeptieren und ihn in das Leben zu integrieren», wird von Psychologen in Wissensportalen behauptet.

In den Schweizer Leitlinien zur Palliative Care heißt es: «In der Palliative Care wird die Endlichkeit des menschlichen Lebens akzeptiert, indem das Sterben und der Tod als Bestandteile des Lebens verstanden werden. Das Machbare wird gegenüber dem Sinnvollen abgewogen. In den Gesundheitsberufen werden die Grenzen der eigenen Möglichkeiten und des menschlichen Lebens akzeptiert.»[146]

«Sterben gehört […] zum Leben, es ist ein untrennbarer Teil des Lebens. Krankwerden, Älterwerden und Abschiednehmen sowie damit verbundenes Leiden sind als Teil des Lebens zu akzeptieren», fordern die Verfasser der «Charta zur Betreuung schwerstkranker und sterbender Menschen in Deutschland» (2010) in ihren Leitsätzen.[147] Zweifellos gehören auch nach meiner Auffassung Sterben und Tod selbstverständlich zum Leben. Mit welchem Recht aber behaupten Psychologen, die Schweizer Gesundheitsdirektoren sowie die Verfasser und Unterzeichner der Charta, dass Krankwerden, Älterwerden und Abschiednehmen sowie damit verbundenes Leiden zu akzeptieren sind? Sie begründen ihre Aussagen nicht einmal! Offensichtlich haben sie sich niemals in der Absicht, ihre Aussagen zu überprüfen, Sterbenskranken zugewandt und ihnen wirklich zugehört.

Die Verfasser beanspruchen für die Charta, dass «die Rechte und Bedürfnisse schwerstkranker und sterbender Menschen im Mittelpunkt stehen». Ihre Bedürfnisse stehen aber bestimmt nicht im Mittelpunkt, wenn von ihnen gefordert wird, dass sie ihr «Krankwerden, Älterwerden und Abschiednehmen sowie damit verbundenes Leiden» akzeptieren sollen, denn ihr Bedürfnis ist zu leben und nichts anderes. – Nach meiner Lebenserfahrung werden sich auch die Psychologen, Gesundheitsdirektoren, Verfasser und Unterzeichner der Charta genauso verhalten wie alle anderen Sterbenskranken, wenn sie tödlich erkranken: Sie werden sich dagegen wehren und ihr Sterben nicht bejahen.

Nach Auffassung der deutschen katholischen Bischöfe gehört die Auflehnung gegen das Schicksal zum Verlauf des Sterbens. Sterbende müssen für die Bischöfe auch diese negative Phase durchlaufen, um überhaupt «zu einer Auseinandersetzung und zur Annahme des Todes» gelangen zu können. Als Ziel der Sterbebegleitung geben die Bischöfe vor, dass der Sterbende «seinen Widerstand gegen das Sterbenmüssen aufgibt und zu einer bejahenden Einstellung kommt».[148]

Der deutsche Papst Benedikt XVI. hat die Christen belehrt: «Nicht die Vermeidung des Leidens, nicht die Flucht vor dem Leiden heilt den Menschen, sondern die Fähigkeit, das Leiden anzunehmen und in ihm zu reifen, in ihm Sinn zu finden durch die Vereinigung mit Christus, der mit unendlicher Liebe gelitten hat.»[149]

Auch die Bischöfe und der Papst sind zu fragen: Mit welchem Recht und auf welcher Grundlage fordern sie, Leiden und Sterben anzunehmen und zu bejahen? Mir fällt auf, dass weder die Bischöfe noch der Papst ihre Aussagen aus der Bibel heraus begründen. Das geht auch nicht. Denn es gibt nach meiner gründlichen Prüfung keine bibeltheologische Begründung für deren «Akzeptanz-Theorie». Die Bischöfe verweisen als Quelle nur auf das Buch der Sterbeforscherin Elisabeth Kübler-Ross von 1969.

Meines Wissens wird weder in der hebräischen Bibel noch im Neuen Testament ausgeführt oder gar verlangt, dass Leiden, Sterben und Tod zu akzeptieren sind. Das Gegenteil ist sogar der Fall!

Die Aussagen der Bibel über diese Grundfragen sind vielfältig. Die Evangelische Kirche in Deutschland (EKD) hat entscheidende Aussagen in ihrem Gemeinsamen Wort zur Woche für das Leben von 1996 «Im Sterben: Umfangen vom Leben» fundiert zusammengestellt und ausgewertet. Danach heißt die biblische Botschaft: «Auch im Sterben sind wir von Jesus Christus umfangen.» Der Gedanke, dass Leiden und Sterben zu akzeptieren seien, wird nicht einmal erwähnt.[150]

Sowohl in der hebräischen Bibel als auch im Neuen Testament wird sogar gegen Sterben und Tod protestiert. Adam und Eva wurden nach dem Sündenfall mit dem Tode bestraft: «Denn Staub bist du, und zum Staube musst du zurückkehren.» (Gen 3,19) Die Klagen Ijobs im Buch Ijob und die zahlreichen Klagepsalmen lassen sich wirklich nicht als Protest gegen Sterben und Tod überhören. Der Tod war im Alten Testament Strafe und verbreitete Schrecken. Langes Leben ohne zu leiden war gewünscht. Im Neuen Testament berichten die Evangelisten vom Leiden und Sterben Jesu. Jesus wollte nicht sterben und hat seinen Tod auch nicht bejaht; schon gar nicht hat er «in unendlicher Liebe» gelitten. Die Evangelisten beschreiben die letzten Stunden Jesu im Kreis seiner Jünger: Kurz vor seiner Gefangennahme ging Jesus mit seinen Jüngern auf den Ölberg und trennte sich dann von ihnen. Er kniete nieder und betete: «Vater, wenn du willst, lass diesen Kelch an mir vorübergehen. Doch nicht mein, sondern dein Wille geschehe.» Als Jesus in Todesangst geriet, betete er noch inständiger. Und sein Schweiß wurde wie Blutstropfen, die auf die Erde fielen. (Lukas 22, 39–44)

Abgehobene Theologen werden nicht zuletzt durch den liturgischen Kalender der Christen korrigiert. Seit dem 5. Jahrhundert feiern Christen die Karwoche. Sie stellt das biblische Verständnis von Leiden, Sterben und Tod dar. Es ist die Woche der Sorge und des Kummers. Kar kommt aus dem Althochdeutschen und heißt «Sorge, Kummer»; wie auch das englische Wort «care». Diese Woche beginnt mit dem Palmsonntag und endet mit dem Karsamstag. Mit dem Palmsonntag beginnt die Erinnerung an das Leiden Jesu. Höhepunkt der Woche ist der Karfreitag mit dem Sterben Jesu. Der Karsamstag folgt, eine stille Zeit der Trauer, ohne eigene Liturgie. Mit dem Ostersonntag und der Feier der Auferstehung Jesu beginnt dann eine neue Woche, die Osterwoche.

RESÜMEE
Akzeptieren, dass Sterbenskranke den Tod nicht akzeptieren

Warum wird der Mythos, dass die Menschen früher Sterben und Tod akzeptiert haben, gepflegt und immer neu verbreitet, obgleich er wissenschaftlich widerlegt ist? Soll damit der Anspruch, dass Sterbenskranke ihrem Sterben zustimmen, begründet und gerechtfertigt werden?
Ich kenne niemanden, der es akzeptiert, wenn er krank wird. Nicht einmal einen einfachen Schnupfen akzeptieren wir. Mit welchem Recht darf dann gefordert werden, dass Sterbenskranke ihre Erkrankung und ihr Sterben akzeptieren? Das ist eine Anmaßung der Gesunden. Denn Tatsache ist, dass unheilbar Kranke sich noch bis kurz vor ihrem Tod gegen ihr Ster-

ben wehren und auf ein Wunder hoffen. Wäre es daher nicht besser, wenn Ärzte, Pflegende, Psychologen und Theologen endlich beachteten, dass Sterbenskranke ihr Sterben nicht akzeptieren? Das gilt noch mehr für Palliativmediziner und, so schwer es auch fällt, für die Angehörigen. Unberechtigte Erwartungen und Forderungen belasten die Patienten und alle Beteiligten und erschweren die Begleitung und Behandlung. Wenn man versucht, Sterbenskranke zum Zustimmen zu überreden, wehren sie sich und ziehen sich in sich zurück. Sie fühlen sich weder ernst genommen noch angenommen. Daraus resultiert Einsamkeit. Wäre es nicht an der Zeit, dass Begleiter von Sterbenskranken deren Widerstand gegen das Sterben ernst nehmen und sie so begleiten? Forderungen, endlich «zu verarbeiten», «aufzuarbeiten», «loszulassen» und «zu akzeptieren», gehören in den «Giftschrank».

6 WIE ANGST UND HOFFNUNG MITEINANDER KONKURRIEREN

Sterben ohne Angst?

JEDER VON UNS EMPFINDET in bestimmten Lebenssituationen Angst. Angst begleitet uns von der Geburt bis zum Tod. Und jeder hat seine persönliche Form der Angst, eine Angst, die zu ihm und seiner Persönlichkeit gehört. In ihrem Ausmaß kann sie freilich normal oder krankhaft sein. Wir können Angst nicht vermeiden oder ausschalten. Sie ist Teil unserer Existenz und eine Spiegelung unserer Abhängigkeiten. Dennoch sehnen wir uns nach einem angstfreien Leben und sind dankbar, wenn uns jemand verspricht, dass er uns unsere Angst nehmen kann. Das gilt insbesondere für unsere Angst vor dem Sterben. Denn die Angst vor dem Sterben spielt eine Schlüsselrolle in unserem Leben; auch wenn sie uns nicht immer bewusst ist, so ist sie doch da.

Der Palliativmediziner Gian Borasio möchte uns die Angst vor dem Sterben, vor allem die Angst vor einem qualvollen Sterben, ein Stück weit nehmen. Für ihn ist die Angst das größte Hindernis für die Kommunikation über und im Sterben und der Hauptgrund für Fehlentscheidungen und leidvolle Sterbeverläufe. Weiter behauptet er, die konkreten Ängste vieler Menschen vor Leiden und Kontrollverlust würden dazu führen, «dass ihre Befürchtungen in dem Maße eintreten, indem sie ihren Ängsten erlauben, die Kontrolle über ihr eigenes Handeln zu übernehmen. Denn Angst verzerrt die Wahrnehmung, vermeidet die Information und verhindert den Dialog. Diese drei Voraussetzungen (rechte Wahrnehmung, Information und Dialog) sind aber zentral für eine gute Vorbereitung auf das eigene Lebensende.»[151]

Wie will Borasio uns die Angst vor dem Sterben nehmen? Wir sollen unseren Ängsten einfach nicht erlauben, die Kontrolle über uns zu übernehmen. Es liegt also an uns, wenn wir immer noch Angst vor dem Sterben haben. So einfach ist das!

Und wenn das nicht gelingt, empfiehlt Borasio eine medikamentöse Therapie der Angst: «Das Symptom Angst wiederum lässt sich mit angstlösenden Medikamenten, vor allem aus der Substanzgruppe der Benzodiazepine (zum Beispiel Lorazepam), hervorragend behandeln.»[152]

Auch andere Ärzte gehen ähnlich einfältig mit der Angst ihrer Patienten um. In der Praxis sieht das so aus: Eine Patientin hatte dem Strahlentherapeuten ihre Angst vor der Bestrahlung mitgeteilt. Daraufhin sagte er zu ihr: «Sie brauchen vor der Strahlentherapie wirklich keine Angst zu haben. Für uns ist das Routine. Die Behandlung ist auch gar nicht so schlimm, wie Sie glauben. Sie können ganz beruhigt sein.» Wenn die Versicherung «Sie brauchen keine Angst zu haben» nicht greift, wird gern eine medikamentöse Lösung angeboten. Selbst existenzielle Angst und damit verbundene innere Unruhe werden nach meiner Beobachtung allzu schnell zu einem neuropsychiatrischen Symptom deklariert und mit Psychopharmaka bekämpft. Ein Anästhesist bemerkte einmal etwas spöttisch, es sei überhaupt kein Problem alle Patienten angstfrei zu machen, man müsse sie nur narkotisieren. Angst stört offensichtlich den reibungslosen Ablauf der Behandlung und darf nicht sein.

Unsere Alltagserfahrungen mit Angst und die Angstforschung lehren uns: Jeder Mensch ängstigt sich. Angst ist ein lebenswichtiges, wenn auch unangenehmes Gefühl. Ängste lassen sich nicht einfach vermindern oder ausschalten. Versuche, Angst zu unterdrücken, gelingen auf Dauer nicht.[153]

Unsere Angst kann uns lähmen, sie kann uns aber auch aktivieren. Wir können Gegenkräfte gegen sie entwickeln: Hoffnung, Mut, Vertrauen, Erkenntnis, Glaube und Liebe. Ängste können dann überwunden werden, wenn wir bereit sind, sie uns einzugestehen und auszuhalten, und zwar so lange, bis sie nachlassen. Das kann dauern. Die behutsame Begleitung durch jemanden, der jetzt gerade nicht von Angst besetzt ist, kann es erleichtern, sie zu ertragen.

Angst und Panikattacken quälen

In den mir vorliegenden mehr als 600 Fällen berichten die Ärzte einstimmig, dass ihre sterbenskranken Patienten (und auch ihre Angehörigen) Angst hatten. Alles, was irgendwie mit der Erkrankung zu tun hat, kann Angst auslösen: der Gang zum Arzt, die Untersuchung, die Diagnose, die Prognose, die Schmerzen, das Krankenhaus, die Operation, die Chemotherapie, die Reaktion der Angehörigen, der Autonomieverlust, die Bettlägerigkeit, das Ausfüllen der Patientenverfügung, das Erteilen einer Vorsorgevollmacht, das Sterben, die Nächte, die Abschiede, Gott usw. usw.

Angst begleitet das Leben Sterbenskranker: «Diesen vielen anonymen weißen Kitteln im Operationssaal ausgeliefert zu sein, ohne Bewusstsein, wie soll man da ohne Angst bleiben?»[154] Sterbenskranke bangen um ihre Zukunft. «Sagen Sie, Schwester Anke, was soll ich machen? Ich habe solche Angst.

Werde ich wieder gesund?» Angst vor Schmerzen und Aussichten, die wenig Mut machen, bedrängen sie: «Zwei Herzinfarkte habe ich hinter mir. Das linke Bein ist mir unterhalb des Knies abgenommen worden. Der Stumpf eitert, und das rechte Bein ist auch nicht in Ordnung. – Wie soll das nur weitergehen?»

Die Ängste unterscheiden sich nach Dauer und Intensität. Sie können sich von Pessimismus über Verzweiflung bis hin zu Todesangst steigern. Manche Menschen bleiben trotz ihrer Angst ruhig und kontrolliert, andere werden unruhig, können nicht still sitzen oder liegen bleiben, müssen sich bewegen, gestikulieren mit ihren Händen. Angst kann leicht in Wut umschlagen; Wut darüber, dass es so ist, wie es ist. Und diese Wut wird dann oft an Ärzten, Pflegenden und Angehörigen ausgelassen. Es handelt sich um eine Angstwut.

Bei Sterbenskranken, die den ganzen Tag im Bett liegen müssen, geraten Tag und Nacht durcheinander. Sie schlafen am Tag und sind in der Nacht wach. Schlafstörungen und -mangel sind die Folge. Träume quälen sie bei Tag und bei Nacht. Verwirrt und mit Angstschweiß auf ihrer Stirn erzählte eine Patientin von ihren Albträumen: «Schwarze Tiere saßen auf meinem Bauch. Sie wollten mich fressen.» Panische Ängste überfallen Sterbenskranke vor allem nachts. «Das war eine schreckliche Nacht! Da habe ich erfahren, was Todesangst ist.» Müde stellte eine Patientin fest: «Kein Wunder, dass ich nicht schlafen kann. Ich fürchte die Nacht.»

Blanke Angst steht manchmal in den Augen Sterbenskranker. Aber sie teilen sie nicht mit oder schämen sich dafür. Ein Patient erzählte mir: «Ich habe Angst vor dem Tod. Dass ich jetzt sterben muss. Jede Nacht träume ich von meiner toten Mutter und meinem toten Bruder. Als gläubiger Christ darf ich doch keine Angst vor dem Tod haben.» Eine 80-jährige

Patientin berichtete den Krankenschwestern von nächtlichen Angstattacken: «Ich habe große Angst vor dem Sterben. Es ist sicher schlimmer, die Sünden nach dem Tod abzubüßen, als vorher. Jede Nacht habe ich Bilder mit Höllendarstellungen vor meinen Augen. Die kriege ich nicht los.» So kann eine angstbesetzte religiöse Erziehung bis zuletzt unheilvoll wirken. Die Evangelisten berichten dagegen, dass selbst Jesus in Todesangst geriet (Lukas 22, 39–44).

Allerdings kann Angst zuweilen auch lebenserhaltend wirken. «Ehrlich gesagt, es war eher die Angst, die mich aufrechterhalten hat, nicht irgendwelche Lebensziele.»[155] Doch meist überflutet sie den Menschen bis hin zur Verzweiflung: «Jetzt bin ich in einer Sackgasse, es gibt keine Türen, die sich zur Hoffnung öffnen, und ich weiß nicht, wohin mit so viel Angst.»[156] Sowohl das Palliativteam als auch die Angehörigen hatten den Eindruck, dass es einem Patienten nicht möglich war, sich zu öffnen und seine Verzweiflung, sein Entsetzen und seine Trauer zu äußern. Mit offenen Augen lag er im Bett und hat ständig gewimmert und gestöhnt – ausgeliefert seinem Leiden und seinen Ängsten. Jeden Versuch, sich ihm zu nähern, hat er abgewiesen.

Sterbenskranke fragen sich und andere häufig, ob überhaupt jemand ihre Angst verstehen kann, und wollen mit ihr nicht allein gelassen werden. Da zu sein und die Angst mit auszuhalten ist alles andere als leicht; es kann jedoch gelingen: «Es ist mir sehr schwergefallen, aber jetzt habe ich ein Bett in seinem Zimmer auf der Palliativstation. Und ich bin Tag und Nacht bei ihm. Seine innere Unruhe hat sich etwas gebessert, aber seine Panikattacken kann ich ihm nicht nehmen. Wenn die Schwestern sich nicht so um mich kümmern würden, könnte ich das nicht aushalten.»

Nach der Diagnosemitteilung war der Patient verzweifelt. Mit dem Hinweis, in zwei Jahren sei er ohnehin tot, lehnte er zunächst jede Therapie ab. Später begonnene Therapieversuche brach er ab. Als sich seine Situation verschlimmerte, bekam er schreckliche Ängste, insbesondere ausgeprägte Todesangst mit Panikanfällen. Medikamente gegen die Angst wollte er wegen ihrer Nebenwirkungen nicht. Seine Ehefrau wich nicht von seiner Seite und hielt mit ihm aus.

Man kann darüber streiten, ob es sich hier um eine normale, wenn auch starke Angst oder um eine Angstkrankheit gehandelt hat. Angst ist eigentlich keine Krankheit, trotzdem kann sie dazu werden. Normalerweise dient sie dem Leben, macht auf Gefahren aufmerksam und behindert das Leben nicht. Für manche Menschen wird ihre Angst jedoch zu einem großen persönlichen Problem: Sie beeinträchtigt ihr Leben, mitunter zerstört sie es sogar. Nähe zum Tod kann diese Angst auslösen. Sie kann aber auch schon vor der tödlichen Erkrankung bestehen. Solche extremen Ängste können nicht einfach ausgestanden werden. Bei ihnen handelt es sich um psychische Erkrankungen, die von Psychotherapeuten oder Psychiatern behandelt werden müssen.[157]

Allgemein lässt sich sagen: Wenn Ängste besonders ausgeprägt sind, längere Zeit anhalten oder immer wieder in Panikattacken ausbrechen, kann eine Angststörung dahinterstecken. Menschen erleben dann in Situationen, die eigentlich – für Außenstehende – nicht besonders gefährlich sind, übertriebene Angstgefühle. Die Betroffenen können sich ihre starken, von anderen als unangemessen empfundenen Gefühle oft selbst nicht erklären. Sie hören zwar, dass ihre Gefühle unbegründet seien, sehen aber keine Möglichkeit, diese zu kontrollieren. Deswegen versuchen sie, Situationen zu meiden, auf die sie ängstlich reagieren.

Bei einer Panikstörung treten wiederholt unerwartete Angstanfälle (Panikattacken) auf, sie lösen das Gefühl aus, existenziell bedroht zu sein. Sie finden ihren Höhepunkt in Todesängsten. Die Betroffenen erleben dabei verschieden starke körperliche Begleiterscheinungen wie Herzrasen, Schmerzen oder haben das Gefühl zu ersticken. Außerdem können Symptome wie Schwitzen, Zittern, Schwindel und Übelkeit vorkommen. Die Verängstigten fürchten, die Kontrolle zu verlieren, verrückt zu werden oder sofort zu sterben. In ihrer Verzweiflung sind sie nicht erreichbar. Die Attacken dauern oft zwischen 20 bis 30 Minuten, können jedoch auch kürzer sein oder gar Stunden anhalten.

Wie wächst Angst? Der Betroffene nimmt wahr, dass sich sein Herzschlag ändert und sein Herz schneller schlägt. Er kann sich dieses Symptom nicht erklären, befürchtet aber, es könnte ein Anzeichen eines drohenden Herzinfarktes sein. Angst steigt auf und löst eine Stressreaktion aus, was wiederum zu verschiedenen körperlichen Veränderungen führt – unter anderem auch zu einem noch höheren Puls. Die Wahrnehmung dieser körperlichen Reaktion bestätigt seine Befürchtung, ernsthaft körperlich krank zu sein, sodass die körperlichen Angstreaktionen weiter ansteigen. In dieser Wechselwirkung schaukelt sich die Angst immer weiter hoch. Ein Teufelskreis!

Bei gerichteten Ängsten kennen die Betroffenen in der Regel die Auslöser für ihre extreme Angst. Sie scheuen sich dann, sich in solche Situationen zu begeben, zum Beispiel einen Sterbenskranken zu besuchen. So entsteht eine Angst vor der Angst, die umso stärker wird, je mehr man versucht, der Situation auszuweichen. Wenn diese Ängste zu stark werden, ziehen sich die Betroffenen häufig zurück und haben nur noch wenige soziale Kontakte. Angststörungen sind psychotherapeutisch und/oder medikamentös zu behandeln.

Mit der Diagnose «Depression» wird meiner Meinung nach generell sehr leichtfertig umgegangen. Ängste, Verzweiflung, Schmerz und Trauer werden häufig mit «Depression» gleichgesetzt. Sterbenskranken wird oft zu schnell zugeschrieben, sie seien depressiv oder würden unter einer Depression leiden. Für Kübler-Ross *müssen* alle Sterbende sogar eine Depression durchleben, es ist die vierte Phase in ihrem Modell. Ihrer Meinung nach ist «die Phase der Depression notwendig und heilsam, wenn der Patient eines Tages in Frieden und innerer Bereitschaft sterben soll».[158] Da muss ich ihr vehement widersprechen: Die Depression – im psychiatrischen Sinne – ist eine ernst zu nehmende behandlungsbedürftige Erkrankung, deren Symptome nicht durch Willenskraft beeinflusst werden können. Die Diagnose wird nach definierten Symptomen und Krankheitsverlauf gestellt. Die Depression ist keinesfalls ein Durchlaufsyndrom im Sterbeprozess!

Wer an einer Depression erkrankt, leidet unter einer anhaltenden gedrückten Stimmung, aus der er sich für gewöhnlich nicht mehr selbst befreien kann. Sie unterscheidet sich von «normalen» Gefühlen der Angst, Erschöpfung, Mutlosigkeit und Trauer, die als Reaktion auf konkrete Probleme entstanden sind. «Stimmungstiefs» kennt jeder. Sie gehen meist vorüber, aber nicht immer: Eine Tochter hatte als Beispiel ihre Mutter viele Jahre liebevoll gepflegt. Als die Mutter verstarb, stürzte die Tochter in eine tiefe Trauer, die dann in eine Depression mit körperlichen Beschwerden überging.

Eine unbehandelte Depression bessert sich in der Regel nicht von selbst. Sie kann unterschiedliche Ursachen haben und auch völlig unabhängig von äußeren Umständen auftreten. Zur Behandlung depressiver Störungen werden nach Aufklärung über die Ursachen und den Verlauf der Erkrankung sowohl Antidepressiva als auch Psychotherapie eingesetzt.

Eine Ärztin hatte zum Beispiel nach der Behandlung ihres Brusttumors eine tiefe Depression entwickelt. Alle Gespräche, die auch nur entfernt das Thema Tod streiften, lösten geradezu eine panische Abwehrreaktion mit entsetzlichen Schreiattacken – «Ich will nicht sterben!» – bei ihr aus. Es war naheliegend, dass in diesem Fall ein Psychiater zur Behandlung hinzugezogen wurde.

Schwere Depressionen bringen die Gefahr von Suizidversuchen und Suiziden mit sich und beeinflussen auch körperliche Erkrankungen negativ. Die Zahl Sterbenskranker, die an einer Depression leiden, nimmt, vertraut man den verschiedenen Statistiken, zu; das gilt insbesondere für ältere, alleinstehende und gebrechliche Patienten. Damit wächst zugleich auch die Zahl der Menschen, die sich den Tod wünschen. Ein Beispiel: Eine Patientin begrüßte ihren Hausarzt, als er sie nach ihrem Aufenthalt in der Klinik zu Hause besuchte, freudestrahlend: «Herr Doktor, ich freue mich. Ich habe Krebs. Jetzt darf ich endlich sterben.» Die Patientin litt schon viele Jahre an einer schweren Depression.

Niemand lebt ohne Hoffnung

Hoffnung ist eine unserer Grundempfindungen, konträr zur Angst und zur Furcht. Wenn wir uns am Abend zum Schlafen hinlegen, hoffen wir, am nächsten Morgen wieder aufzuwachen. Wir hoffen über den heutigen Tag hinaus und träumen von einem besseren Leben. Hoffnung ist ein Prinzip unseres Lebens, eine innere optimistische Haltung. Wir erwarten, dass etwas Gewünschtes in Zukunft eintritt, ohne dass es gewiss ist.

Für den Kirchenlehrer Augustinus (354–430) hat die Hoffnung zwei Kinder: Zorn und Mut. Zorn, damit das Nichtige auch nichtig bleibe. Mut, damit das, was sein soll, auch sein wird.[159]

Hoffen und Träumen gehören zum Leben Sterbenskranker dazu. Sie helfen ihnen, den Tag zu überleben: «Wissen Sie, ich brauche Hoffnung, sonst halte ich nicht durch. Ich bin nicht so robust, ich vertrage nicht viel.» Und so träumen Sterbenskranke, dass eines Tages alles wieder gut sein wird. Nicht selten verstellt ihnen die Angst vor der nächsten Nacht schon den Blick darüber hinaus; gehofft wird dann nur noch, die nächste Nacht gut hinter sich zu bekommen: «Hoffentlich kann ich die nächste Nacht ohne Schmerzen und Panikattacken schlafen.»

Sterbeforscher haben einvernehmlich festgestellt, dass *alle* Sterbenskranke hoffen und sich in besonders schwierigen Situationen von ihrer Hoffnung tragen lassen. Vornehmlich vertrauen sie Menschen, insbesondere Ärzten, die ihnen Raum für ihre Hoffnung lassen. Dabei ist es gleichgültig, ob die Hoffnung realistisch und berechtigt oder trügerisch und unberechtigt ist.

Sterbenskranke haben ein Recht auf Hoffnung und pochen auch darauf, noch Hoffnung haben zu dürfen: «Herr Doktor, ich glaube, dass Ihre Diagnose stimmt, aber lassen Sie mir die Hoffnung, dass Sie sich geirrt haben.» Eine gläubige Patientin sagte zum Klinikseelsorger: «Der liebe Gott hat mir diese Krankheit auferlegt. Vielleicht kann ich ihm ein paar Tage abluchsen, bevor ich sterbe.»

In einem anderen Fall entwarf ein 50-jähriger Patient noch Lebensziele, die unerreichbar waren: «Ich habe gerade erst ge-

heiratet. Ich will mit meiner Frau das Leben noch lange genießen. Wir werden noch Kinder bekommen. Ich werde wieder
laufen. Ob ich wieder Motorrad fahren kann, da bin ich mir
unsicher. Aber ein dreiräderiges Liegefahrrad sollte noch drin
sein.»

Sterbenskranke hoffen auf die Hochleistungsmedizin, auf
neue Therapien und Medikamente. Die oft beklagte Überversorgung Sterbenskranker resultiert nicht zuletzt aus der Hoffnung Sterbenskranker, «dass die Medizin noch etwas für mich
tun kann». Aus Sicht der Gesunden ist es Überversorgung,
aus Sicht Sterbenskranker aber Grund ihrer Hoffnung.

Ärzte unterscheiden zwischen kurativen und palliativen
Behandlungen, Sterbenskranke eigentlich nicht. Für Ärzte
besteht bei kurativen Therapien Aussicht auf Heilung, bei
palliativen Therapien dagegen nicht mehr. Sterbenskranke
(und auch Angehörige) erhoffen sich nach meinen Erfahrungen auch von palliativen Therapien immer noch «ein
Wunder»: «Da ist noch Hoffnung drin!» Daran ändert auch
nichts, wenn die behandelnden Ärzte sogar ausdrücklich betonen, dass es sich nicht um kurative, sondern nur um palliative Maßnahmen handelt. Ein Patient, bei dem Ärzte und
Pflegende fest damit rechneten, dass er in den nächsten Tagen
sterben würde, erklärte: «Jetzt habe ich wieder Hoffnung, dass
ich doch noch nicht sterben muss. Der Professor hat für mich
noch eine Chemo im Köcher, hat er gesagt.» Der Patient hatte
die Einschränkung «nur noch palliativ» überhört.

Sobald das Leben für den Augenblick gesichert ist, wächst
die Hoffnung. Nach jeder Erholung erhöht sich die Hoffnung
auf eine Aufwärtsentwicklung.

Hoffnung kann gut begründet sein, aber auch Vernunft und
Sachverstand ignorieren und auf dubiose Heilkunst setzen.
Wenn die Schulmedizin versagt, suchen Sterbenskranke und

auch ihre Angehörigen oft anderweitig nach der Wundertherapie. Sie suchen zum Beispiel nach Heilmitteln, die «die Ärzte nicht kennen». Ein Gesunder mag über das, worauf Sterbenskranke und auch ihre Angehörigen zuweilen ihre Hoffnung setzen, lächeln und von Illusionen sprechen. Aber was bleibt schon übrig, wenn das Leben so sehr gefährdet ist, dass nur noch ein Wunder helfen kann? Wer klammert sich dann nicht an alles, was irgendwie retten könnte? Wer hofft dann nicht auf die Wirkung alternativer Medizin, esoterischer Handauflegungen, indianischer Heilkräuter oder heimlicher Zaubersprüche? Für die einen ist das Unfug, andere sehen darin ihre letzte Chance. Scharlatane nutzen diese Not schamlos aus.

Mitunter borgt ein Sterbenskranker seine Hoffnung auch aus dem Schicksal anderer: «Alle hatten Hans aufgegeben. Dem geht es aber wieder ganz gut. Warum soll ich es nicht auch schaffen!»

Dass auch Familien ihre Hoffnung nicht aufgeben, zeigt das folgende Beispiel: Mit einer Familie wurde viel und ausführlich über die schlechte Prognose und den mutmaßlichen Willen des Patienten gesprochen. Ob die Therapie in jedem Fall fortgeführt werden sollte, darüber war sich die Familie nicht einig: «So lange ein Fünkchen Hoffnung besteht, soll die Therapie fortgeführt werden. Papa war immer ein Kämpfer.» Man konnte sich schließlich darauf einigen, zwar nicht mehr an Heilung zu glauben, aber zu hoffen, dass der Sterbezeitpunkt noch in weiter Ferne liegt.

Was ist davon zu halten, wenn wissentlich falsche Hoffnungen geweckt werden, obgleich das fatale Ende absehbar ist? Ein Arzt erzählte: «Für mich lag das Problem darin, dass man die Patientin als Mitarbeiterin gut kannte und dadurch versucht war, ein ‹Mehr› an Hoffnung anzubieten, als man es gegenüber einem Unbekannten gemacht hätte.» Die Patientin wurde deshalb von dem behandelnden Arzt nur vage über die schlimme Diagnose aufgeklärt. Bei ihrer Entlassung wurde ihr mitgegeben, «dass sie sich bei Stabilisierung zu einer erneuten Therapie vorstellen kann». Der Patientin wurde eine falsche Hoffnung gemacht. Als sie das erkannte, war sie sehr enttäuscht und wütend, vertraute niemandem mehr.

Wann ist eine Hoffnung begründet und realistisch? Wann ist eine Hoffnung unbegründet und unrealistisch? Und wer entscheidet darüber? Was verlangt die Aufklärungspflicht, was die Wahrhaftigkeit, was die Liebe?

Die Rolle des Glaubens

Für gläubige Menschen ist Hoffnung kein gewöhnlicher Optimismus, nicht bloß eine sonnige Aussicht auf die Zukunft, nach dem Motto: Hoffen wir mal das Beste! Eine solche Sicht der Hoffnung hat wenig oder nichts mit der Hoffnung gläubiger Menschen gemeinsam. In den monotheistischen Weltreligionen gründet die Hoffnung auf dem Glauben, dass Gott den Tod des Menschen nicht will, der Tod nicht zum Leben gehört und der Mensch in irgendeiner Weise nach seinem Tod weiterexistiert.[160]

Gläubige Menschen versammeln sich seit jeher in Glaubens- oder Religionsgemeinschaften, um gemeinsam ihren Glauben an Gott und ihre Hoffnung auf ein ewiges Leben zu leben und sich gegenseitig zu stützen. Sie beten zu Gott, ehren ihn und vertrauen sich ihm an.

Kranke und Sterbende sind in besonderer Weise auf die Gemeinschaft und das Verbundensein mit anderen Menschen angewiesen. Deshalb wird in den Religionsgemeinschaften großer Wert darauf gelegt, dass Sterbenskranke begleitet und nicht allein gelassen werden. Die Mitgläubigen sollen sie besuchen, für sie beten, sie in ihrem Glauben und ihrer Hoffnung stärken und liebevoll für sie sorgen.

Die Hoffnungsgemeinschaft der Juden

Gott verlässt nach Auffassung der Juden nie den Kranken. Gott selbst hat als Beispiel den kranken Abraham am dritten Tag nach seiner Beschneidung besucht (1. Mose 18,1). Im Psalm 41,4 heißt es: «Der Ewige wird ihn stützen auf dem Schmerzenslager.»

So wie Gott den Kranken nicht verlässt, so sollen auch die Gemeindemitglieder dem Kranken beistehen. Der Kranke selbst hat die Aufgabe, wieder gesund zu werden. Seine Nächsten sind ethisch und religiös verpflichtet, ihn als Zeichen ihrer Nächstenliebe zu besuchen. Aus Achtung vor dem Leben ist eine würdige Haltung am Krankenbett einzunehmen. Die Besucher sollen den Kranken nicht unnötig beunruhigen, indem sie ihm alle möglichen Sorgen mitteilen. Vielmehr sollen sie ihm immer wieder Hoffnung vermitteln. Das Lesen bzw. Beten aus dem Buch der Psalmen soll den Sterbenskranken aufbauen.[161]

In jeder jüdischen Gemeinde bilden angesehene Frauen und Männer der Gemeinde eine heilige Gemeinschaft, die Chevra Kaddischa. Die ehrenamtlich tätigen Mitglieder dieser Gemeinschaft besuchen Kranke, übernehmen Krankenwachen, betreuen Sterbende, führen rituelle Beerdigungen Verstorbener durch, gestalten die Trauerwoche und sorgen für die Hinterbliebenen.[162] Mitglieder der heiligen Gemeinschaft beten am Bett des Sterbenden. Sie achten darauf, dass zehn Gemeindemitglieder anwesend sind und dem Sterbenden das Glaubensbekenntnis vorsprechen. Gleichzeitig unterstützen und trösten sie auch seine Angehörigen.

Die Hoffnungsgemeinschaft der Christen

Für Christen ist der Tod radikal. Nicht nur Arme, Beine, Rumpf und Kopf sterben. Der ganze irdische Mensch verfällt dem Tode. Der Mensch kehrt zur Erde zurück wie ein Herbstblatt, wie ein Tier. Sterben ist auch für Christen ein Geheimnis, doch der Tod gehört für sie nicht zum Menschen. Zentrale christliche Botschaft war von Anfang an das erlösende Handeln Gottes und die Überwindung des Todes in der Auferstehung Jesu. «Ich verkündige euch Christus, den Gekreuzigten und Auferstandenen», so der Apostel Paulus. Dieser Glaube an die Auferstehung ist das Herzstück der biblischen Botschaft. Kein Mensch, der an diese frohe Botschaft glaubt, kann mehr sagen: Vom Tode ist noch keiner zurückgekehrt. Christen glauben, dass Jesus sich nach seinem Tode lebend gezeigt hat. Mitten in dem Mysterium der Zerstörung, dem Tod, trat Gott machtvoll auf den Plan.

Christen hoffen und vertrauen darauf, dass am Ende des eigenen Lebens das Leben mit Gott und das Heil Gottes stehen: «Und Gott wird abwischen alle Tränen von ihren Augen, und der Tod wird nicht mehr sein noch Leid, noch Geschrei, noch Schmerz wird mehr sein, denn das Erste ist vergangen. Und der auf dem Thron saß, sprach: Siehe, ich mache alles neu.» (Offb 21,4–5). Die Heilungsgeschichten der Evangelien bezeugen: «Blinde sehen und Lahme gehen; Aussätzige werden rein und Taube hören; Tote stehen auf und den Armen wird das Evangelium verkündet.» (Mt 11,5) Darauf baut die Hoffnung, dass Krankheit und Leid schon überwunden sind und das Reich Gottes begonnen hat.

Indem sie sich Jesus zum Vorbild nahmen, haben Christen sich deshalb von Anfang an den Armen, Kranken und Leidenden zugewandt, sie gepflegt, getröstet und so weit wie möglich für ihr «Heil» gesorgt.[163] Sie sind davon überzeugt, in jedem Hilfsbedürftigen Gott selbst zu begegnen: Denn, so heißt es im Gleichnis: «Was ihr für einen meiner geringsten Brüder getan habt, das habt ihr mir getan.» (Mt 25,40)

Der Krankenbesuch gehört im Christentum zu den Werken der Barmherzigkeit (Mt 25, 34–45) und war bereits in der Urgemeinde selbstverständlich (Apg 28,8). Dieser Einsatz für die Leidenden wurde, den Bedürfnissen entsprechend, schon bald von den Kirchengemeinden organisiert und seit dem Mittelalter bis heute vor allem von Ordensgemeinschaften, besonders den Frauenorden, weiterentwickelt und gestaltet. Heute geht diese Ordenstradition offensichtlich zu Ende, da der Nachwuchs dazu nicht mehr ausreicht. Das Engagement aber geht weiter in Caritas, Diakonie, bei Maltesern und Johannitern, und es entstehen aus den Kirchen heraus Stiftungen, Besuchsdienste, Nachbarschaftshilfen und Ähnliches. Jeder einzelne Christ ist auch heute aufgefordert, sich um Kranke zu kümmern, sie in ihrer Hoffnung zu stärken und ihnen in ihrer Not liebevoll beizustehen.

Die Hoffnungsgemeinschaft der Muslime

Für den Muslim ist es ebenfalls eine religiöse Pflicht, einen kranken Menschen zu besuchen. Der Prophet Muhammad sagt: «Fünf Pflichten hat der Muslim gegenüber seinem Glaubensbruder: Er ist verpflichtet, den Gruß zu erwidern, den Kranken zu besuchen, am Begräbniszeremoniell teilzunehmen, der Einladung nachzukommen und dem Niesenden Gottes Erbarmen zu wünschen.»[164] Sterbenskranke Muslime werden von ihrer Verwandtschaft, der Moschee- oder Glaubensgemeinde und von denen, die sie kennen, besucht. Der Besuch des Sterbenden ist auch die letzte Chance für den Sterbenden und die Besuchenden, einander Fehler und Verletzungen zu verzeihen und sich zu versöhnen. Gott vergibt die Vergehen der Menschen nicht, das können sie nur gegenseitig tun. Das gegenseitige Vergeben ist aber erforderlich, um vor dem Gericht Gottes zu bestehen. Kinder sind verpflichtet, ihre pflegebedürftigen Eltern zu versorgen.

Die Verwandtschaft und die Moschee- oder Glaubensgemeinde beten am Sterbebett mit und für den Sterbenden. Ihr Gebet soll helfen, den Übergang von diesem Leben zu den Prüfungen und dem Gericht möglichst leicht und schmerzlos zu machen. Wenn ausnahmsweise keine Angehörigen zugegen sind oder diese sich überfordert fühlen, kann ein Imam der nächstgelegenen Moschee zur Unterstützung hinzugezogen werden. Vorher sollte die Zustimmung des Sterbenskranken und seiner Angehörigen eingeholt werden.[165] Durch den Tod gelangt der Mensch schließlich zu seinem Schöpfer, wo er von weltlichen Problemen befreit in Frieden leben kann. Der Tod ist nicht das Ende des Menschen, sondern ein neuer Anfang.[166] Im Tod ist ein neues Leben enthalten. Aus diesem Grunde soll der Mensch vor dem Tod keine Angst haben und den Tod nicht verdrängen: Der Tod ist die Heimkehr zu Gott.

Ich werde immer wieder gefragt, ob gläubige Menschen leichter sterben als Menschen, die nicht an Gott und ein Weiterleben nach dem Tod glauben. Nach meinen Erfahrungen und Kenntnissen kann das sein, es muss aber nicht so sein, und es ist auch nicht immer so. Repräsentative Studien, die sozialwissenschaftlichen Anforderungen genügen, sind mir hierzu nicht bekannt. Ich halte es allerdings auch für fragwürdig, ob man mit sozialwissenschaftlichen Methoden erfassen und vergleichen kann, wie leicht oder schwer Menschen sterben. Ohne Frage können Gebete, religiöse Rituale und Riten für Gläubige im Sterben und auch bei der Begleitung Sterbender hilfreich sein. Für viele Sterbende und ihre Angehörigen bieten sie auch Halt.[167] Allerdings aber auch nur dann, wenn dabei die Lebenswirklichkeit der Sterbenskranken bzw. Sterbenden berücksichtigt wird.[168]

Zaghaft formulierte der sterbenskranke Jurist Peter Noll seine Hoffnung so: «Hoffnung scheint für die Ärzte jede Möglichkeit der Lebensverlängerung zu sein. Ich habe einen anderen Begriff von Hoffnung. […] Stets werde ich zugeben, dass der Gedanke an ein ewiges Reich Gottes, ob ich es erlebe oder nicht, ein Gedanke bleibt, der mich immer wieder überwältigt: cuius regni non erit finis [seiner Herrschaft wird kein Ende sein]. Ich kann nichts dagegen tun.»[169]

Das Spannungsfeld «Angst und Hoffnung»

Angst und Hoffnung sind einerseits Gegensätze wie Tag und Nacht, Licht und Schatten, Negatives und Positives, schwarz und weiß, hell und dunkel, hin und her, auf und ab. Andererseits sind sie miteinander eng verbunden. Zwei Metaphern charakterisieren das Verhältnis von Angst und Hoffnung.

Der Volksmund sagt: Mit zwei Beinen gehen wir durchs Leben. «Angst und Hoffnung» heißen sie. Die Metapher drückt aus, dass «Angst und Hoffnung» – wie unsere zwei Beine – zusammengehören. Normalerweise gehen Menschen mit zwei Beinen, und beide sind gleich lang, kräftig und schmerzfrei. So können wir gut durchs Leben gehen. Das ist leider nicht immer so. Wenn ein Bein schmerzt, dann humpeln wir, und das strengt an. Und wenn ein Bein sogar ganz fehlt, können wir nicht mehr gehen, höchstens noch auf einem Bein hüpfen; es sei denn, wir benutzen eine Gehhilfe oder tragen eine Prothese.

In der anderen Metapher werden «Angst und Hoffnung» als zwei gleich starke Pole eines Spannungsfeldes angesehen: «Ich hoffe, dass ich noch ein paar Jahre habe, fürchte mich aber, dass es nicht mehr lange dauert.» Wird die Stärke eines Poles verändert, verändert sich das ganze Spannungsfeld. Einmal ist die Angst stärker als die Hoffnung, ein anderes Mal ist die Hoffnung stärker als die Angst: «Ich bin zwei Menschen: nachts verzweifelt, tags, wenn die Sonne scheint, glücklich, glücklich.»[170]

Wenn die Angst extrem stark und die Hoffnung extrem schwach ist, ist unsere Lebensfähigkeit gefährdet; dann leiden wir zum Beispiel an einer Depression. Und wenn die Hoffnung extrem stark und die Angst extrem schwach ist, ist die Lebensfähigkeit ebenfalls gefährdet; dann leiden wir zum Beispiel an einer Manie. Bei Sterbenskranken wechselt die Stärke von Angst und Hoffnung leicht und schnell. Eine Pflegende berichtete: «Die Stimmung der Patientin schwankt zwischen Hoffnung und Verzweiflung, wobei sie über den rapiden Verfall ihres Körpers sehr traurig ist und hofft, ihre privaten Angelegenheiten noch gut zu regeln.»

Die Balance zwischen Angst und Hoffnung ist bei Sterbenskranken sehr anfällig. Das andauernde Ab und Auf, der Wechsel von Angst und Hoffnung zerreißt sie innerlich. «Die Gedanken hämmerten in seinem Kopf, zwischen Hoffnung und Verzweiflung, sodass er keinen klaren Gedanken fassen konnte», heißt es bei Solschenyzin.[171]

Die Stimmung kann sehr schnell von der Hoffnung zur Verzweiflung und von der Verzweiflung zur Hoffnung kippen. «Von tiefster Verlassenheit und Apathie fall ich fast ohne Übergang in euphorische Zustände.»[172] Zwischen Hoffnungslosigkeit und Hoffnung findet geradezu ein Wettkampf statt. «Ich bin immer auf der falschen Seite: Über das Schöne kann ich mich nicht richtig freuen, weil ich immer an die Dornen denke, und wenn ich bei den Dornen bin, dann bleibt nur die Sehnsucht nach dem Schönen.»[173] Wer wird siegen?

Wenn die Begleiterscheinungen der Krankheit heftiger werden und der Lebensraum kleiner wird, gelingt es immer seltener, Angst und Hoffnung auszubalancieren. Das ständige Auf und Ab zermürbt den Kranken; oft auch seine Begleiter. «Vorhin war ich noch so optimistisch, jetzt ist meine Stimmung wieder ganz unten, und alles ist so schrecklich.»

Die Hoffnung kann irgendwann brüchig werden, sich als Irrweg erweisen und auf den Nullpunkt sinken: «Immer das Gleiche und wieder das Gleiche, dachte er verzweifelt, all diese endlosen Tage und Nächte. Wenn es doch nur schneller eintreten würde! Schneller? Was? Der Tod, die Finsternis. Nein, nein! Alles ist besser als der Tod.»[174] Wenn die Hoffnung verbraucht ist und der Sterbenskranke nicht mehr hofft, dass der Tod abgewendet werden kann, liefert er sich ihm aus. Sterbeforscher, erfahrene Ärzte, Pflegende und Seelsorger wissen: Wenn ein Sterbenskranker überhaupt keine Hoffnung mehr zu erkennen gibt, ist das meist ein Zeichen dafür, dass sein Tod unmittelbar bevorsteht: «Der Tod erschien als grausamer Herrscher, der ohne Hoffnung und Gnade dem Leben der Patientin ein Ende setzte.»

Die Ambivalenzschaukel

Sterbenskranke reagieren heftig, wenn andere in ihr labiles Gleichgewicht von Hoffnung und Angst eingreifen: «Lass mir die Hoffnung, auch wenn sie für dich unrealistisch ist.» Angehörige oder Besucher versuchen für gewöhnlich, Sterbenskranke positiv aufzubauen. Übliche Redewendungen sind: «Kopf hoch, es wird schon wieder.» – «Du musst positiv denken.» – «Nur dem Optimistischen gehört die Zukunft.» – «Alle hatten Herrn Müller schon aufgegeben. Jetzt ist er wieder im Geschäft. Was der konnte, kannst du schon lange.» – «Du musst dem Ganzen etwas Gutes abgewinnen.» – «Du musst stark sein.» Die Angehörigen und Besucher sind oft von den Reaktionen der Kranken enttäuscht. Denn sie nehmen die gut gemeinten Ermutigungen nicht auf, sondern antworten oft mit einem schroffen «Aber» und betonen das Gegenteil: «Ich kann aber nicht mehr.» Oder: «Früher habe ich auch positiv gedacht.» Oder: «Herr Müller war aber nicht so krank wie ich.»

Ärzte und Pflegende meinen, sie müssten die Patienten auf ihre Situation hinweisen, damit sie regeln, was noch zu regeln sei. Sie meinen es nur gut, wenn sie sagen: «Leider ist es so, dass Ihre Befunde immer schlechter werden. Ich möchte Sie nur darauf aufmerksam machen.» Oder: «Ihre Krankheit ist unheilbar. Haben Sie schon eine Vorsorgevollmacht ausgestellt?» Oder: «Wir müssen damit rechnen, dass Sie nicht mehr lange zu leben haben.» Solche Aussagen greifen auch nur eine Seite, die negative, auf. Die Patienten antworten hier ebenfalls für gewöhnlich mit einem «Aber» und betonen das Gegenteil: «Ich kann noch immer nicht ganz glauben, dass ich sterben werde, und tief im Innern rechne ich mit einem Wunder.»[175] Oder: «Noch kann ich alles selbst regeln, und ich hoffe, das kann ich noch viele Jahre.» Oder: «Das haben die Ärzte meinem Vater auch gesagt. Er hat noch zwanzig Jahre gelebt, bis er gestorben ist. Wir sind zäh.»

Selbstregulation ist ein grundlegendes Funktionsprinzip lebender Organismen. Ziel der Selbstregulation ist der Gleichstand, das Gleichgewicht oder die Balance im Organismus. Unser Körper reguliert sich ständig selbst. Blutdruck und

Herzfrequenz steigen zum Beispiel, wenn wir schnell aus dem Bett aufstehen. Und auch Angst und Hoffnung balancieren sich aus, bzw. wir balancieren sie aus.

«Es ist ein alter Gedanke: Je schärfer und unerbittlicher wir eine These formulieren, desto unwiderstehlicher ruft sie nach der Antithese.»[176] Wenn unser psychisches Gleichgewicht gestört ist, versuchen wir, es wieder ins Gleichgewicht zu bringen. Das Selbstregulieren unserer Psyche funktioniert ähnlich wie das Ausbalancieren der beiden Waagschalen einer einfachen Balkenwaage. Bei Ungleichgewicht muss entweder Gewicht aus der einen Waagschale genommen oder Gewicht in die andere Waagschale zusätzlich gelegt werden, damit die Waagschalen wieder ins Gleichgewicht kommen. Die Betonung der Angst ruft die Hoffnung herbei. Und die Betonung der Hoffnung ruft die Angst herbei. So kennt – trotz vernichtender Diagnose – die verzweifelte Hoffnung eines krebskranken Jungen keine Grenzen. Das Schwinden der Hoffnung löst angstvolle Aktivität aus: «Aber wenn die zweite Chemo und die Strahlentherapie versagen, dann steige ich auf jede noch so verrückte Diät ein und konsultiere jeden rauschebärtigen Heiler der Branche.»[177]

Wenn einem Sterbenskranken nur von Hoffnung, Optimismus, positivem Denken und guten Aussichten erzählt wird, dann wird er vermutlich antworten: «Ja, aber […]», und seine Angst herausstellen. Wenn ihm nur mit Angst, Pessimismus, negativem Denken und schlechten Aussichten begegnet wird, dann wird er geradezu gezwungen, von seiner Hoffnung zu erzählen: «Ja, aber mir geht es schon wieder besser.»

Leicht kann sich das Gespräch hochschaukeln und zum Streit führen, wenn eine Partei immer nur eine «Waagschale» bedient: «Sie müssen endlich begreifen, dass Ihr Leben zu Ende geht», und immer wieder ein neues Gewicht in dieselbe

Waagschale geworfen wird: «Da ist wirklich nichts mehr zu machen.» Die Kommunikation verläuft dann nicht mehr im Stil eines lockeren «Pingpong», sondern schaukelt sich auf. Jeder Gesprächspartner ärgert sich über die Sturheit des anderen. Schnell kann heftiger und lautstarker Streit entstehen, verbunden mit persönlichen Verletzungen.

Wie kann man solche Eskalationen vermeiden?[178] Am Beispiel: Wenn der Arzt dem Kranken eine schlechte Nachricht («Ihre Prognose ist schlecht») mitteilt, wird beim Kranken die Angst verstärkt. Die Waagschale mit der Angst («Mein Leben ist bedroht») sinkt, und die Waagschale mit der Hoffnung wird leichter. Um wieder ins psychische Gleichgewicht zu kommen, legt der Kranke mehr Gewicht («Auch ein Arzt kann sich irren») in die Waagschale mit der Hoffnung, um auf diese Weise das Gewicht der Angst auszugleichen. Wenn der Arzt ein Gewicht in die Hoffnungswaagschale legt («Nächsten Monat können Sie wieder zur Arbeit gehen»), schnellt die Waagschale mit der Angst nach oben. Damit das Gleichgewicht wiederhergestellt wird, legt der Patient ein Gewicht in die Angstwaagschale («Ich fühle mich noch sehr erschöpft») und stellt so das Gleichgewicht wieder her.

Schlüsselwörter für das Gleichgewicht sind das «Aber», das «Und» sowie das «Vielleicht». Mit dem «Aber» widerspreche ich und weise auf das Gegenteil hin. Mit dem «Und» verbinde ich Hoffnung und Angst; sie gehören zusammen. Deshalb kann das «Und» eine Eskalation verhindern. Der Arzt spricht Angst und Hoffnung zusammen an und sagt dann zum Beispiel: «Die schlechte Nachricht ängstigt Sie, und Sie hoffen, dass es doch nicht so schlimm ist.» Mit dem «Vielleicht» halte ich Optionen offen: «Vielleicht können Sie nächste Woche das Krankenhaus verlassen, vielleicht auch nicht.»

RESÜMEE
Sterbenskranke haben ein Recht auf Angst, Hoffnung und Unruhe

Wie wäre es, wenn es uns gelänge, Sterbenskranken ihre Angst zu lassen, ohne die Hoffnung aufzugeben? Denn beide sind gleichzeitig vorhanden. Freilich ist die Balance von Angst und Hoffnung labil. Einmal überwiegt die Hoffnung, ein anderes Mal ist die Angst stärker als die Hoffnung. Wäre es nicht gut, beide zuzulassen und, je nach Lage, mal das eine, mal das andere zu stützen? Täte es nicht dem Kranken wie auch uns selbst gut, auf diese Weise Konflikte, die durch die einseitige Betonung der Hoffnung oder des beängstigenden Zustandes erwachsen, zu vermeiden? Das setzt allerdings voraus, dass wir unsere eigene Angst und gleichzeitig die Hoffnung der Sterbenskranken akzeptieren können.

Angststörungen und Depressionen sind hingegen psychische Erkrankungen und müssen als solche behandelt werden.

Wenn wir uns bedroht fühlen, bekommen wir Angst und werden unruhig. Unsere eigene Unruhe ist genauso schwer auszuhalten wie die Unruhe anderer Menschen. Sterbenskranke sind ängstlich und unruhig. Ihr Leben ist bedroht. Wir sollten ihnen zugestehen, dass sie unruhig sind.

7 WENN DAS LEBEN AUSGESCHÖPFT IST

Die Einsamkeit – Zwilling des Todes

EIGENTLICH ERLEBEN STERBENSKRANKE nicht nur eine Einsamkeit, sondern zwei Einsamkeiten. Die eine Einsamkeit ergibt sich aus dem Sterben selbst: «Keiner kann an der Scheiße hier teilnehmen, muss ich allein machen. Ich will alleine sterben.»[179] Niemand kann letztlich in den Tod hinein oder gar darüber hinaus begleitet werden. Den allerletzten Weg muss jeder von uns allein gehen.

Die andere Einsamkeit entsteht, wenn sich niemand um uns kümmert, wenn wir alleingelassen werden wie Iwan Iljitsch: «Und so am Rande des Grabes musste Iwan Iljitsch ganz allein leben, ohne einen Menschen zu haben, der ihn verstanden und bedauert hätte.»[180]

Eine schwere Erkrankung wirkt sich nachhaltig auf die Integration der Sterbenskranken in ihr soziales Umfeld aus: Gehören sie noch dazu? Selbstverständlich ist das nicht. Die Ausgrenzung, die mit der Erkrankung häufig einhergeht, ist schlimm für sie. Schließlich müssen sie sogar erkennen, dass das Leben – der anderen Menschen – normal weitergeht, ohne sie. «Dort, wo er wohnte, – in seiner Wohnung, seinem Haus, seiner Stadt, verstand ihn niemand: Die gesunden

Menschen waren von morgens bis abends auf den Beinen und zerbrachen sich die Köpfe über irgendwelche Erfolge oder Nichterfolge, die ihnen sehr wichtig vorkamen. Sogar seine Familie war seiner schon überdrüssig», heißt es bei Solschenizyn.[181]

Alltägliche Kontakte mit Sterbenskranken werden häufig eingeschränkt oder fallen ganz weg. Der Kreis der Menschen, mit denen sie zusammen sein könnten, wird immer kleiner. Sie fürchten, verlassen oder abgeschoben zu werden, und für viele wird das auch Realität – selbst von Menschen, um die sie sich selbst intensiv gekümmert haben, was als doppelter Verrat empfunden wird.

Besuchern gegenüber sind Sterbenskranke oft skeptisch und bemängeln: «Wir spüren nur allzu gut hinter vielen gutgemeinten Gaben, die in unserem Zimmer hinterlassen werden, daß die Besucher sich nicht auf uns und unser Geschick einlassen wollten, sondern uns ‹nur› eine kleine Freude machen, uns mit ‹etwas› erfreuen wollten.»[182]

Die Einsamkeit, gepaart mit Angst, führt mitunter dazu, dass Sterbenskranke sich buchstäblich an jemanden klammern und ihn daran hindern, wegzugehen. Deshalb sehen sich manche Angehörigen und Freunde gezwungen, Tag und Nacht beim Sterbenskranken zu bleiben, wofür die Sterbenskranken ihren Partnern meist sehr dankbar sind.

Wenn niemand kommt, versuchen manche, die Leere mit elektronischen Medien auszufüllen: «Ich lasse den Fernseher laufen ohne Ton. Dann bewegt sich immer etwas, und man hat das Gefühl, es wäre ein Bekannter da und man ist nicht allein.»[183]

Andere wiederum trennen sich bewusst von ihren Angehörigen, wollen ihnen nicht zur Last fallen und wählen gezielt das Alleinsein: «Ich lasse mich jetzt scheiden. Meine Kinder will ich nicht mehr sehen. Sie sollen mit ihrem Vater ein neues Leben beginnen. Lange dauert es sowieso nicht mehr. Das halte ich auch allein aus.»

Manche Sterbenskranke können überhaupt keine Menschen mehr um sich herum ertragen, grenzen sich selbst aus und ziehen sich ganz und gar zurück. Eine Journalistin sprach die sterbenskranke Kübler-Ross an: «Sie selbst sterben einsam.» Sie bejahte: «Das stimmt. Aber ich kann es auch nicht ertragen, wenn Menschen um mich herum sind. Da bin ich lieber allein. Es ist sehr ruhig hier draußen in der Wüste. Ich höre nur die Vögel. Und nachts die Kojoten. Ich lasse denen immer die Essensreste rausstellen. Sie sind meine Freunde.»[184]

Gläubige Sterbenskranke können sich von Gott verlassen fühlen und weinen über seine Grausamkeit, da er nun nicht da ist, wenn sie ihn brauchen. Selbstverständlich können gläubige Sterbenskranke sich auch bei Gott geborgen und mit ihm verbunden fühlen.

Angehörige und Ärzte können durch ihr Verhalten die Einsamkeit Sterbenskranker verstärken. Zum Beispiel dann, wenn sie in Gegenwart des Kranken miteinander bedenkenlos über ihn, seine Situation und seine Aussichten sprechen, als sei er gar nicht anwesend. Diese Sitte ist genauso verbreitet wie die, dass Ärzte bei der Visite miteinander über den Kranken diskutieren, ohne ihn einzubeziehen. Er bleibt mit der Deutung des Gehörten allein.

Die Einsamkeit kann auch die Familie des Sterbenskranken ergreifen. Die Versorgung des Sterbenskranken beansprucht sie total. Für ihre Freunde und Bekannten haben sie weder Zeit noch Kraft. Leicht kommt dann bei ihnen das Gefühl auf, alleingelassen zu werden. Manche Familien möchten ihr Unglück allerdings verheimlichen; sie fordern dann zum Beispiel den Pflegedienst auf, sein Auto nicht vor ihrem Haus, sondern in einer Nebenstraße zu parken: «Die Nachbarn brauchen nicht zu sehen, dass Sie zu uns kommen.»

Mit den Kräften am Ende

«Ich hätte nicht gedacht, dass Sterben so anstrengend ist», wunderte sich ein sterbenskranker Mann. In der Tat müssen Sterbenskranke noch viel leisten, bevor sie tot sind. Die für das Sterben typischen Erkenntnisse, Aufgaben und Einschränkungen werden jedem Sterbenskranken zugemutet und müssen irgendwie bewältigt werden. Das ist körperliche, psychische und auch spirituelle Schwerstarbeit!

Rückblickend werden vergessene Geschichten wieder lebendig: glückliche(re) Zeiten, Enttäuschungen, Lebensbrüche, verpasste Gelegenheiten. Die Fülle eines ganzen Lebens ist auf einmal wieder da und damit eine Flut unterschiedlichster Emotionen. Erinnerungen tauchen auf, setzen nicht nur Energie frei, sondern kosten auch Energie.

Wenn sie an ihre Zukunft denken, steigen Ängste und Hoffnungen hoch und setzen ihnen zu: Was ist morgen? Wie lange noch? Wie sterbe ich? Was kommt dann? Ruhe, Frieden, Erlösung, Auferstehung, neues Leben, Gottes Strafgericht oder einfach nichts?

Bedrängt von Vergangenheit und Zukunft, muss die Gegenwart, das Hier und Jetzt, bestanden werden. Sterbenskranke ringen um ihr Leben und wehren sich gegen die Krankheit. Sie ertragen, dass die Welt um sie herum kleiner wird und sie von ihr abgeschnitten werden. Sie verteidigen ihre Autonomie und leisten Widerstand gegen Übergriffe und Bevormundungen. Sie ärgern sich, wenn über sie statt mit ihnen gesprochen und entschieden wird. Sie ergeben sich, wenn sie von anderen abhängig werden und auf fremde Hilfe angewiesen sind. Sie erdulden Schmerzen, Atemnot, Durchfall, Verstopfung und die Unfähigkeit, Urin und Stuhl regulieren zu können. Sie nehmen zahllose Enttäuschungen und Verluste hin.

Sterbenskranke stellen keine großen Ansprüche mehr und verzichten auf vieles. Sie behaupten sich, obwohl sie bei den Tätigkeiten des täglichen Lebens wie Waschen, Ankleiden, Essen, Trinken, Ausscheiden behindert sind. Sie nehmen das dauernde Auf und Ab hin und ertragen törichtes Gerede ihrer Besucher und Betreuer.

Sterbenskranke stellen sich immer neu auf die Bedingungen ihrer Umgebung ein und passen sich den Vorgaben und Menschen an. Sie überstehen das Gestochen-, Gespritzt-, Operiert- und Bestrahltwerden. Sie tragen Windeln und hängen am Tropf. Sie vertrauen Ärzten, die stets in Eile sind, und häufig wechselnden Pflegepersonen. Sie trauern um kleine und große Verluste und Trennungen. Sie müssen verkraften, dass die Zeit sich ins Unendliche dehnt. Nichts, aber auch nichts, kann ihnen von alldem abgenommen werden.

Der Kampf gegen den Tod und um das Leben kostet viel Energie, zehrt an den Nerven, schwächt Körper und Geist, führt letztlich zu einer tiefen Erschöpfung. Das beschrieb ein Sterbender schon vor Jahrhunderten wie folgt: «Was mich betrift, so können Sie glauben, daß alle Hofnung meines längern Lebens nunmehr gänzlich verschwunden sey. Denn alle Arzeneyen, deren ich viel gebraucht, schlagen nicht an. Die Meinigen sehen täglich, wenn ich verscheiden werde. […] Fleisch und Kräfte sind weg; keine Speise schmeckt mir mehr. Meine Brustbeschwerung will mich bey Tag und bey Nacht ersticken. Das Fieber ist heftig und läßt gar nicht nach. Die Schmerzen, die mir den ganzen Körper einnehmen, berauben mich des Schlafs. – Folglich ist nichts mehr übrig, als daß ich wie ein Licht verlösche.»[185]

Mitunter fassen manche Sterbenden ihre Erschöpfung in nur einem Satz zusammen. So sagte eine 92-jährige Sterbenskranke zu ihrem Ehemann: «Ich kann nicht mehr. Du musst jetzt allein zurechtkommen.» Fünf Stunden später war sie tot.

Vielfältig sind die Zeichen der Erschöpfung: körperliche Schwäche, vermehrte Müdigkeit, lähmende geistige Ermattung, andauernde Kopfschmerzen, erhöhte Reizbarkeit, Schlafstörungen, Störungen beim Sprechen, eingeschränkte Aufmerksamkeit, Konzentrationsschwäche, wachsende Gleichgültigkeit, Mutlosigkeit, verminderte Interessen, Sichgehenlassen, hochgradige Abhängigkeit von anderen, Gefühle der Leere und Hoffnungslosigkeit, ständiges Klagen, feindliche oder misstrauische Haltung anderen gegenüber und sozialer Rückzug.[186]

Die individuelle Verfassung, die Radikalität der Erkrankung und die Verletzbarkeit des Sterbenskranken entscheiden letztlich, wie schnell die Erschöpfung kommt und wie tief sie geht. Offen ist und bleibt es jeweils, inwieweit sterbenskranke Menschen ihre Erschöpfung ihrer Umwelt mitteilen und sich Unterstützung wünschen. Meist können sie sie aber nicht verbergen.

Die Abwärtsspirale kommt irgendwann an ihr Ende. Trotz aller Kraftanstrengungen ist es dann so weit: «Ich bin, ehrlich gesagt, ziemlich mutlos und fühle mich wie ein Todeskandidat. […] Die größte Tapferkeit ist irgendwann verbraucht.»[187]

Erschöpfte Angehörige und Freunde

Auch Angehörige von Sterbenskranken müssen für gewöhnlich viel leisten und können ebenfalls an die Grenzen ihrer Kräfte kommen. Sie müssen viel von dem, was ihr Leben bisher lebenswert gemacht hat, entbehren. Zusätzlich werden sie mit neuen Aufgaben belastet. Die Aufgaben und Rollen müssen in der Familie neu verteilt und übernommen werden. Die Erkrankung kann alle Ressourcen einer Familie bedrohen.

Freunde, die mit dem Sterbenskranken eng verbunden sind und ihn begleiten, können gleichfalls schnell an den Rand der Erschöpfung kommen.

Die Krankheit bricht als etwas Fremdes in die Beziehungen zum Erkrankten ein; sie ist wie eine böse Macht, die den Sohn, die Ehefrau oder den Freund von innen auffrisst und wegnimmt: Die Mutter geht verloren. Der Vater kommt abhanden. Der Lebenspartner verschwindet. «Das ist doch nicht mehr mein Mann, der da liegt!» Vieles von dem, was zuvor die Partnerschaft ausgemacht hat, fehlt und wird vermisst. Die Trauer über diese vielen Verluste zehrt an den Kräften der Angehörigen und Freunde und erschöpft sie.

Der Sterbenskranke fällt als interessierter Gesprächspartner aus. Bei ihm dreht sich alles nur noch um seine Erkrankung. Das kann zu aggressiven Vorwürfen führen wie diesen: «Es geht nur noch um dich und deinen Krebs!»

Für Ehe- oder Lebenspartner bleiben gemeinsames erotisches Spiel und sexuelles Vergnügen ein Traum. Der Körper des Sterbenskranken kann bei den Angehörigen Ekel auslösen, sodass sie sich abwenden. «Ich liebe meinen Mann, aber ich verkrafte es nicht, ihn wieder nach Hause zu holen. Ich habe Angst vor seinen Blutungen aus dem Stoma. Ich kann kein Blut sehen.»

Die Pflege eines Sterbenskranken zu Hause verändert die Lebensgewohnheiten ziemlich radikal. Ein intensiver Lern- und Umstellungsprozess beginnt für alle. «Von Fehler zu Fehler lerne ich dich zu pflegen, anfangs haben mir das Loch in deiner Kehle, die Schläuche und Kanülen Entsetzen eingeflößt, aber ich habe mich daran gewöhnt, inzwischen kann ich dich ohne Hilfe waschen und kämmen und dir das Nachthemd überziehen.»[188]

Alles dreht sich jetzt in der Tat nur noch um den Sterbenskranken. Die Wohnung muss umgekrempelt werden. Fremde kommen ins Haus und gehen wieder. Krankentransporte sind zu organisieren. Aus der Apotheke sind Medikamente zu holen.

Vor allem sind pflegende Angehörige in außerordentlicher Weise gefordert: Schnell sind sie körperlich, emotional und auch seelisch ausgelaugt; besonders bei einer 24-Stunden-pro-Tag-Präsenz. Leicht entstehen Spannungen, die sich heftig entladen können und den gemeinsamen Alltag alles andere als leichter machen. Sterbenskranke können schlecht ertragen, dass das Leben ihrer Angehörigen normal weitergeht, ihr Leben aber nicht. Das lassen sie die Angehörigen spüren: «Das war natürlich die Eifersucht, dass er da liegt, und wir sind in der Küche, essen lecker und lachen sogar.»[189]

Das Leben mit einem Sterbenskranken in der eigenen Wohnung kann für pflegende Angehörige zur Hölle werden. «Seitdem Mama aus der Klinik zum Sterben nach Hause entlassen ist, lässt sie mich überhaupt nicht mehr aus dem Haus. Die Tür zum Krankenzimmer muss offen bleiben. Radio und Fernsehen dürfen nicht mehr angestellt werden. Die von meinem Mann angebrachte Klingel wird dauernd – auch nachts – wegen Belanglosigkeiten bedient. Ständig müssen die Nachbarin und der Pflegedienst kommen, um uns zu helfen, sie auf den Nachtstuhl zu befördern. Windeln verweigert Mama kategorisch.» Das Höllenklima zermürbt die Angehörigen; sie bitten den Hausarzt um «Befreiung» vom Tyrannen: «Weisen Sie sie bitte in die Klinik ein. Ich kann nicht mehr.»

Trotz der eigenen Erschöpfung kann es Angehörigen schwerfallen, den Sterbenskranken «wegzugeben»: «Fünf Monate habe ich ihn jetzt gepflegt. Die Kinder sagen, das Hospiz sei für Papa und auch für mich besser. Aber ich kann ihn doch nicht so einfach weggeben. Dreißig Jahre leben wir jetzt hier zusammen. Der Hirntumor hat ihn völlig verändert und zum Pflegefall gemacht. Ich kann ihn doch nicht abschieben. Warum verstehen die das denn nicht!»

Wenn der Kranke dann nicht mehr zu Hause ist, geraten manche pflegende Angehörige in eine persönliche Krise: Die Pflege war bisher der zentrale Punkt in ihrem Leben, da er nun wegfällt, ist ihr Alltag nicht mehr ausgefüllt, sondern plötzlich leer.

Kommt der Sterbenskranke in eine Klinik oder ein Heim, verändern sich die Belastungen. Die Wohnung ist jetzt frei, dafür kosten die Anfahrten Zeit, Kraft und Geld. Dort sind Angehörige «nur» Gast und müssen sich den Bedingungen der Institution anpassen: Sie müssen um alles bitten und sind auf die Zustimmung, das Wohlwollen und die Kooperation der Ärzte und Pflegenden angewiesen.

Hinzu kommt, dass die meisten Angehörigen ihr Leben neben den Krankenbesuchen in vollem Umfang weiterführen: Arbeitsverträge sind einzuhalten und der Rest der Familie muss versorgt werden. Einige bekommen eventuell Probleme am Arbeitsplatz, weil sie nicht so belastbar sind und ihnen immer wieder Fehler unterlaufen.

Die lebensbedrohliche Erkrankung kann die Existenz der Familie und die Zukunft der Kinder bedrohen: «Wir waren eine glückliche Familie, meine Frau und unsere zwei Kinder. Dann wurde sie krank. Ihre Beine waren gelähmt, und ihre Muskeln zuckten. Die Ärzte sagten, dass sie an ALS […] erkrankt sei. Danach habe ich mich von ihr getrennt und eine neue Frau gesucht. Das muss man doch verstehen. Unsere gemeinsamen Kinder habe ich zu mir genommen.»

Nicht selten trennt sich jemand von seinem Partner auch noch kurz vor dessen Tod. Die Dauer der Partnerschaft spielt dabei nur eine untergeordnete Rolle. Vielleicht war diese Partnerschaft schon länger gefährdet, und die Trennung wurde durch die neue Situation nur beschleunigt.

Es gibt aber auch andere Lösungen: Zwei von einem Patienten geschiedene Ehefrauen hatten gemeinsam mit seiner aktuellen Ehefrau einen Zeitplan erstellt, darin Besuchs- und Fürsorgezeiten untereinander aufgeteilt; danach haben sie zusammen den Sterbenskranken im Hospiz begleitet, ohne einander in die Quere zu kommen. Der Patient hat es erkennbar genossen.

In extremen Fällen sind Angehörige nach Jahren aufopferungsvoller Pflege so erschöpft und verzweifelt, dass sie die Qual beenden wollen: Sie vergiften oder ersticken den Menschen, den sie lieben und liebevoll gepflegt haben.

Selbstverständlich kann die Pflege daheim auch gelingen, ohne dass die Angehörigen völlig überfordert werden. Pflege und Betreuung sind dann auf mehreren Schultern verteilt. «Ich bin froh, dass wir Mutters Wunsch erfüllt haben und sie zu Hause sterben konnte. Viele haben dazu beigetragen: die ganze Familie, die Nachbarn, die Freunde, der Hausarzt, die Schwestern der Sozialstation. Allein hätte ich das nie geschafft», stellte die Tochter einer Verstorbenen dankbar fest.

Ambivalente Gefühle und Wünsche

Im Umfeld von Sterben und Tod gibt es zahlreiche ambivalente Gefühle und Wünsche. Sowohl Sterbenskranke als auch Angehörige, Ärzte und Pflegende kennen sie. Sie werden für gewöhnlich verschwiegen, oft aus Scham darüber, dass man sie hat. Anscheinend ist das ein ungeschriebenes Gebot. Dennoch sind diese Gefühle da und beeinflussen das Zusammenleben.

Wir haben zum Beispiel Schuldgefühle, wenn wir uns darüber freuen, dass wir nicht selbst von der lebensbedrohlichen Erkrankung betroffen sind, sondern der andere. Ältere Angehörige bedauern es, wenn ein jüngerer Mensch aus ihrer Familie sterben muss, und weisen darauf hin, dass eigentlich sie «an der Reihe gewesen» wären: «Meine Enkeltochter musste schon sterben, sie war erst acht Jahre alt. Und ich bin alt und möchte gern sterben und darf nicht.» Im Grunde ihres Herzens sind «die Alten» aber auch froh, dass sie «noch nicht dran» sind.

Hass- und Rachegefühle werden bewusst verschwiegen oder unbewusst gelebt. Eine Ehefrau pflegte ihren sterbenskranken Ehemann für alle vorbildlich. Wer das Ehepaar kannte, hatte ihn als Haustyrann in Erinnerung. Alle bewunderten seine Ehefrau dafür, dass sie ihn trotzdem so aufopferungsvoll pflegte. Tag und Nacht war sie für ihren Mann da und versorgte ihn. Dabei erlebte sie sich selbst allerdings als scheinheilig, denn insgeheim zahlte sie ihrem jetzt ohnmächtigen Mann alles heim, was er ihr ein Leben lang «angetan» hatte: Sie ließ ihn warten, bitten und flehen, ehe sie ihm gönnerhaft half und dabei dachte: «Du hast mich oft lange warten lassen. Jetzt kannst du auch lange warten, bis ich dir deine nassen Windeln wechsele.» Die Ehefrau selbst hatte Rachegefühle, aber auch Mitleid mit ihrem Opfer.

Widersprüchliche Gefühle plagen enge Angehörige vor allem dann, wenn sie ständig mit dem Elend des Sterbenskranken konfrontiert sind. Die eigene Ohnmacht und die Ohnmacht der Ärzte bedrücken sie. Irgendwann reicht es ihnen; es wird ihnen alles zu viel. Sie wünschen sich nur noch Ruhe, ein Ende der Leidenszeit und den Tod des Sterbenskranken. Eine Ehefrau gab den Ärzten zu verstehen, dass sie das Ableben ihres Mannes als Erlösung ansah, obgleich sie selbst den Verlust als äußerst schmerzlich empfand.

Mitunter können Eltern das Leiden ihres sterbenden Kindes nicht mehr ertragen und wünschen sich seinen Tod herbei. Eine erschütterte Mutter flehte den Kinderarzt an: «Ich kann das Erbrechen, die Verwirrtheit und die Halluzinationen meiner Tochter nicht mehr mit ansehen. Sedieren Sie sie endlich so, dass sie nicht mehr wach wird. Und wenn sie dabei stirbt, ist das nur gut für sie. Ich bin am Ende.»

Die Geschwister verkrafteten nicht, dass ihr sterbender Bruder «noch mit Gewalt am Leben gehalten» wurde, wie sie meinten, und wünschten von den Ärzten, dass sie der Qual ein Ende setzten.

Manchmal schwingt sogar Vorfreude auf den Tod des Partners mit. Die Aussicht gefällt, bald wieder frei zu sein und eventuell einen neuen Partner finden und ein (vielleicht) zufriedeneres Leben führen zu können. Todeswünsche dieser Art können sehr wohl mit herzlicher Zuneigung und tiefer Trauer konkurrieren.

Als extrem zwiespältig erleben sich Angehörige, wenn sie einerseits um das Leben ihres Sterbenskranken kämpfen und andererseits ohne sein Wissen schon die Beerdigung planen: «Ich wollte meine Frau nicht gehen lassen, suchte neue Therapien im Internet, forderte die Ärzte auf, mehr für sie zu tun, und bereitete gleichzeitig ihr Begräbnis vor, habe schon ihren Sarg ausgesucht und bestellt.»

Ambivalente Gefühle können Angehörige fast zerreißen. Die meisten Angehörigen leiden darunter und spüren, dass sie in ihrer misslichen Lage gefangen sind. Dabei kommen manche sich vor wie Falschspieler, die nur Anteilnahme und Fürsorge heucheln. Andere wiederum kommen anscheinend ganz gut mit dem «Doppelleben» zurecht.

Auch Ärzte und Pflegende hoffen bisweilen, dass Sterbende friedlich einschlafen: «Am liebsten habe ich es, wenn sie einfach einschlafen, wenn man dabeisitzt, und sie sind einfach tot.» Zwiespältig erleben manche Ärzte palliative Sedierungen: «Alle hatten mit dem Patienten zusammen zugestimmt, die Therapie einzufrieren und falls erforderlich eine palliative Sedierung zu starten und den Patienten in größtmöglichem Komfort gehen zu lassen. Nach vielen Gesprächen verstarb der Patient in einer palliativen Sedierung im Beisein der Familie und von mir. Ich hatte das Gefühl, etwas Grundsätzliches getan zu haben. ‹Dir ist schon klar, dass du ihn umgebracht hast?›, fragte der pflegerische Leiter der Intensivstation, als ich aus dem Zimmer kam.»

Den Tod vor Augen haben

Wenn jemand längere Zeit sterbenskrank ist, bleibt von seinem früheren Leben nicht mehr viel übrig: «Ich merke ja selbst, dass ich immer schwächer werde. Warum soll ich mir etwas vormachen? Ihr seht doch auch, dass es mit mir zu Ende geht und dass es nur noch eine Frage von Wochen oder Tagen ist, wann der Tod mich holt.»

Dennoch leisten sie so lange wie möglich Widerstand und wehren sich grundsätzlich gegen den Gedanken, sterben zu müssen, wie Iwan Iljitsch. Er erkannte, «daß es mit ihm zu

Ende ging, und war verzweifelt, unendlich verzweifelt. Im tiefsten Innern wußte Iwan Iljitsch, daß er bald sterben würde, aber er konnte sich nicht nur nicht an diesen Gedanken gewöhnen, sondern begriff es einfach nicht, war unfähig, das zu fassen.»[190] Das Leben mit all seinen Einschränkungen und Belastungen wird auch kurz vor dem Ende noch als bessere Alternative zum Tod empfunden.

Manche Sterbenskranke können nicht mehr und sehnen ihren Tod herbei, erklären allerdings, dass es dafür ein – unüberwindbares – Hindernis gibt: «Seit zweieinhalb Jahren wünsche ich mir jeden Abend, daß dieses die Nacht meines Todes sein wird. Ich wäre begeistert. Mein Zustand ist weder leben noch sterben. Ich stecke irgendwo in der Mitte fest. Aber ich weiß, daß ich erst sterben kann, wenn ich mich selbst liebe. Aber das kann ich nicht.»[191]

Hinter dem Satz «Ich möchte sterben» steckt nur bedingt die Bereitschaft, wirklich sterben zu wollen, und insofern wird die scheinbar eindeutige Aussage meist durch das Verhalten untergraben und zum Beispiel sehr wohl auf weitere Therapiemaßnahmen bestanden: Die Medikamente werden eingenommen, Essen und Trinken schmecken.

Gläubige alte Menschen beklagen sich bisweilen: «Wenn mich der Herrgott doch holen würde!» «Beste Gelegenheiten», bald zu sterben, nutzen sie jedoch nicht aus. Im Gegenteil: Die Lungenentzündung, die schnell zum Tode führen könnte, soll natürlich behandelt werden. Zuweilen verhindert die Furcht vor Gottes Strafgericht, dem Tod zuzustimmen. «Ich habe viel gesündigt. Nachts quälen mich Höllenbilder. Es gibt das Gericht Gottes, davon bin ich überzeugt. Noch bin ich nicht bereit, mich dem zu stellen.»

Ihre Bereitschaft zu sterben verlegen Sterbenskranke mitunter in die Vergangenheit. «Gestern Nacht hatte ich einen schrecklichen Anfall. Er dauerte Stunden. Und ich war wirklich nicht sicher, ob ich es schaffen würde. Kein Atem. Endlose Erstickungsanfälle. Irgendwann begann ich, mich schwindlig zu fühlen [...] und dann spürte ich einen gewissen Frieden, ich spürte, daß ich bereit war zu gehen.»[192]

Oft wehren sich Sterbenskranke bis wenige Stunden vor ihrem Tod gegen das «Jetzt». In einer E-Mail heißt es: «Bin die ganze kämpferei auch leid. [...] Ich fühl jetzt das ende nahen – bin schlapp und habe schmerzen. vielleicht schaffe ich noch den ersten jahrestag meiner diagnose im oktober.»[193] Ein Patient erklärte ganz kurz vor seinem Tod seinem Arzt, er könne jetzt wirklich noch nicht sterben und seine Frau allein lassen. Sie würde ihn dringend brauchen und käme ohne ihn nicht zurecht.

Mitunter wird Sterbenden nahegelegt, Frieden zu schließen mit sich, dem Leben und dem Tod. Dagegen wehren sie sich: «Und da habe ich Angst, dass Frieden zu schließen bedeutet, sterben zu müssen. Da will ich lieber noch einige Höllenkreise durchsteigen, um weiterzuleben.»[194]

Manche Sterbenskranke beschreiben, auf welche Weise sie in Kürze sterben werden, wie zum Beispiel ein ALS-Patient: «Ich werde ersticken. Ja. Meine Lunge kann wegen meines Asthmas nicht mit der Krankheit fertigwerden. Die Krankheit kriecht langsam meinen Körper hinauf. Sehr bald wird sie sich auch meiner Arme und meiner Hände bemächtigen. Und wenn sie meine Lunge erreicht [...], dann gehe ich unter.»[195]

Sich den Tod vorzeitig holen

Sterbenskranke befinden sich in der größtmöglichen menschlichen Krise. Sie können ihr nicht entfliehen und müssen sich entscheiden, ob sie sich auf den voraussehbaren Sterbensweg einlassen oder ihn abkürzen. Die Auseinandersetzung mit dieser Entscheidung bleibt ihnen nicht erspart. Manche Sterbenskranke ringen bis zu ihrem Tod um ihre Entscheidung. Die Frage lässt sie nicht los, ob sie unter den gegebenen Bedingungen noch weiterleben oder einen Notausgang nutzen möchten.

Der Gedanke, das Leiden aktiv zu beenden, kommt Sterbenskranken: «Seinen Tod in der Hand haben, denke ich, wenn ich aufwache, das müsste gut sein. Etwas finden, damit man selber Schluss machen kann!»[196]

Nur sehr vorsichtig vertrauen Sterbenskranke anderen an, wenn sie nicht länger leben wollen und sich den Tod wünschen. Die meisten Menschen, die so angesprochen werden, «überhören» diese Äußerungen, weisen sie zurück oder versuchen, sie dem Sterbenskranken auszureden. Wird der Suizidwunsch nicht aufgegriffen, dann bleibt der Sterbenskranke in seiner äußersten Not allein.

Fraglich ist es, ob sie sich überhaupt jemandem anvertrauen. Sie befürchten in der Regel nicht gehört und nicht verstanden zu werden. Also bereiten manche ihren Ausweg heimlich vor und sammeln zum Beispiel einen Vorrat an Medikamenten für den Tag, an dem die Ärzte sie aufgeben oder ihr Leben für sie zur reinen Qual geworden ist.

Einige Sterbenskranke hoffen im Stillen, dass sie sich nicht aktiv für den Tod entscheiden und ihn auch nicht selbst herbeiführen müssen: «Die Angst vor dem Selbstmord ist die Angst vor dem Selbertun. Ich wäre noch so froh, wenn ich bei der Operation in der Narkose meinen Exitus bekäme. Doch selber machen, allein sein, das schreckt immer noch.»[197]

Nicht selten sprechen Sterbenskranke ihre Ärzte an und bitten sie, sie von ihrem Leiden zu erlösen, weil sie vor dem

«Selbermachen» zurückschrecken und die Verantwortung dafür abgeben möchten. Eine wohlhabende 84-jährige Patientin bedrängte ihren Hausarzt, sie sanft «nach der Schweizer Methode» zu töten, und bot ihm dafür ihr gesamtes Vermögen an. Eine andere ältere Sterbenskranke bat ihre Ärztin: «Ich kann kaum noch sprechen. Ich habe Angst, dass ich bald nicht mehr sagen kann, was ich will. Ich will kein künstliches Leiden. Ich möchte Sie bitten, meine Medikamente abzusetzen. Dann kann ich still und zufrieden einschlafen, wie ich mir das immer gewünscht habe.» Die Patientin hätte einfach aufhören können, ihre Medikamente einzunehmen. Dazu brauchte sie die Ärztin nicht. In Deutschland hat jeder das Recht, eine Behandlung zu beenden, also zum Beispiel keine Medikamente mehr einzunehmen oder auch Beatmungsgeräte oder Herzschrittmacher abschalten zu lassen. Will der Patient nicht künstlich am Leben gehalten werden, müssen Ärzte sich danach richten.

Sigmund Freud war 67 Jahre alt, als der Mundhöhlenkrebs, seine Krankheit zum Tode, bei ihm 1923 diagnostiziert wurde. Nach der ersten Operation wäre er fast schon gestorben: In der Nacht nach dem Eingriff trat eine massive Blutung auf. Freud war nicht in der Lage, Hilfe zu holen. Einem Zimmernachbarn verdankte er das Überleben. Nach dieser Operation wurde Freud bis zu seinem Tod noch 33-mal operiert. Ihm wurden der harte Gaumen und Teile des weichen Gaumens entfernt. Mund- und Nasenhöhle waren nicht mehr getrennt. Eine Prothese wurde eingesetzt, um die Höhlen zu trennen. Freud nannte sie «das Ungeheuer». Nach sechzehn Jahren täglich geführten Kampfs mit dem «Ungeheuer» fühlte sich Freud derart schwach und elend, dass er am 21. September 1939 die Hand seines Arztes ergriff und sagte: «Lieber Schur, Sie erinnern sich wohl an unser erstes Gespräch. Sie haben mir damals versprochen, mich nicht im Stiche zu lassen, wenn es so weit ist. Das ist jetzt nur noch Quälerei und hat keinen Sinn mehr.»[198] All das sagte er, so berichtet Schur, ohne eine Spur von Gefühlsüberschwang oder Selbstmitleid und in vollem Bewusstsein der Realität. Der Arzt erfüllte sein Versprechen und gab Freud eine Dosis Morphium. Der Kranke fiel darauf in einen tiefen Schlaf, aus dem er nicht mehr erwachte. Am 23. September, morgens um 3 Uhr, hörte sein Herz auf zu schlagen.

Auch Pflegende werden manchmal um Hilfsmittel für den Suizid gebeten: «Ich will hier raus. Ich habe nie etwas für dieses Krankenhaus übrig gehabt. Aber jetzt reicht es mir ganz und gar. Ich habe mir schon ein Tuch um den Hals gezogen. Ich kriege es nur nicht fest genug. Ich brauche ein dünneres Tuch. Dann kriege ich keine Luft mehr. Ich will sterben. Können Sie mir ein dünneres Tuch beschaffen (zieht die Serviette um ihren Hals noch fester).»[199]

Der Gedanke an Suizid kann durch neugewachsenen Lebensmut jedoch auch schnell wieder aufgegeben werden. Ein 45-jähriger Patient war völlig verzweifelt und wünschte sich, dass «alles möglichst schnell vorbei sei». Am liebsten würde er sich aus dem Fenster stürzen, wenn er dazu die Kraft hätte. Bereits am nächsten Tag wünschte er allerdings wieder Therapie: «Ich will ja schließlich wieder gesund werden und zur Arbeit gehen.»

Manche Sterbenskranke erhoffen für sich ein sanftes Sterben, wenn sie sich töten. Das klappt nicht immer, wie der folgende Fall zeigt: Die Palliativschwester eines Hospizdienstes erhielt einen dringenden Notruf. Sie sollte sofort zu einem ihrer Patienten kommen. Als sie bei ihm ankam, hatte er sich gerade mit einer Pistole in den Kopf geschossen. Er war aber noch nicht tot. Seine Frau hielt seinen blutüberströmten Kopf in ihren Armen. Er verstarb erst eine ganze Weile später. – Was für eine Zumutung für den Patienten, die Ehefrau und auch für die Palliativschwester!

Die Rechtslage ist eindeutig: In Deutschland ist die Tötung auf Verlangen, etwa die Giftspritze auf Wunsch des Kranken, verboten, auch wenn dieser es möchte. Weltweit sind solche Patiententötungen nur in Luxemburg, den Niederlanden und in Belgien erlaubt.

Straffrei ist in Deutschland die Beihilfe zu einem freiverantworteten Suizid, beispielsweise durch die Beschaffung eines tödlichen Medikaments, das der Kranke selbst einnimmt. Nach den Grundsätzen der Bundesärztekammer zur ärztlichen Sterbebegleitung aus dem Jahr 2011 ist Beihilfe zum Suizid allerdings keine ärztliche Aufgabe; eine Mehrheit der Ärzte lehnt die Beihilfe zum Suizid ausdrücklich ab. Sie verweisen auf ethische Normen und Standespflichten, denen sie sich verpflichtet wissen.[200]

Nicht nur Sterbenskranke kritisieren diese Haltung: «Der Lebenszwang in seiner ganzen Strenge – erst bei den Medizinern begegnet er dir leibhaftig und systematisch.»[201]

Weil das so ist, entscheiden sich Sterbewillige, ins Ausland zu reisen. In den Medien wird über solche Reisen unter Schlagzeilen wie «Ich warte nicht auf den Tod, ich fahre hin» ausführlich berichtet.[202]

Nur ist es so, dass auch in anderen Ländern letztlich nicht der Patient selbst über sein Leben bestimmen kann. Sein Selbstbestimmungsrecht ist auch dort eingeschränkt, denn ärztliche Gutachter entscheiden darüber, ob der Patient die gesetzlichen Voraussetzungen für einen Suizid erfüllt und das todbringende Medikament bekommen kann. Die Verantwortung liegt also auch hier in den Händen von Ärzten.

Wie viel Sterbenskranke töten sich selbst? Wie viel Sterbenskranke werden dabei von anderen unterstützt? Genaue Zahlen kennt niemand. Die Dunkelziffer ist vermutlich groß. Statistisch erfasst ist nur, dass im Jahr 2013 sich 10 076 Menschen – das waren 1,1 Prozent aller Sterbefälle – selbst getötet haben. 74 Prozent davon waren Männer, 26 Prozent waren Frauen.[203]

Fest steht, dass einige Sterbenskranke sich den Tod wünschen, sich selbst töten und auch von anderen dabei unterstützt werden. Und fest steht auch: «Ohne Verzweiflung oder Ausweglosigkeit tötet sich niemand.»[204]

Sich dem Tod ergeben

Sterbenskranke erkennen ihre ausweglose Situation: Der Tod hat entschieden. Sie spüren, dass er sie erbarmungslos und endgültig im Griff hat. Die Chancen, ihm doch noch einmal «von der Schippe zu springen», gehen gegen null. Entkommen ist ausgeschlossen. Manchmal lässt sie die Lebenserfahrung das nahe Ende erkennen; wie zum Beispiel diesen Kriegsveteranen: «Ich habe dem Tod oft ins Auge geschaut. Erst als junger Mann im Krieg. Und dann später unter Tage, beim Bergbau. Einmal war ich sogar verschüttet. Es ist immer gutgegangen. Jetzt aber ist es so weit!»

Wenn der Tod ganz nahe gekommen ist, dreht sich nicht selten die Stimmung. Der Kampf wird aufgegeben: «In ein paar Tagen ist alles vorbei. Da hilft nichts mehr. Na ja, ich hab's ja schon lange gewusst. Ich möchte nur noch etwas trinken. Ich habe Durst.» Gefasst wird die eigene Situation kommentiert: «Ich möchte gewiss noch gern leben – meiner Kinder und Enkel wegen. Aber wenn Gott will, dass ich sterben soll, dann bin ich dazu bereit. Ich habe ein gesegnetes Alter erreicht. Ich habe viele Menschen sterben sehen und fürchte den Tod nicht. Ich lege alles in Gottes Hände.»

Als Ärzte ihre Ohnmacht eingestehen mussten, erklärte ihr Patient: «‹Sie wissen doch genau, daß Sie kein Mittel haben, mir zu helfen, also lassen Sie mich in Ruhe.› – ‹Wir können Leiden lindern›, entgegnete der Arzt. ‹Auch dazu sind Sie nicht imstande; lassen Sie mich.›»[205]

Wenn nichts mehr zu machen ist, dann soll der Tod kommen, möglichst schnell. Der Sterbende erkennt, dass er seinen Kampf gegen den Tod endgültig verloren hat: «Niemand kann mir mehr helfen! Der Professor nicht, die Schwestern nicht, der Pfarrer nicht, mein Mann nicht, den Kindern müsste ich helfen, sie sind noch klein. Ich muss sterben. Das spüre ich. Es kann mir ja doch keiner mehr helfen. Ich möchte zurück zu meiner Mutter.»

Sogar die Angst stirbt manchmal. Wenn die letzte Dosis Zuversicht verschwunden ist, erkennen Sterbenskranke: «Jetzt ist es so weit.» Ein Todkranker war völlig orientiert, als er seiner Frau erklärte, dass er nicht länger mehr kämpfen wolle. Deshalb entschied er sich, weder Nahrung noch Flüssigkeit zu sich zu nehmen. Lebensverlängernde Maßnahmen lehnte er ab. Schließlich wollte er auch nicht mehr reden: Er verstarb rasch und wortlos.

Die Möglichkeiten, die Schmerzen und Leiden der Sterbenskranken zu lindern, waren bei einer 42-jährigen Patientin erschöpft. Die Ärzte sprachen ausführlich mit ihr, ihrem Partner und ihren Eltern über die Gesamtsituation und das palliative Therapieziel. Als sich in den nächsten Tagen ihr Bewusstsein zunehmend eintrübte und ihre Atemnot sich verschlimmerte, bestellte sie ihre Eltern, Geschwister und Freunde zum Abschiednehmen ein. Noch voll orientiert führte sie mit ihnen ein langes, differenziertes Gespräch über ihre Krankheitsgeschichte sowie über ihr Empfinden kurz vor dem Tod und bedankte sich für die gute Behandlung. In der folgenden Nacht war sie nicht mehr ansprechbar, atmete ruhig, aber mit deutlichen Rasselgeräuschen. Dieser Zustand wurde durch kurze, klare Momente durchbrochen, in denen die Sterbende klar ihren Willen äußerte: «Nun dürfen Sie mir auch einen Morphintropf geben.» Der Ehemann und die Eltern blieben bei ihr und übernachteten in ihrem Zimmer. Am Abend starb sie an ihrer Erkrankung in Anwesenheit ihrer Angehörigen.

Bei dieser Art der Sedierung erhalten Sterbenskranke mit starken Schmerzen, Atemnot oder/und großer Angst Medikamente in so hoher Dosierung, dass sie weder Schmerzen noch Angst spüren; dabei verlieren sie ganz oder teilweise ihr Bewusstsein. Es wird behauptet, dass dadurch der Tod schneller eintrete, es sich somit faktisch um eine vorzeitige Lebensbeendigung, streng genommen um ein Tötungsdelikt, handele. Medizinisch und rechtlich gesehen ist das falsch. Denn bei der Sedierung tritt der Tod keinesfalls früher ein, sondern sogar etwas später, sagen erfahrene Palliativärzte. Und er wird auch nicht angestrebt. Die Organe versagen weniger rasch als bei Leidenden, die bei Bewusstsein sind. Mit der palliativen Sedierung wird das Leben nicht vorzeitig beendet; vielmehr wird der Sterbende von Symptomen entlastet und der Tod hingenommen. Der Einsatz von Schmerzmitteln in einer zu hohen Dosierung mit dem Ziel, das Leben zu beenden, ist jedoch Tötung auf Verlangen und verboten.[206]

Endgültiger Abschied?

Wenn der Tod vor der Tür steht, dann steht eine Trennung an, bei der es fraglich ist, ob es jemals ein Wiedersehen geben wird: «Ich kann den Gedanken kaum aushalten, mich von ihr verabschieden zu müssen. Ich habe jedenfalls heulen müssen, ich war fertig, es tat mir weh, ich wurde immer quengeliger.»[207]

Diese Endgültigkeit und Ungewissheit machen das Verabschieden im Angesicht des Todes so schwer. «Ja, das ist es. Ich lasse meine Tochter und viele Menschen, die mich liebhatten und die mir lieb waren, nur ungern zurück. – Die Trennung von dem, was einem lieb war, ist das Schwerste am Sterben.»

Der Abschied kann so schwer fallen, dass das bewusste Abschiednehmen vermieden wird. Der Sterbende möchte seine Angehörigen vor dem Abschiedsschmerz schützen: «Ich würde mich so gern von meiner Frau verabschieden. Ihr noch einmal sagen, dass ich sie liebe. Aber ich kann es nicht. Sie hält das nicht aus. Sie würde in Tränen ausbrechen und sich nie wieder beruhigen.»

Manchmal weigern sich Sterbenskranke, ihr nahes Ende zu sehen. Dann haben sie auch keinen Anlass, sich zu verabschieden. «Warum soll ich mich verabschieden! Ich sterbe doch noch nicht. Ich will nicht sterben.» Mitunter sind Sterbenskranke schon über das Abschiednehmen hinaus. «Ich bin müde. Lasst mich schlafen.» Im Grunde ist die Verweigerung des Abschieds auch eine Form, sich zu verabschieden.

Zu welchem genauen Zeitpunkt der Tod eintreten wird, ist in der Regel unbekannt. Insofern ist ein punktgenauer Abschied kaum möglich. Das heißt: Der Abschied kann täglich neu der «endgültige Abschied» sein.

Sterbenskranke und ihre Angehörigen wählen Abschiedsrituale, die zu ihnen passen. Ein Sterbenskranker lud zum Beispiel seine Familie und Freunde zu seiner «lebendigen Beerdigung» ein. «Morrie […] rief ein paar Leute an und setzte einen Termin fest. So fand sich an einem kalten Sonntagnachmittag bei ihm zu Hause eine kleine Gruppe ein, um eine ‹lebendige

189

Beerdigung› zu feiern. Jeder von ihnen hielt eine kleine Rede, sprach ein paar Worte der Anerkennung [...]. Einige weinten. Einige lachten. Morrie weinte und lachte mit ihnen.»[208]

Kurz vor dem Tod haben Sterbende noch Wünsche, zum Beispiel Rache am Tumor zu nehmen: «Ich möchte, dass mein Leichnam verbrannt wird. Wenn der Tumor mir mein Leben nimmt, dann will ich ihn auch vernichten.» Das Grab soll ein Ort sein, an dem sich Menschen von ihnen verabschieden können, Schmuckstücke der Familie werden weitergegeben: «Ich habe diesen Schmuck von meiner Mutter bekommen und gebe ihn dir. Trag ihn in Ehren.»

Ein Freund soll für den Schutz der Witwe sorgen: «Jetzt lege ich eine große Pflicht auf Sie. Sehen Sie meine Frau, [...] nehmen Sie doch dieselbe in Ihren Schutz! Verlassen Sie sie ja nicht! Unterstützen Sie dieselbe in ihrem Leiden, und setzen Sie die Freundschaft und Liebe gegen sie fort, die Sie mir gezeigt haben. Gott wird Sie dafür segnen. Nun sah er seine Gattin zärtlich an, und Thränen flossen ihm vom Gesichte herab.»[209]

Lebensweisheiten sollen beachtet werden, zum Beispiel: «Wende dich liebevoll anderen Menschen zu, widme dich der Gemeinschaft, die dich umgibt, und bemühe dich, etwas zu schaffen, das deinem Leben Sinn und Bedeutung verleiht.»[210] «Vergebt euch selbst, bevor ihr sterbt. Dann vergebt anderen.»[211]

Bewusste Abschiede sind zuweilen kurz und knapp: Ein Sterbender schaute um sich und sagte: «Dann man tschüs» und starb. Ein Ehemann neigte seinen Kopf zur Seite und flüsterte liebevoll zu seiner Frau: «Mein Rehlein!» Eine Mutter sagte zu ihrem Sohn: «Lebe wohl. Ich bin dann weg.» Ein Ehemann bat sogar seine Frau um Erlaubnis zu gehen: «Darf ich nun gehen?» Und sie antwortete darauf: «Ja, alles ist gut. Du darfst gehen.»

Eine Empfehlung wurde noch mit auf den Weg gegeben: «Arbeite nicht mehr so viel!» Zum Schluss wurde gedankt: «Ich danke dir für alles», und weinend die tiefe Trauer mitgeteilt: «Ich bin unendlich traurig, dass ich schon gehen muss.» Einer Familie wurde zum Abschied von der Tochter gewünscht: «Macht euch das Leben auch ohne mich schön.»

Es wird ein Blick in die Zukunft geworfen: «Ich bin neugierig, was mich erwartet.» Und unter Gläubigen: «Ich hoffe auf ein Wiedersehen im Himmel.» Einige Sterbenskranke beklagen zum Schluss den Verlust ihres Lebens. «Und die Zukunft wird auch ganz gut ohne mich auskommen. […] Ansonsten denke ich, wird das Leben weitergehen wie immer. Nur wird es mir so fehlen.»[212]

Mitunter legen Sterbende zum Abschied ihre Hände in die Hände ihrer Angehörigen, oder Angehörige nehmen den Sterbenden in ihre Arme, streicheln seinen Kopf zärtlich und küssen ihn zum Abschied.

Manchmal ist es nicht (mehr) möglich, sich persönlich zu verabschieden. Dann bitten Sterbenskranke Pflegende, Seelsorger oder Ärzte, ihre Abschiedsgrüße und -wünsche an ihre Angehörigen, die nicht kommen konnten, zu übermitteln. Manche Sterbende ziehen es vor, sich in einem Brief oder auch mit einer E-Mail zu verabschieden. «In den letzten Wochen habe ich begonnen, Abschiedsbriefe zu schreiben und ins Handy zu tippen, wer was bekommen soll und wie man es aufteilt. […] Am liebsten würde ich einfach allen, allen Menschen zurufen, wie toll es ist, auf der Erde zu sein.»[213]

In letzter Zeit wählen Sterbende auch ihre Todesanzeige, um sich persönlich und öffentlich zu verabschieden: «Ich bin in das Zimmer nebenan gegangen. Das, was ich für Euch war, bin ich immer noch. Gebt mir den Namen, den Ihr mir gegeben habt. Sprecht mit mir, wie Ihr es immer getan habt.

Gebraucht nie eine andere Redeweise, seid nicht feierlich oder traurig, lacht weiter über das, worüber wir gemeinsam gelacht haben. Betet, lacht, denkt an mich, warum soll ich nicht mehr in Euren Gedanken sein, nur weil ich nicht mehr in Eurem Blickfeld bin? Ich bin nicht weit weg.»

RESÜMEE
Erschöpfte sehnen sich nach Ruhe und Frieden

Manche Sterbende kämpfen bis zum Schluss, sie können oder wollen nicht aufgeben und sich dem Tod ergeben. Andere sind so erschöpft, dass sie zu einer «sanften Landung» ansetzen, wie ein Sterbender sein Sterben beschrieb. Vermutlich ist es so, dass es bei allen Sterbenden Zeiten gibt, in denen sie nicht mehr aushalten können und sich den Tod wünschen. Diese Zeiten werden zumeist durch Zeiten abgelöst, in denen der Wunsch zu leben stärker ist als der Wunsch zu sterben. Obwohl diese Wechsel die Sterbenden und ihre Betreuer extrem anstrengen, können sie miteinander ausgehalten werden.
Abschiednehmen ist nicht einfach. Doch wäre es nicht gut, wenn wir Erschöpfung rechtzeitig wahrnehmen und den Sterbenden darin respektieren würden? Wäre es nicht gut, wenn wir uns offenhielten, bei aller Trauer und Zuneigung so Abschied zu nehmen, wie und wann es der Sterbende wünscht? Ich kenne viele Beispiele dafür, dass das gelingen kann.

8 WESHALB WIR STERBENSKRANKE BESSER BEGLEITEN MÜSSEN

Was uns an unserem Ende erwarten könnte

DER TRAUM VOM GUTEN STERBEN und einem würdigen Tod – ob er in Erfüllung geht? Das wird ganz sicher nicht zuletzt davon abhängen, in welcher Einrichtung wir sterben werden und wer uns dort betreuen wird. Die meisten Menschen möchten die letzten Tage ihres Lebens daheim im Kreis ihrer Familie verbringen – dass dieser Wunsch immer weniger Menschen erfüllt wird, habe ich im Vorfeld skizziert.

Worauf müssen wir uns für den Fall einstellen, dass wir selbst sterbenskrank werden und sterben? Wohin wird man uns bringen? Es könnte uns ja noch heute Abend, schon morgen früh oder erst in ein paar Wochen oder Jahren treffen. Sollte man sich nicht schon zu gesunden Zeiten einen Platz auf der Palliativstation oder im Hospiz sichern?

Wir werden dann nicht nur auf fremde Menschen angewiesen sein, sondern auch auf die Einrichtungen, die Gesellschaft und Staat für uns vorhalten. Deshalb halte ich es für vernünftig, sich rechtzeitig, das heißt schon jetzt, damit zu befassen und zu prüfen, was uns da erwarten könnte, um uns gegebenenfalls für eine Verbesserung der Lebensbedingungen für Sterbenskranke und Sterbende einzusetzen.

Was bieten die Einrichtungen? Wodurch unterscheiden sie sich? Wie menschfreundlich sind die Strukturen? Was können Ärzte und Pflegende leisten? Wo sind die Grenzen? Was kostet das alles? Wer übernimmt die Kosten?

Holzschnittartig beschreibe ich im Folgenden die bestehenden Einrichtungen und weise – aus meiner Sicht – auf ihre Stärken und Schwächen hin.

Die Macht des Geldes: «Premiumsterben» und «Arme-Leute-Tod»

Sterben ist nicht umsonst, sondern ist teuer und kostet Geld. Ärzte, Pflegende, Apotheker, Medikamente, Klinikaufenthalte usw. müssen bezahlt werden. Dienstleistungen sind nicht umsonst. So kommt es, dass der eine sich ein «Premiumsterben» leisten kann und der andere nur einen «Arme-Leute-Tod».

Was ist ein «Arme-Leute-Tod»? – In Westafrika liegen sterbende Ebola-Kranke auf der Straße. Der Straßendreck ist ihr Bett. Streunende Hunde sind ihre Begleiter. Es fehlt das Geld, es fehlen die Menschen, es fehlen die Institutionen, um ihnen ein menschenwürdiges Sterben zu ermöglichen. Das ist ein «Arme-Leute-Tod».

Im Vergleich dazu haben wir in Deutschland generell «Premiumsterben». Denn hier muss eigentlich niemand so sterben. Obgleich das auch vorkommen kann, wie zum Beispiel bei einem sterbenskranken Obdachlosen. Sterbenskrank verschwand er aus dem Krankenhaus. Später fand man ihn tot unter einer Brücke. Sein Hund hielt Wache an seiner Leiche.

Gleichwohl gibt es beim deutschen «Premiumsterben» beträchtliche Unterschiede bei den konkreten Sterbebedingungen mit vielen Abstufungen. Das für die Betreuung zur Verfügung stehende Geld und der von den Anbietern angestrebte Gewinn machen den Unterschied aus.

Ein Beispiel: Eine ältere Patientin war zur besseren Behandlung ihrer Schmerzen und ihrer Unruhe auf der Palliativstation aufgenommen worden. Sie freute sich darüber: «Das ist mein letztes Zimmer, und es ist hier wunderschön.» Als es ihr besser ging und sie verlegt werden sollte, sagte sie: «Ich will hier bleiben.» Weil die Station zu diesem Zeitpunkt voll belegt war, verfügte der Chefarzt ihre Entlassung. Es lag noch ein reicher Privatpatient dort, der streng genommen eine Fehlbelegung war. Er nutzte die Station wie ein Kurheim. Obgleich es der Patientin sichtbar schlechter ging als ihm, wurde sie in ein Pflegeheim verlegt. Dort verstarb sie am nächsten Tag.

Zur industrialisierten Gesellschaft gehört nicht zuletzt die Ökonomisierung aller Lebens- und Arbeitsbereiche; auch der soziale und pflegerische Bereich wird vom Kosten-Nutzen-Denken dominiert und zugleich mehr und mehr als Markt – bis hin zur Sterbehilfe – entdeckt. Es geht dabei um viele Milliarden Euro. Auf diesen Markt drängen zahlreiche Anbieter. Gewinn bringt dem Anbieter aber nur die Pflege, die aus dem Sozialsystem und mit privaten Zuzahlungen der Pflegebedürftigen oder deren Angehörigen bezahlt wird. Wenn die Pflege dagegen nur aus dem Sozialsystem finanziert werden kann (das betrifft die große Mehrheit der Pflegebedürftigen), dann besteht ein gnadenloser Preisdruck, unter dem die Pflegebedürftigen und die Pflegenden enorm leiden. Nicht mehr ihre Bedürfnisse, sondern die zur Verfügung gestellten finanziellen Mittel und die wirtschaftliche Rentabilität haben dann absolute Priorität. Die Pflege gerät dann für alle Träger von Pflegeeinrichtungen zum Balanceakt zwischen Pflegequalität und der vorgegebenen Zeit, die aufgewendet werden darf, um im Ergebnis ein finanzielles Defizit zu vermeiden.

Wer trägt die Kosten im Regelfall? Wenn der Kranke in häuslicher Umgebung lebt, werden die Kosten für palliativmedizinische Versorgung und für die häusliche palliative Krankenpflege von einer Krankenkasse und/oder von einer Beihilfe übernommen. Stellt der Medizinische Dienst der Krankenversicherungen zusätzlich Pflegebedürftigkeit im Sinne der Pflegeversicherung fest, kommen Leistungen der Pflegekassen hinzu. Die Kosten für die ärztlich verordnete Spezialisierte Ambulante Palliativversorgung übernimmt die Krankenkasse. Beratung und ehrenamtliche Begleitung durch ambulante Hospizdienste bzw. Kinderhospizdienste sind kostenlos für die betroffenen Menschen und Familien.

Die Kosten für den Aufenthalt in einem Krankenhaus werden von einer Krankenkasse bzw. einer Beihilfestelle übernommen. Krankenhäuser bekommen Fallpauschalen und Sonderentgelte für spezielle Leistungen wie zum Beispiel für besondere Chemotherapien, mit denen sie auskommen müssen. Bei einer vollstationären Behandlung zahlen Versicherte, die das 18. Lebensjahr vollendet haben, für maximal 28 Tage pro Kalenderjahr derzeit 10 Euro pro Tag. Kinder bis zum vollendeten 18. Lebensjahr sind frei von Zuzahlungen. Die Kosten für Wahlleistungen werden nicht erstattet. Privatpatienten werden in der Regel bevorzugt behandelt, weil die Leistungen höher als bei Kassenpatienten abgerechnet werden können.

Eine Palliativstation gehört zu einem Krankenhaus und wird entweder wie andere Krankenhausabteilungen nach Fallpauschalen – seit 2007 ergänzt um ein nach Behandlungsdauer und Behandlungskonzept differenziertes Zusatzentgelt – oder als besondere Einrichtung nach Tagessätzen finanziert.

Die Tagessätze werden vom jeweiligen Krankenhaus mit den Kostenträgern frei verhandelt. Für Patienten entstehen Kosten wie bei einem Krankenhausaufenthalt.

Für einen Aufenthalt in einem stationären Hospiz übernehmen die gesetzlichen Krankenkassen derzeit 90 Prozent (bei Kinderhospizen 95 Prozent) der Kosten. Der Finanzierungsanteil der Pflegeversicherung wird dabei berücksichtigt. Den restlichen Anteil müssen die Träger der Hospize selbst herbeischaffen; zum Beispiel durch Spenden, Stiftungen oder ehrenamtliche Tätigkeiten. Der Eigenanteil der Träger beträgt aufgrund der tatsächlich anfallenden Kosten allerdings bis zu 25 Prozent der Kosten. Seit dem Sommer 2009 ist der Aufenthalt für die «Gäste» kostenfrei.

Ganz anders ist die Lage bei den Alten- und Pflegeheimen. Hier ist grundsätzlich der Pflegebedürftige zunächst selbst in der Zahlungspflicht. Deshalb hängt die Auswahl eines Pflegeheimes nicht zuletzt von den finanziellen Mitteln ab, über die Pflegebedürftige verfügen. «Seniorenresidenzen» freier Träger bieten seniorengerecht ausgestattete Appartements und umfangreiche Betreuungs- sowie Pflegedienstleistungen rund um die Uhr an und erinnern eher an gehobene Hotels als an Pflegeheime. Entsprechend angehoben sind auch die Preise.

Kommunale Alten- und Pflegeheime beispielsweise bieten dagegen oft nicht den gleichen Komfort. Entsprechend niedriger sind die Kosten für den Heimbewohner. Sie betragen zurzeit im Bundesdurchschnitt knapp 3300 Euro pro Monat. Der Heimbewohner kann durch Zuzahlungen der gesetzlichen Pflegeversicherung unterstützt werden. Diese übernimmt Kosten je nach Pflegestufe des Heimbewohners. Dennoch muss in der Regel mehr als die Hälfte der Kosten für einen Pflegeheimplatz vom Pflegebedürftigen selbst oder von seinen Angehörigen aufgebracht werden. In erster Linie sind Kinder ihren Eltern gegenüber zum Unterhalt verpflichtet. Im Rahmen ihrer Unterhaltspflicht müssen sie für die verbleibenden Pflegeheimkosten aufkommen, falls die Eltern nicht in der Lage sind, selbst die Kosten zu übernehmen. Grundsätzlich werden erst einmal die Einkünfte des Pflegebedürftigen herangezogen, wie etwa Renten sowie Zins- und Mieteinnahmen, aber auch Teile des Vermögens. Erst wenn dieses aufgezehrt ist, springt bei Bedarf das Sozialamt ein und leistet im Rahmen der Sozialhilfe monatlich eine geforderte Zuzahlung zu den Heimkosten. Das Sozialamt wendet sich dann jedoch an die Angehörigen des Pflegebedürftigen, um die geleisteten Zuzahlungen rückerstattet zu bekommen.

Bei mehrjähriger Pflege können da schnell 50 000 Euro und mehr zusammenkommen. Deshalb werden neue Wege ausprobiert: In grenznahen Gebieten in Polen, Tschechien, der Slowakei und Ungarn bieten Pflegeheime eine preiswertere Unterbringung für deutschsprachige Senioren an. Die monatlichen Kosten für Unterkunft, Mahlzeiten und Pflege variieren dort gegenwärtig zwischen 1000 und 1400 Euro, abhängig vom Ausstattungsgrad und dem Betreuungsverhältnis in den jeweiligen Einrichtungen.

Sterbenskranke, die selbst oder deren Angehörige über sehr viel Geld verfügen («Multimillionäre»), sind nicht auf die Unterstützung durch Kranken- und Pflegekassen angewiesen. Sie können sich die nötige ärztliche oder/und pflegerische Versorgung für ihre häusliche Umgebung einkaufen oder eine Suite in einer Privatklinik belegen.

Sterben im Krankenhaus – ohne Würde?

Beinahe die Hälfte aller Sterbenden stirbt in einem Krankenhaus. Über die Würde des Sterbens dort gibt es viele und sehr unterschiedliche Meinungen und Urteile. Weit verbreitet ist die Behauptung: Sterben im Krankenhaus ist würdelos. Aber ist das wirklich so?

«Der Patient steht bei uns immer im Mittelpunkt», werben Krankenhäuser. «Patienten sind unsere Partner», erklären sie in ihren Leitbildern. Weitere Ankündigungen sind: «Wir begegnen ihnen offen und respektvoll. Ihre Wünsche sollen unsere Arbeit leiten und ihre Bedürfnisse wollen wir erfüllen. Daher suchen wir das Gespräch mit Patienten und Angehörigen. Was immer wir tun, gemeinsam verfolgen wir mit aller Kraft ein Ziel: die Individualität unserer Patienten zu achten und ihnen die bestmögliche Behandlung zukommen zu lassen.»

Patienten erleben das mitunter anders: Sie fühlen sich einem Betrieb ausgeliefert, müssen oft und lange warten, finden sich nicht ausreichend informiert, vermissen aufrichtige Gespräche und spüren, dass sie mit ihren Wünschen und Bedürfnissen nicht ernst genommen werden.

Aus Sicht der Patienten sollte der Werbeslogan von Kliniken eher lauten: «Wir behandeln Sie gern, wenn Sie drankommen; doch das kann dauern.» Das sei wahrhaftig und würde keine falschen Erwartungen wecken, wurde mir von Patienten gesagt.

In einem Krankenhaus befinden sich die Patienten in einem komplizierten sozialen Geflecht. Alle Akteure verfolgen dort eigene Interessen. Die Sterbenskranken sind unbekannten Strukturen, Abläufen und fremden Menschen, die über sie entscheiden, ausgeliefert. «Mit Entsetzen erkannte ich, wie schmal der Grat war, der mich vom Abdriften in den Irrsinn trennte. [...] Ich brauchte nicht viel Phantasie, um mir auszumalen, dass ich ohne sie (meine Angehörigen) auch schnell in irgendeiner Psychiatrie hätte landen können.»[214]

Zeitpläne und Tagesablauf sind strikt vorgegeben und fast nicht abzuändern. Vertrauen in die Fremden und ihre Kompetenzen wird erwartet und vorausgesetzt. Sterbenskranke sollen sich auf viele neue Menschen einlassen. Das überfordert sie: «Und immer neue Ärzte und neue Schwestern. Und wer ist eigentlich verantwortlich für mich? Wer setzt sich an mein Bett?»[215] Derartige Notschreie lassen fragen: Ist Sterben im Krankenhaus überhaupt vorgesehen?

Ein würdevolles Sterben in deutschen Krankenhäusern sollen mehreren Studien zufolge über 50 Prozent der befragten Ärzte und Pflegenden nicht für möglich halten.[216] Das ist kaum zu glauben. Mehrheitlich wird in den Studien beklagt: Patienten werden unzureichend mit Schmerzmitteln versorgt. Die Angehörigen werden – obwohl es in aller Regel sehr wohl möglich wäre – nicht in die Situation des Sterbenden miteinbezogen, also angeleitet, damit sie beim Essen, Waschen oder Kämmen helfen können. Die räumliche Umgebung passt nicht. Menschen sterben in Zimmern, die alles andere als freundlich sind. Die Zimmer sind zu klein, um Angehörigen und Freunden in größerer Zahl Platz zu bieten. Zu oft werden unnötig lebensverlängernde Maßnahmen ergriffen. Vor allem aber: Ärzte und Pflegende haben keine Zeit, sich um die Sterbenden zu kümmern. Das Personal – insbesondere die Ärzte – ist schlecht auf die Betreuung von Sterbenden vorbereitet. Ärzte und Pflegende wechseln ständig. Häufige Verlegungen Schwerkranker und Sterbender in andere Abteilungen vermehren deren Belastungen. Feste

Ansprechpartner fehlen. Die Intimität muss der Sachlichkeit weichen.

Der sterbenskranke Jürgen Leinemann fasste seine Erlebnisse im Krankenhaus in wenigen Sätzen zusammen: «In Gesundheitsfabriken wie der, in der ich jetzt lag, wurden Krankheiten behandelt, nicht Kranke. Der Mensch zählte nur als Symptomträger, sonst störte er.»[217] Und: «Mein Bett erschien mir wie ein sicherer Ankerplatz in einer turbulenten Welt, in der ich mich kaum auf den Beinen halten konnte.»[218]

Wie kann es trotz des guten Willens der meisten Mitarbeiterinnen und Mitarbeiter der Kliniken dazu kommen? Die Personaldecke sei mittlerweile sowohl im ärztlichen als auch im pflegerischen Bereich äußerst dünn geworden, wird von den Verbänden der Gesundheitsberufe und auch von Vertretern der Krankenhausleitungen beklagt: Die zunehmenden Personalprobleme führten zu einer enormen Arbeitsverdichtung. Dadurch bliebe nur noch wenig Freiraum und Zeit für das Persönliche in Behandlung und Pflege. Der Pflegeberuf werde dadurch unattraktiv für Berufsanfänger. Das verschärfe den Personalmangel noch. Leidtragende seien nicht nur die Patienten, sondern auch die Pflegekräfte, die vielerorts schlecht bezahlt und behandelt würden. Die Krankenhäuser benötigten in den kommenden Jahren viele tausend zusätzliche Fachkräfte, um einen hohen Qualitätsstandard zu erreichen und aufrechtzuerhalten.

Nun zeigen Vergleichsstudien, dass sich die Situation in den Krankenhäusern in den letzten 25 Jahren nicht grundsätzlich verbessert hat.[219] Die Patienten bleiben allerdings viel kürzer im Krankenhaus, im Durchschnitt derzeit nur 7,5 Tage, vor 25 Jahren waren es noch 14 Tage. Das heißt: Alles muss immer schneller in kürzerer Zeit gemacht werden. Um Sterbende behutsam begleiten zu können, müssten Ärzte und Pflegende sich jedoch entschleunigen. Ist das überhaupt möglich? Wie kann das unter dem enormen Druck und der Arbeitsbelastung gelingen?

Intensivabteilungen sind ein Spezialfall: Sie unterscheiden sich von anderen Einheiten im Krankenhaus durch die Verwendung vielfältiger technischer Apparate und den Einsatz von mehr Personal. Zwar betreut jede Pflegende nur ein bis drei Patienten gleichzeitig, während auf Normalstationen bis zu zwanzig Patienten von einer Pflegekraft betreut werden. Es werden auch mehr Ärzte eingesetzt, sodass immer ein Arzt anwesend oder in kürzester Zeit verfügbar ist. Doch sowohl die räumliche Gestaltung als auch die Ausstattung einer Intensivstation sind nicht auf Sterbe- und Trauerbegleitung ausgelegt. Deshalb ist das Sterben auf einer Intensivstation immer problematisch und ein würdevolles Sterben nur selten realisierbar, denn im Grunde wird bei allen Patienten stets auf maximale Therapie gesetzt. «Wenn er sterben will, hätte er nicht auf die Intensivstation kommen sollen», sagte mir ein Intensivpfleger über einen Patienten. Patientenverfügungen würden häufig ignoriert.

Viele Ärzte und Pflegende, auch Mitarbeiter der Geschäftsführung setzen sich seit vielen Jahren dafür ein, das Leben und Sterben für Patienten in Krankenhäusern menschlicher zu gestalten.[220] Ihre Bemühungen scheitern jedoch zumeist sofort an den Strukturen, die Großorganisationen nun einmal eigen sind, und der Dominanz der Ökonomie. Betriebswirte leiten heute Krankenhäuser, nicht mehr Ärzte. Und die Verwaltungen wachsen, einer systemimmanenten Dynamik folgend. Deshalb habe ich Bedenken, ob mehr Ärzte und mehr Pflegepersonal allein die Lösung der Probleme sein können. Verhindern nicht vielmehr die Organisationsstrukturen und die Ökonomisierung der «Gesundheitsfabriken» grundsätzlich eine menschenwürdige und persönliche Sterbe- und Trauerbegleitung? Muss man nicht zunächst die strukturell bedingten Grenzen für ein menschenwürdiges Sterben in Krankenhäusern anerkennen und dann zugleich nach neuen Wegen für die Behandlung und Pflege Sterbender in Krankenhäusern suchen? Denn auch in Zukunft wird jeder Zweite in einem Krankenhaus sterben.

Gesundheitspolitiker und auch Krankenhausdirektoren sagen, dass Patienten in schwerer Zeit froh sein sollten, die Nähe und Sicherheit eines Krankenhauses zu spüren, denn sie müssten wissen: «Sie sind dort in guten Händen.» Ob das immer so möglich ist? – Ein Patient zog sich zum Beispiel während seines mehrwöchigen stationären Klinikaufenthaltes zunehmend zurück. Er lag abgewendet im Bett und antwortete auf Fragen nur das Nötigste. Als mit ihm die Verschlechterung seiner Befunde besprochen wurde, nahm er sie fast emotionslos zur Kenntnis und sagte: «Nun ist es wohl vorbei mit mir. Ich möchte ab jetzt in Ruhe gelassen werden.» Seiner Verlegung ins Hospiz stimmte er wortlos zu.

Idee und Wirklichkeit der Palliativstationen

Palliativstationen sind immer Teil eines Krankenhauses und für Patienten vorgesehen und eingerichtet, deren Verfassung eine intensivere Begleitung durch ein spezialisiertes Team notwendig macht. Obgleich dort die meisten Patienten an einem Tumor erkrankt sind, sind Palliativstationen auch offen für Patienten, deren Lebenserwartung aufgrund anderer fortgeschrittener Erkrankungen begrenzt ist.

Beim Patienten wird in der Regel vorausgesetzt, dass er mit der Aufnahme auf die Palliativstation einverstanden ist.

Er sollte auch darüber aufgeklärt sein, dass bei ihm kurative Therapie nicht mehr in Frage kommt und normalerweise keine lebensverlängernden Maßnahmen erfolgen.

Der Personalschlüssel und die Qualifikation der Mitarbeiter ermöglichen eine spezialisierte Palliativbehandlung rund um die Uhr. Außer Ärzten und Pflegenden gehören Physiotherapeuten, Psychologen, Seelsorger, Kunst- und Musiktherapeuten sowie ehrenamtliche Hospizbegleiterinnen zum Stationsteam. Viele der Pflegenden arbeiten in Teilzeit. Gemeinsam teilen sie die Philosophie: mehr Zeit für die Kranken und ihre Angehörigen, harmonische Zusammenarbeit aller Berufsgruppen, flache bis keine Hierarchien, Verantwortung gemeinsam tragen, freundschaftliches Verhältnis untereinander. Die Mitarbeiter sind prinzipiell von der Qualität ihrer Arbeit überzeugt. Die hohe Qualität ihrer Arbeit wird nicht nur von den Patienten und deren Angehörigen, sondern auch von der Öffentlichkeit geschätzt.

Als die Palliativstationen vor 30 Jahren konzipiert wurden, dachte man an kurzfristige, zeitlich begrenzte Aufenthalte mit dem klaren Ziel, Symptome der Patienten – vor allem Schmerzen – zu lindern und sie anschließend wieder nach Hause oder in eine Pflegeeinrichtung zu entlassen («Kriseninterventionsstation»).

Doch jetzt ist eingetreten, wovor Kritiker in den 1980er Jahren bereits gewarnt haben: Palliativstationen werden immer mehr zu Sterbestationen. Statt der ursprünglich angestrebten Verweildauer von 4 bis 6 Wochen liegen die Patienten dort heute bundesweit im Durchschnitt nur noch gerade eine Woche. Bis zu 80 Prozent von ihnen sterben dort auch. Manche Patienten sind keine 12 Stunden bis zu ihrem Tod dort.[221] Daraus resultiert: Häufig versterben mehrere Patienten an einem Tag auf der Station und oft auch in derselben

Schicht. Fälle, bei denen acht Patienten an einem Wochenende oder 12 Patienten in einer Woche auf der Station sterben, sind nicht mehr selten.

Wie können aber eine Beziehung und Vertrauen zum Patienten und/oder den Angehörigen aufgebaut werden, wenn der Kranke nach nur 6, 12 oder 24 Stunden auf der Station bereits verstirbt? Selbst lang eingeführte Rituale lassen sich nicht mehr ausführen (wie Schwimmkerze vor der Tür eines Verstorbenen, Abschiedsbuch) und verlieren damit ihre «stützende Kraft» für die Mitarbeiter. Welche Konsequenzen hat es für das Team, wenn wenige Stunden nach dem Versterben des einen Patienten bereits der nächste im gleichen Bett liegt? Der ökonomisch begründete Belegungsdruck führt in vielen Abteilungen inzwischen auch zu Notfall-Aufnahmen zu jeder Tages- und Nachtzeit.

Wie kommt es dazu? «Die Menschen, um die sich die Mitarbeiter kümmern müssen, sind immer kränker. Vor zehn Jahren kamen manche Patienten noch zu Fuß zu uns. Jetzt kommen sie schwerkrank auf Tragen, und zwar dann, wenn ihnen nicht mehr viel Zeit bleibt», erklärte mir der Stationsarzt einer Palliativstation. Eine Pflegende ergänzte: «Vielfach sind den Patienten auch erhebliche psychosoziale Probleme, ja manchmal kann man sagen, familiäre Sprengstoffe, beigepackt.»

Selbstverständlich werden auch noch Patienten von einer Palliativstation nach Haus, in ein Heim oder in ein Hospiz entlassen. Ein Beispiel: Aufgrund starker Schmerzen und der Befürchtung, im Krankhaus zu sterben, hatte eine Patientin den dringlichen Wunsch geäußert, auf die Palliativstation verlegt zu werden. Dort konnten die Schmerzen dann so reduziert werden, dass sie nach fünf Tagen psychisch und physisch stabil nach Haus entlassen werden konnte.

Eine weitere Besonderheit der Palliativstationen: Stärker als auf anderen Stationen sind Angehörige und Freunde der Patienten präsent. Als Co-Patienten müssen sie von Ärzten und Pflegenden mit betreut werden. Das ist nicht immer einfach. Ein Sohn war zum Beispiel mit der Versorgung seiner sterbenden Mutter höchst unzufrieden. Sie hatte die Station bewusst für sich gewählt, um dort zu sterben. Er aber verlangte Maximaltherapie. Seine Mutter sollte nicht sterben. Dem Stationsarzt drohte er mit einer Anzeige wegen Tötung, falls seine Mutter sterben würde. Die Pflegenden beschimpfte er als kalt und unmenschlich. Erst mit vereinten Kräften gelang es, ihn aufzufangen und zu bewegen, sich ans Bett seiner Mutter zu setzen und sie in ihren letzten Stunden zu begleiten. Später bedankte er sich tief gerührt für die Betreuung seiner Mutter und entschuldigte sich für sein Verhalten.

Im Vergleich zu anderen Stationen haben die Mitarbeiter auf Palliativstationen anscheinend bessere Arbeitsbedingungen und wenig Grund, sich zu beklagen. Die meisten von denen, die ich kenne, arbeiten dort gern. Doch eine Ärztin stellte nach fast zehn Jahren Palliativstation desillusioniert fest: «Es ist ein immanentes Problem der Palliativmedizin, dass sie unter gegenwärtigen Abrechnungsbedingungen nie Gewinn erwirtschaften kann, da die Bewertungskriterien anders ausgerichtet sind. Wenn dann die Geschäftsführung uns nur noch als merkantiles Fiasko wahrnimmt und regulierende Schritte (Stellenstreichung) erwägt, kommt zum alltäglichen Sterbewahnsinn eine fatale Komponente hinzu. Leider lässt sich die Komplexität dieser bizarren Entwicklung nicht adäquat in Worte fassen.»

«Werden Palliativstationen zu psychosozialen Intensivstationen?», überlegt der Stationsarzt einer Palliativstation. Und eine erfahrene Palliativschwester fragte ihre Kolleginnen: «Werden Palliativstationen heute in den Kliniken zur modernen Version der Badezimmer, auf die Sterbende früher manchmal abgeschoben wurden?»

Es ist nicht zu leugnen: Idee und Wirklichkeit der Palliativstationen klaffen heute im Stationsalltag zunehmend auseinander. Obgleich das so ist, werden die Sterbenden dort (noch) bestens versorgt und gepflegt. Die Angehörigen sind voll des Lobes über die Palliativstationen. Die Ärzte und Pflegenden vieler Palliativstationen sind jedoch erschöpft und – strukturell bedingt – überfordert. Auch eine noch so gute Begleitung durch Supervision kann daran letztlich nichts ändern. Erforderlich ist eine kritische Revision der Leitidee, der Situation und der Rolle der Palliativstationen im Konzept der Krankenhäuser für die Betreuung sterbender Patienten.

Stationäre Hospize – ein Paradies für Sterbende?

«Hier wird immer noch besser gestorben als woanders», hat Christine Pfeffer ihre Studie über das Sterben in stationären Hospizen überschrieben.[222] «Premiumsterben» in Deutschland? In der Tat sehen das viele genauso. Das Hospiz sei der letzte Schutzraum, ein Platz für Dinge, die das Leben noch lebenswert machen. Aber was heißt «besser»? Ist damit die ansprechende Architektur vieler Hospize gemeint? Machen es die Einzelzimmer aus? Eine häusliche Atmosphäre? Die Qualität der Betreuung? Freundliche Krankenschwestern? Dass die Sterbenskranken keine Patienten, sondern Gäste sind? Die Kostenfreiheit?

Vergleicht man die Bedingungen für menschenwürdiges Sterben in Kliniken und anderen Pflegeeinrichtungen, dann sind die Bedingungen in einem Hospiz geradezu ideal und dazu noch kostenfrei.

Dennoch: Ein Arzt hoffte, seiner Patientin zu helfen, und empfahl ihr im Beisein ihres Mannes: «Frau M., wir haben einen Weg gefunden, der gangbar erscheint: eine Verlegung ins Hospiz.» Die Augen der Patientin blieben geschlossen, sie begann zu weinen und blieb stumm. Der Ehemann meinte, seine Frau habe nicht verstanden, was Hospiz bedeutet. Darauf wollte der Arzt ihr den Aufenthalt im Hospiz schmackhaft machen: «Hospiz ist eine 5-Sterne-Pflegeeinrichtung für Schwerkranke und Sterbende, die personell besser darauf eingestellt ist als wir im Klinikum. Die symptomorientierte Therapie wird dort fortgesetzt, eine Chemotherapie kommt jetzt nicht mehr in Frage.» Unter dem Druck des Arztes und des Ehemanns stimmte sie später zu, wurde verlegt und starb dort einen Tag nach der Verlegung.

Eine andere Patientin wirkte nach der Besichtigung eines sehr schön und hell eingerichteten Hospizes verstört und aufgewühlt: «In dem Hospiz ist alles dunkel und grau gewesen. In den Betten haben Halbtote gelegen. Ich habe mich wie im Hitchcock-Film gefühlt und nur darauf gewartet, dass gleich die Vögel kommen. Ich gehe auf keinen Fall ins Hospiz.»

Sicher ist: Sterbenskranke begreifen, was es für sie heißt, in ein Hospiz verlegt zu werden. Deshalb verschweigen Angehörige oder auch Ärzte dem Sterbenskranken mitunter, wohin die Reise geht. Sie umschreiben den Ort, beschönigen ihn und vermeiden eine klare Aussage.

Selbstverständlich gibt es Sterbenskranke, die bereit sind, in ein Hospiz zu ziehen. Sie haben normalerweise von der hohen Qualität der Pflege und dem vorbildlichen Engagement der Pflegenden dort gehört. Mitunter haben sie aber auch keine andere Wahl. Dann kann es zu Komplikationen wie bei einer allein wohnenden sterbenskranken Frau, die aus Kirgisistan stammte, kommen. Nicht zuletzt wegen der Kostenfreiheit wollte sie in das Hospiz und bestand dort auf Heilbehandlung und üppiges Essen. Wegen zahlreicher Konflikte und ihrer Uneinsichtigkeit (Fressattacken und danach schwallartiges Erbrechen und massive Durchfälle) musste sie entlassen werden.

Stationäre Hospize sind selbständige Einrichtungen mit dem eigenständigen Auftrag, Patienten mit unheilbaren Krankheiten in der letzten Lebensphase palliativmedizinisch und palliativpflegerisch zu versorgen. Sie sind baulich, organisatorisch und wirtschaftlich eigenständige Einrichtungen mit separatem Personal und Konzept, mit acht bis zwölf Betten pro Hospiz. Für sterbenskranke Kinder gibt es spezielle Hospize. Im Mittelpunkt der stationären Hospizversorgung stehen die schwerstkranken Patienten mit ihren Wünschen und Bedürfnissen. Feste Tagesstrukturierungen wie in Kliniken gibt es dort normalerweise nicht. Eine ganzheitliche Pflege und Versorgung wird von Pflegenden und ehrenamtlichen Hospizbegleiterinnen zusammen mit palliativmedizinisch erfahrenen (Haus-)Ärzten gewährleistet. Die Mehrzahl der Pflegenden arbeitet angesichts der starken psychischen Belastungen nur in Teilzeit.

Ein Hospiz steht zwar allen Menschen, unabhängig von Alter, Nationalität oder Religion, offen. Voraussetzung für die Aufnahme ist aber, dass eine lebensbedrohliche Erkrankung, bei der nach menschlichem Ermessen weder Heilung noch Stillstand erwartet werden kann, und eine begrenzte Lebenserwartung bestehen. Die Genehmigung der Krankenkasse ist erforderlich; dafür muss der behandelnde Arzt bescheinigen, dass eine Aufnahme notwendig ist. Der Antrag gilt immer nur für vier Wochen, danach muss man gegebenenfalls einen neuen Antrag stellen. Neben dem fortschreitenden Krankheitsverlauf und den bedrängenden Symptomen der Erkrankung kann auch die ständige Überlastung von Angehörigen, die aus der Krankheit resultiert, ein Kriterium für die Hospizaufnahme sein.

Stationäre Hospize galten und gelten immer noch als das Erfolgsmodell der Hospiz- und Palliativarbeit schlechthin. Politiker favorisieren sie und sprechen von ihnen als Sterbe- und Lebensort, der das Krankenhaus ersetzt und ergänzt. Doch zunehmend fragen Fachleute wie Rochus Allert, der über langjährige Erfahrungen in der Geschäftsführung von Krankenhäusern, Altenheimen, Sozialstationen und Hospizen verfügt, ob sich das stationäre Hospiz auf dem Weg in die Sackgasse befindet.[223] Allert sieht die Hospizidee trotz ihres unbestreitbaren Erfolgs gefährdet. Die Veränderungen, mit denen er und andere Fachleute diese Meinung begründen, gleichen den Veränderungen bei den Palliativstationen: Auch wenn die Hospize gern als Orte des Lebens gesehen werden, wird dort gestorben. Die durchschnittliche Verweildauer in den Hospizen ist drastisch gesunken, sie liegt gegenwärtig nicht selten weit unter drei Wochen, was es schwierig macht, persönliche Beziehungen aufzubauen. Angedacht war eine Verweildauer zwischen vier und sechs Wochen. Eine Verweildauer von wenigen Stunden von der Aufnahme bis zum Tod und mehrere Sterbefälle in einer Woche sind auch hier keine Ausnahme mehr. In manchen Hospizen leben einzelne Gäste jedoch auch längere Zeit, sogar mehrere Monate. Dadurch wird die Statistik der durchschnittlichen Verweildauer erheblich verzerrt. In manchen Hospizen wird aus ökonomischen Gründen eine Belegung von möglichst 100 Prozent angezielt. Das kann bedeuten: Das Zimmer, in dem ein Gast verstorben ist, wird noch am selben Tag wieder belegt. Daraus folgt:

In einem Hospiz mit neun Betten sterben in zwei Monaten bis zu 30 Patienten. Und so kommt es, dass Hospize in ihrer heutigen Form immer weniger den Intentionen von Ciceley Saunders und anderen Pionierinnen der Palliativ- und Hospizbewegung entsprechen, sondern vorrangig «Sterbehäuser» werden.[224] Zudem ist die Finanzierung stationärer Hospize für die Träger schwierig und stark von Spenden abhängig.

Realität ist auch hier wie bei den Palliativstationen: Ursprüngliches Konzept und Wirklichkeit decken sich bei den Stationären Hospizen zunehmend weniger. Für die Gäste mögen sie weiterhin das Paradies sein, für die Pflegenden, die dort arbeiten, wohl kaum. Den Gästen geht es gut. Sie werden bestens versorgt und gepflegt. Die Pflegenden jedoch sind oft erschöpft und – strukturell bedingt – häufig überfordert. Der schnelle Sterbetakt zermürbt. Es geht ihnen genauso wie ihren Kollegen und Kolleginnen auf den Palliativstationen. Auch hier können Supervisionen nichts grundsätzlich ändern. Erforderlich ist eine kritische Revision des Konzeptes, der Situation und der Rolle der Stationären Hospize in der palliativmedizinischen und palliativpflegerischen Versorgung der Bevölkerung. Mehr Hospize einzurichten wird das grundsätzliche Problem nicht lösen.

Pflegeheime entwickeln sich zu Hospizen

Vermutlich möchte kaum jemand einmal in einem Pflegeheim untergebracht werden. Das sagen jedenfalls viele. Aber wer hat schon einmal verglichen, wo besser gepflegt wird: zu Hause (durch oftmals überforderte Angehörige) oder in Pflegeeinrichtungen? Über Zustände in den eigenen vier Wänden gibt es keine oder nur wenige negative Berichte! Trotzdem werden sie – oftmals unbegründet – idealisiert, wie ich im Abschnitt «Die häusliche Pflege und ihre Grenzen» im zweiten Kapitel beschrieben habe. Ungern wird wahrgenommen, dass manche Bewohner im Pflegeheim wieder richtig aufblühen. Das passt nicht in die Anti-Heim-Ideologie.

Dennoch: Der Widerstand gegen den Umzug in ein Pflegeheim ist riesig, entsprechend heftig ist die generelle Kritik an Pflegeheimen. Diese Kritik kann sachlich berechtigt sein; in vielen Fällen ist sie aber auch gespeist von der Aggression gegen das, was ein Pflegeheim repräsentiert: dem Erstarren und Sterben ohnmächtig ausgeliefert zu sein.

Die Pflege älterer und gebrechlicher Menschen ist Hauptaufgabe stationärer Pflegeeinrichtungen. Diesen Menschen soll ein geborgener Lebensabend in familiärer Atmosphäre geboten werden. Viele von ihnen sind an Demenz erkrankt. Ihr Abhängigkeitsgrad von der Versorgung durch Dritte ist meist sehr hoch. Vorrangig werden schwer- bis schwerstpflegebedürftige Personen der Pflegestufen null bis drei versorgt. Um allen Erfordernissen der Grund- und Behandlungspflege, aber auch der Betreuung der Bewohner gerecht zu werden, wird entsprechend ausgebildetes und qualifiziertes Personal eingesetzt. Der Heimträger muss sicherstellen, dass die Zahl der Beschäftigten und deren persönliche sowie fachliche Eignung für die entsprechende Tätigkeit ausreichen. In Pflegeheimen muss auch bei Nachtwachen mindestens eine Fachkraft ständig anwesend sein.

Pflegeheime bilden für gewöhnlich das Ende einer Verlegungskette. Von Gesundheits- und Sozialpolitikern und auch von der Mehrzahl der Bürger werden sie einerseits als allerletzte Möglichkeit der Versorgung angesehen, andererseits wird ein Heimaufenthalt in der letzten Lebensphase insbesondere für hochbetagte, schwerst pflegebedürftige und durch Demenz veränderte Menschen immer häufiger zur Realität. Sie kommen erst in einem immer höheren, stärker gesundheitlich belasteten Alter und in größerer Nähe zum Lebensende in ein Pflegeheim; viele von ihnen mit unheilbaren Krankheiten, die eigentlich palliativmedizinisch und palliativpflegerisch zu versorgen sind.

Sterbenskranke werden immer häufiger aus einem Krankenhaus in ein Pflegeheim verlegt; im Jahr 2013 waren es fast 350 000 Patienten. In den weitaus meisten Fällen ist das Pflegeheim für sie bis zum Tod der dauerhafte, letzte Lebensort. Diese Entwicklung führt zu einem grundlegenden Wandel stationärer Langzeitpflege. Der Pflege- und Betreuungsbedarf der Bewohner in der stationären Altenpflege hat sich im Hinblick auf ihr Alter, ihre Erkrankungen und die damit einhergehende Pflege intensiviert und wird sich noch weiter intensivieren. Dauerbeatmung und Absaugen sind dort allerdings nicht möglich.[225]

Verschärft wird das Ganze dadurch, dass die Verweildauer auch in den Pflegeheimen wie in den Krankenhäusern, Palliativstationen und Hospizen beständig sinkt. In großen Städten liegt sie mittlerweile bei circa einem halben Jahr, vor wenigen Jahren waren es noch zwei Jahre. Es ist nicht mehr die Ausnahme, wenn innerhalb ganz kurzer Zeit mehrere Bewohner sterben. Darauf sind Pflegeheime nicht vorbereitet und dafür auch nicht ausgestattet. Vom «Sterben am Fließband» sprechen manche Mitarbeiter sarkastisch. Pflegeheime sind keine Hospize, und doch wird erwartet, dass sie wie Hospize funktionieren. Sie verfügen in der Regel weder über die notwendigen finanziellen Mittel noch über das für Palliative Care geschulte ausreichende Personal.[226]

In der Praxis sieht es oft so aus: Eine Fachkraft ist im

Nachtdienst für mehr als 40 Bewohner zuständig. Deshalb müssen die Pflegekräfte ständig gegen die Uhr kämpfen und von einem Bewohner zum anderen hetzen. Obgleich sie sich einsetzen, gehen sehr viele von ihnen nach Dienstschluss mit einem schlechten Gefühl nach Hause: Sie hatten nur Zeit für «Satt-und-Sauber-Pflege» – und manchmal noch nicht mal dafür. Dazu kommt das Bewusstsein, für diesen anstrengenden Dienst relativ schlecht bezahlt zu werden. Wer ständig überfordert ist, weil er unbezahlte Überstunden schiebt und durchgängig allein für 30 alte, sterbenskranke Menschen verantwortlich ist, der muss irgendwann einfach die Nerven verlieren, abstumpfen oder aggressiv werden.

In der Gesellschaft tut man sich leicht, Pflegeheime so scharf wie kaum eine andere soziale Einrichtung zu kritisieren. Über «Pflegeskandale» wird fast täglich berichtet. Da liest man: Bewohner würden tagelang nicht gewaschen. Die Zähne würden nicht geputzt. In der durchnässten Kleidung des Tages müssten sie schlafen. Körperliche Gewalt und systematische Vernachlässigung seien weit verbreitet. 36 000 Heimbewohner würden Hunger oder Durst leiden, weil niemand Zeit habe, ihnen beim Essen oder Trinken zu helfen. 14 000 Menschen würden an Bett und Rollstuhl gefesselt, ohne dass eine Genehmigung vorläge. Fast eine Viertelmillion Demenzkranker würde mit Psychopharmaka ruhiggestellt. Das Sterben in den Heimen sei grausam, qualvoll und würdelos.

Die Schuldigen sind schnell gefunden. Unfähige Pflegekräfte, überforderte Heimleitungen, an Profit orientierte Träger, die Politik und «das System» werden für die beklagten Missstände verantwortlich gemacht. Pflegekräfte werden generell diffamiert: «Warum Pflegekräfte töten» hieß unlängst die Schlagzeile in einem Boulevardblatt.

Hemmungslos werden horrende Zahlen, die nicht belastungsfähig sind, in die Welt gesetzt. Denn wenn man die Berichte genauer überprüft, handelt es sich zumeist um Einzelfälle, die generalisiert wurden. Mein vielfältig begründeter Eindruck ist: In der überwiegenden Zahl der Einrichtungen wird gute Arbeit geleistet, trotz der schwierigen Bedingungen, unter denen dort gearbeitet werden muss.

Mir fällt auf – wie schon im ersten Kapitel angesprochen: Bei der Kritik wird das Verhalten der Angehörigen der Heimbewohner ausgespart. Dabei resultieren meines Erachtens gerade die beklagten Missstände nicht zuletzt daraus, dass das Pflegepersonal für gewöhnlich mit den Pflegebedürftigen allein gelassen wird. Nur wenige Angehörige unterstützen sie; sie kommen selten oder oft gar nicht. Mir fällt auch auf, wie sparsam das Verhalten Angehöriger von Heimbewohnern sozialwissenschaftlich erforscht ist. Wie kommt das? Besteht hier ein Tabu?

Viele Pflegekräfte beklagen verbittert, dass Angehörige höchste Ansprüche nach dem Motto «Wir haben gezahlt und haben ein Recht auf …» an die Pflege stellen. Ihre Eltern oder Großeltern würden sie so abgeben, wie man ein Auto an eine Werkstatt abgibt: Der «Kundenservice» soll es richten und Bescheid sagen, wenn der Service fertig ist: «Rufen Sie uns erst an, wenn die Oma gestorben ist, aber nicht während der Nacht.»

Dabei ist die Einbeziehung von Angehörigen und freiwilligen Helfern heute Ausdruck des Qualitätsstandards eines Senioren- und Pflegeheims. Das gelingt auch oft. Manchmal sogar so gut wie beim «Pfleger Schleyer». So nannten die Pflegenden voller Anerkennung einen Ehemann, der sich fürsorglich mit ihnen um seine gelähmte Frau kümmerte.

Die dauerhafte Beteiligung von Angehörigen, Freunden und Menschen aus ihrer Umgebung bringt Normalität in die

Einrichtungen, nimmt ihnen den Schrecken des Fremden. Lebendigkeit durch Vielfalt, Mitgestalten und Eingreifen – das bringt Zufriedenheit auf allen Seiten. Denn Angehörige geben dem Heimbewohner die von ihm benötigte Sicherheit und ermöglichen ihm eine indirekte, aber weitere Teilnahme am sozialen Leben. Damit bestärken sie Persönlichkeit und Identität des Heimbewohners. Dies kann von keinen anderen Personen erreicht werden. Betreuende Angehörige machen mit ihrer Anwesenheit in den meisten Fällen zudem «freiheitsentziehende Maßnahmen» wie das Fixieren an Stuhl oder Bett überflüssig; außerdem könnten Psychopharmaka gespart werden.

Selbstverständlich ist zu berücksichtigen: Manche Heimbewohner haben keine Verwandten (mehr), die sich um sie kümmern könnten. Oder die Angehörigen sind selbst alt und gebrechlich und können nicht mehr pflegen. Auch wenn Angehörige sich gern an der Betreuung im Pflegeheim beteiligen möchten, kann dies allein durch die Entfernung zum Pflegeheim enorm erschwert werden.

Trotz der häufig pauschalen und verletzenden Kritik und schlechter Arbeitsbedingungen setzen sich sehr viele Pflegende – darunter viele mit einem Migrationshintergrund – für das Wohlbefinden der ihnen Anvertrauten ein.

Da sich Pflegeheime in Deutschland zunehmend zu Hospizen entwickeln, halte ich es für angebracht, sie auch personell und finanziell wie Hospize auszustatten. Die Aufstockung der finanziellen Mittel für die Pflege kann das Leben der Heimbewohner und der Pflegenden nachhaltig verbessern.

«Sterbe-Profis» sind auch nur Menschen

«Die Berufsspezialisierung sollte nicht so weit getrieben werden, dass es Spezialisten für den Umgang mit Sterbenden
gibt», hat die Deutsche Gesellschaft für Gerontologie 1980
gewarnt. Mit negativen Erfahrungen auf rein onkologischen
und geriatrischen Stationen wurde diese Warnung begründet.[227] Genau diese berufliche Spezialisierung haben wir aber
heute, wie ich schon in Kapitel 2 beschrieben habe: Ärzte und
Pflegende versorgen und pflegen in Voll- oder Teilzeit sterbende Menschen und ihre Angehörigen.

Von Ärzten und Pflegenden wird erwartet, dass ihnen der
tägliche Umgang mit Krankheit, Sterben und Tod nichts ausmacht. Insbesondere viele Ärzte neigen dazu, diese Erwartung
zu erfüllen.[228] Eigene Gefühle blenden sie aus, geben sich so,
als wären sie unverwundbar. Manche tun so, als könnten sie
sich persönlich herausnehmen: «Ich bin in erster Linie Arzt
und erst in zweiter Linie Mensch», behaupten einige. Aber
auch Ärzte sind zunächst Mensch und erst dann Arzt. Sie
empfinden wie jeder andere und sind genauso verletzbar: «Ich
finde es schlimm, wenn der Patient so hoffnungsfroh ist, und
ich weiß, die Hoffnung ist völlig unberechtigt.» Pflegende
meinen dazu nur: «Das ist einfach nicht die Materie der Ärzte, bei Sterbenden dabei zu sein.»

Aber auch Pflegenden fällt es schwer, sich selbst und anderen gegenüber zuzugeben, dass diese Tätigkeit sie «schafft».
Ich habe die Leiterin eines Hospizes bei einer Podiumsdiskus-
sion gefragt, wie sie denn mit den Belastungen im Hospiz zu-
rechtkomme. Ihre Familie und ihr Team hätten ihr geholfen,
schon zehn Jahre lang ohne Erschöpfung und mit Freude im
Hospiz zu arbeiten, hat sie geantwortet. Ich war überrascht.
Die Antwort hatte ich nach meinen Erfahrungen nicht er-

wartet. Eine Woche später erfuhr ich, dass sie sich zwei Jahre zuvor eine einjährige Auszeit vom Hospiz genommen hatte. Jetzt hat sie ihren Pflegeberuf ganz aufgegeben.

Die täglichen Begegnungen mit Sterbenden und ihren Angehörigen, die dauernde Konfrontation mit unermesslichem Leid, die überhöhten Ansprüche der Kranken und ihrer Angehörigen, eine krakenhaft wachsende, zeitfressende Bürokratisierung und rigorose ökonomische Einschränkungen belasten jeden, der hauptberuflich im ambulanten Palliativdienst, auf einer Intensiv- oder Palliativstation, in einem Hospiz oder in einem Pflegeheim arbeitet. Außerdem können ein schlechtes Arbeitsklima und mangelhafte Zusammenarbeit das Leben schwer machen.

Die Lebenssituation der Sterbenskranken provoziert zudem stets einen Vergleich mit der eigenen Lebenssituation. Die eigene Situation wird dadurch in Frage gestellt. Mit dem Ergebnis: Man ist zufrieden oder schreckt auf. Dazu zwei Beispiele: «Als ich miterleben musste, wie hässlich die Tochter zu ihrer sterbenden Mutter war, habe ich geweint. Das Verhältnis zu meiner Tochter ist auch gestört», erzählte mir traurig eine Ärztin. Ein Krankenpfleger erzählte amüsiert: «Als ich den Patienten gefragt habe, was die schönste Zeit in seiner 50-jährigen Ehe gewesen sei, sagte er mir: ‹Wenn meine Frau in Urlaub war.› – Bin ich froh, dass das bei uns nicht so ist.»

Der Sterbende kann auch an den möglichen Verlust eigener Angehöriger erinnern: «Und jedes Mal, wenn jemand stirbt, passiert was für mich Endgültiges und etwas, was mich unheimlich aufwühlt, und ich seh mittlerweile in jedem, der stirbt, einen Teil derjenigen Menschen, die ich liebe, und hab furchtbar Angst davor, wenn ich mal am Totenbett meiner Eltern stehe.»

Ebenso kann sich niemand gegen die Überlegung schützen:

«Was ich mich auch immer wieder frage, wenn ich an einem Sterbebett von jemandem sitze, der wirklich sehr betagt ist, wo es auch einfach die Zeit ist, dass er sterben darf – da frag ich mich: Wer sitzt mal bei mir?» Eine junge Krankenschwester betreute ihre gleichaltrige sterbende Kollegin, mit der sie auch befreundet war. Nach deren Tod sagte sie mir tieftraurig: «Das Schlimmste daran war, dass ich mich selbst in dem Bett sah. Wir waren uns so ähnlich, doch ich habe den Segen, noch leben zu dürfen.»

Wer Tag für Tag diesen Konfrontationen ausgesetzt ist, stößt sehr bald an seine Grenzen. Ärzte und Pflegende sind bisweilen so sehr voller Trauer, dass sie keinen Platz mehr für weitere Trauer haben. Angehörigen gesteht man für gewöhnlich eine ausreichende Zeit für die Trauer zu; Ärzten und Pflegenden jedoch nicht. Zumeist lässt man ihnen überhaupt keine Zeit zum Trauern. Das wirkt sich aus: Müdigkeit, emotionale Instabilität, Erschöpfung, Zynismus, Konzentrationsmängel, Ängste, Schlaflosigkeit, Reizbarkeit, Depressionen, ansteigender Gebrauch von Alkohol, Tabak, Drogen, eine gesteigerte Unnachgiebigkeit im Verhältnis zu anderen Menschen, Streit auf der Station, in der Partnerschaft und in der Familie, monatelange berufliche Ausfallzeiten oder gar das Kündigen des Arbeitsplatzes sind typische Folgen, wenn die eigenen Grenzen ständig missachtet werden.[229]

Jeder Mitarbeiter sucht für sich Wege, seine Überforderungen in den Griff zu bekommen und irgendwie zu überleben. Viele reduzieren ihre Arbeitszeit oder wechseln nach wenigen Jahren die Stelle. Das ist nicht immer möglich. Dann werden Schutzmaßnahmen gegen zu große Nähe zum Sterbenden ergriffen: Es wird bewusst geregelt, was gesprochen wird; man fragt zum Beispiel nicht mehr nach Gefühlen. Auf Zeitmangel wird hingewiesen wie: «Ich bin allein auf Station.»

Scheinfragen wie: «Warum machen Sie sich eigentlich so viele Sorgen?», werden gestellt. Handlungsabläufe wie wiederholtes Bettenmachen werden ritualisiert. Fokussierung auf Sachen, Medikamente, Organe wie «die Lunge» oder «den Tumor». Im Gespräch auf der Smalltalk-Ebene bleiben und sich so abschotten. Sich hinter wissenschaftlichen Daten und medizinischen Fachbegriffen verstecken: «Sie haben ein wenig differenziertes Adenocarcinom (G3) aus Gastrointestinaltrakt (DD Ovar) mit ausgedehnter Peritonealcarcinose.» Man hält sich mit zynischen Sprüchen über Wasser. Gerade bei stereotypem Zynismus kann man fragen, ob das nicht eine getarnte Form von Traurigkeit ist. Manche haben ganz spezielle Entlastungsriten für sich gefunden: «Ich habe mir angewöhnt, am Abend ein Glas Wein auf das Wohl des verstorbenen Patienten zu trinken.»

Mitunter wächst auch der heimliche Wunsch, dass – auch zur eigenen Entlastung – der Sterbende schneller stirbt: «Manchmal denke ich schon für mich: Wenn jetzt der Tropf ein bisschen höher eingestellt wäre … – eigentlich könnte dem Menschen gar nichts Schöneres passieren. Dennoch wäre es sehr belastend, wenn es aufgrund dessen passieren würde.» Solche Gedanken lösen Schamgefühle und innere Konflikte aus.

Spätestens dann, wenn zu den «normalen» Belastungen eine eigene Erkrankung, die Erkrankung der eigenen Eltern, des Ehepartners oder der Kinder kommt, läuft alles auf einen Zusammenbruch hinaus: «Nun bin ich auch verwundet und falle selbst zu Boden.»[230]

Selbstverständlich gibt es nicht nur «Schweres», sondern auch «Schönes»: «Da war Zeit. Die Angehörigen waren da, als es ans Sterben ging. Wir haben den Sterbenden miteinander frisch gemacht. […] Die Angehörigen waren ganz glücklich, dass das so gelaufen ist. Die Patientin ist friedlich eingeschlafen. Das war alles echt, wie's sein sollte.» Eine 70-jährige sterbenskranke Patientin lächelte ihren Hausarzt an: «Schön, dass Sie Zeit haben. Ich freue mich sehr, Sie zu sehen. Bitte schauen Sie nicht so traurig, es wird alles gut! Haben Sie doch bitte nicht so viel Angst.»

Angehörige können Ärzte und Pflegende auch spürbar entlasten: «Ich freue mich, wenn ich die Liebe zwischen den Familienmitgliedern, die am Sterbebett sitzen und die Hand halten, spüre. Dann braucht man auch kein schlechtes Gewissen zu haben, wenn man rausgeht.»

Sind Pflegeroboter und Euthanasiehäuschen unsere Zukunft?

In den nächsten Jahren wird die Anzahl pflegebedürftiger und auch sterbenskranker Menschen stark wachsen. Viele von ihnen werden auf fremde Hilfe angewiesen sein. Wer wird für sie da sein? Nach allem, was wir heute wissen, werden die benötigten Pflegekräfte und Helfer fehlen. Was dann?

Der technische Fortschritt könnte zeitgemäße Lösungen anbieten. Roboter arbeiten heute schon genauer, ausdauernder und kostengünstiger als Menschen. Warum sollte man sie nicht auch in der Pflege einsetzen? Schon jetzt gebe es in manchen Altersheimen Hilfe durch Roboter, sagen Fachleute. Aber nur für Hol- und Bringdienste, also für standardisierte Abläufe. Dazu muss die Maschine nicht intelligent wie ein Mensch sein. Roboter können Geschirr aufräumen, Licht ausmachen, Spülmaschinen leeren. Erste Prototypen werden für weitere Hilfen erprobt. Japanische Pflege-Roboter sind schon in der Lage, alte und kranke Menschen zu tragen.

An der Entwicklung eines Kuschel-Roboters wird gearbeitet. Sprachschnittstellen werden entwickelt, sodass man mit dem Roboter reden und die Maschine antworten kann. Die Bedienung wäre über einen Computer möglich. Die Forscher betonen, dass die Projekte noch pflegefern seien. Es handle sich bisher nur um Assistenzroboter, die Patienten und Angehörige im Haushalt entlasten können.

Der Anfang ist also gemacht. Wie weit die Entwicklung gehen kann, ist offen. Werden Roboter sogar menschliche Nähe und emotionale Wärme vermitteln? Wir wissen, dass sie Menschen letztlich nicht ersetzen können. Damit bleibt die Frage: Was geschieht mit den alten und sterbenskranken Menschen, wenn es «zu viele» von ihnen gibt oder ihre Pflege zu teuer wird? – «Hat einer dreißig Jahr vorüber, so ist er schon so gut wie tot. Am besten wär's, euch zeitig totzuschlagen», sagt Bakkalaureus in Goethes Faust zu Mephistopheles, als Mephistopheles vor ihm als Greis im Rollstuhl sitzt. Wird der (recht-)zeitige Tod der alten und sterbenskranken Menschen die Antwort sein?

Alte und sterbende Menschen werden in einer an Leistung und Gewinn orientierten Gesellschaft als ärgerliche Last empfunden.[231] Sie haben in einer Welt der Sieger keinen Platz. Und sie erleben sich auch selbst als bedauerliche Last und Belastung. Was liegt da näher, als sie (recht-)zeitig zu töten? Eine «Postmoderne Euthanasie» als gesundheitsökonomisches Werkzeug unserer Gesellschaft? Über die Einrichtung, Organisation und Effektivität von Tötungsfabriken liegen uns ja hinreichend Erfahrungen vor. Werden wir selbständige, freiberufliche Sterbeärzte und Sterbeammen, wie sie Michaela Murgia in ihrem Roman «Accabadora» beschreibt, bekommmen?

Die Romanfigur Bonaria ist eine «Accabadora», eine weise

Frau, die Kinder ins Leben holt und, wenn es nötig ist, auch ein drängendes Problem löst, das alle treffen kann. Sie ist eine Heilerin, die alten und kranken Menschen, die im Koma liegen oder ihre Schmerzen nicht mehr aushalten können, ihren Sterbewunsch erfüllt und ihnen zu einem ruhigen, gnädigen Tod verhilft. Nachts kommt sie, flößt ihnen ein Sedierungsmittel ein und erstickt sie mit einem Kissen. Das gehört zu den «Dingen, die man tut» – auch wenn der alte Pfarrer sie verurteilt. Aber die Bedingungen sind streng: Das braucht das Einverständnis des Betroffenen sowie der ganzen Familie, und wenn die nur jemand loswerden will, weil sie auf eine Erbschaft hofft, dann sagt Bonaria nein, denn das «tut man nicht».

Noch dürfen Sterbeärzte oder Sterbeammen à la Bonaria in Deutschland nicht tätig werden, noch nicht! Denn in Deutschland ist es verboten, Menschen zu töten. Jeder Mensch hat das Grundrecht auf Leben und Unversehrtheit, auch Menschen, die zur Last fallen. Das Strafgesetzbuch sieht für Straftaten gegen das Leben hohe Strafen vor; für Mord und Totschlag bis zu lebenslanger Freiheitsstrafe, für Tötung auf Verlangen bis zu fünf Jahre Freiheitsstrafe.[232] Die Selbsttötung (oder Selbstmord, Freitod, Suizid – je nach Weltanschauung) ist in Deutschland als Ausdruck des Selbstbestimmungsrechts straffrei; dies gilt grundsätzlich auch für die Beihilfe zum Suizid. Die Verleitung eines Schuldunfähigen oder die Anstiftung mittels einer Täuschung kann Totschlag bzw. Mord in mittelbarer Täterschaft sein und ist strafbar.

Aufgrund dieser Rechtslage kann sich als rechtskonforme Problemlösung die suggestive Frage ergeben: Ist die rechtzeitige Selbsttötung nicht eine edle Pflicht für Alte und Sterbende? Müssten sie nicht schon von allein darauf kommen, dass ihre Zeit vorbei ist, und sich selbst töten? Gegebenenfalls müsste man nachhelfen und sie dazu animieren. Ihnen mit einem sanften Tod winken? Würde das nicht sogar durch die These, Leid, Abschied, Sterben und Tod seien als Teil des Lebens zu akzeptieren, unterstützt?

Mir fällt auf, dass die Medien in den letzten Jahren ausführlich über Kranke (vor allem über Prominente), die sich suizidieren wollen oder sich suizidiert haben, berichten. In der Tat *die* Medien, nicht nur einzelne. Bücher wie «Alles ist gutgegangen» von Emmanuèle Bernheim über den Freitod ihres Vaters werden zudem als «Ein großes Buch über das Glück des Lebens und die Freiheit zu sterben» empfohlen. Die «Reise in die Schweiz» und der «Altersfreitod» werden glorifiziert und einem angeblich qualvollen Tod in einem deutschen Pflegeheim gegenübergestellt.

Manche Beiträge in der gegenwärtigen öffentlichen Diskussion zur Sterbehilfe wirken auf mich wie eine Verharmlosungspropaganda des Suizids. Ganzseitig wird zum Beispiel mit «Anzeigensonderveröffentlichungen» in überregionalen deutschen Zeitungen Sterbehilfe mit dem strahlenden Gesicht einer Frau angepriesen: Der selbstbestimmte Freitod sei der würdige Lebensausklang. Mit falschen Behauptungen wie «Das Leben nach eigenem Beschluss mit ärztlicher Begleitung zu beenden, ist in Deutschland nicht möglich» wird die Beratung über die Möglichkeit des begleiteten Freitods mit dem Hinweis, dass es zu diesem Angebot in Deutschland keine Alternative gäbe, beworben.

Aus der Suizidforschung ist bekannt, dass mit einer ausführlichen Berichterstattung über Suizide die Anzahl der Suizide und Suizidversuche evident zunimmt. Das geschieht – so wird in Fachkreisen vermutet – gerade bei sterbenskranken und alten Menschen. Ist das Zweck und Ziel der Verklärung des Suizids?

Außer Acht gelassen werden dabei unter anderem die Auswirkungen eines Suizids. Ich habe viele Angehörige von Menschen, die sich suizidiert haben, betreut. Und ich weiß auch, was der Suizid eines Patienten in einer Klinik bei den Pflegenden und Ärzten auslöst. Jeder Suizident verletzt mit seinem Suizid enge Angehörige, Freunde und auch Pflegende und Ärzte, löst Schuldgefühle, ohnmächtiges Entsetzen und Traumata bei ihnen aus. Suizidforscher nehmen an, dass von jeder Selbsttötung durchschnittlich sechs andere Personen existenziell betroffen sind. Viele Hinterbliebene von Suizidenten trauern jahrzehntelang und werden ihre quälenden Selbstvorwürfe nicht los. Auch ein assistierter Suizid kann Angehörige und Freunde nicht vor heftigen Reaktionen schützen.[233]

In der derzeitigen öffentlichen Diskussion über «Sterbehilfe» wird «Sterbehilfe» mittlerweile mit «Beihilfe zum Suizid» gleichgesetzt. Manche meinen damit auch aktive Sterbehilfe. Handelt es sich bei diesem Sprachgebrauch nur um eine sprachliche Verirrung oder doch um eine (un)heimliche Aufforderung an ältere und sterbenskranke Menschen, sich zu töten? Die Gleichsetzung offenbart, dass viele Menschen heute Sterbehilfe auf Beihilfe zum Suizid reduzieren! Sterbenden kann jedoch vielfach beim Sterben geholfen werden: Beihilfe zum Suizid ist nur eine Möglichkeit.[234]

In einigen europäischen Staaten bieten Sterbehilfeorganisationen Menschen, die an einer unfehlbar zum Tode führenden Krankheit, einer unzumutbaren Behinderung oder an nicht beherrschbaren Schmerzen leiden und ihrem Leben und Leiden deshalb freiwillig beenden möchten, Beihilfe zur Selbsttötung an. Die Organisation beschafft das dazu notwendige tödliche Medikament. Nach dessen Einnahme schläft der Patient innerhalb weniger Minuten ein; der Schlaf geht in den Tod über. – So die Werbung.

Nach dem Willen des Schweizer Vereins für den organisierten Tod «EXIT» (80 000 Vereinsmitglieder) sollen Senioren künftig «weniger medizinische Abklärungen» über sich ergehen lassen und «weniger gravierende Leiden» nachweisen müssen als jüngere Patienten, «um das Sterbemittel ärztlich verschrieben zu erhalten». EXIT will sich verstärkt für den «Altersfreitod» einsetzen.²³⁵

Wird die organisierte Selbsttötung zu einem neuen Geschäftsmodell? Werden «Sterbehelfer» sich einen erbitterten Wettbewerb um «Lebensmüde» liefern? Mit Sonderangeboten für «sanftes Sterben»? Mir scheint, der Markt dafür wird gerade vorbereitet. Derzeit verlangen Sterbevereine für ihre Beihilfe zum Suizid zwischen 7000 und 10 000 Euro.

Spätestens jetzt muss jedem klar werden: Die Diskussion über Sterbehilfe verläuft auf einem sehr schmalen Grat.²³⁶

Der englische Schriftsteller Martin Amis liebt groteske Karikaturen und hat in der Sunday Times angeregt, an jeder Straßenecke «Euthanasiehäuschen» für jedermann aufzustellen. In denen könnten sich alte Menschen «mit einem Martini und einem Orden» verabschieden. Großbritannien müsse sich dem «Silvertsunami» stellen, der auf das Land zurolle, und solle seine Euthanasiegesetze lockern. «Es sollte einen Ausweg für Menschen mit einem klaren Verstand geben, die entscheiden, dass sie im Minus sind.»

Empört wurde darauf reagiert: «Was sind das für Todeszellen? Sollen sie so eine Art Superklo sein, wo man ein paar Pfund einwirft und dafür einen tödlichen Cocktail bekommt?» Amis hat versucht, seiner Provokation die Schärfe zu nehmen, indem er sie als «satirisch» verteidigt hat.²³⁷

In dem Roman «Schöne neue Welt» (1932) von Aldous Huxley gibt es keine Krankheiten mehr, sie wurden durch pränatale Impfungen ausgemerzt. Die Menschen sind stets gesund und leistungsfähig. Sie altern fast unmerklich, spüren keinen körperlichen Leistungsrückgang und verändern sich durch Sportaktivitäten und Verwendung moderner Kosmetik äußerlich nur geringfügig. Die menschliche Lebenszeit ist auf ein Alter zwischen 60 und 70 Jahre begrenzt. Bis dahin bleiben die Menschen vital; dann versterben sie sehr schnell und schmerzlos im Halbschlaf. Die Angst vor dem Tod wurde durch Konditionierung beseitigt: Kindergruppen werden durch Sterbehospitale geführt, wo sie die still vor sich hin dämmernden Sterbenden sehen. – Wird das, was Amis und Huxley sich erdacht haben, bald unser Umgang mit Sterben und Tod sein?

Die Menschenwürde der Sterbenskranken und der Betreuenden

Die Menschenwürde ist nach ständiger Rechtsprechung des Bundesverfassungsgerichts die wichtigste Wertentscheidung des Grundgesetzes. Unabhängig von seinen Eigenschaften, seinem körperlichen oder geistigen Zustand, seinen Leistungen oder sozialem Status hat jeder Mensch einen Wert- und Achtungsanspruch. Er kommt jedem Menschen kraft seines Menschseins zu. Als einzige Verfassungsnorm gilt die Menschenwürde absolut, kann also durch keine andere Norm – auch nicht durch ein davon abgeleitetes Grundrecht – beschränkt werden. Die Menschenwürde kann niemandem genommen werden. Sie ist nach der Ordnung des Grundgesetzes dem Menschen durch seine bloße Existenz eigen. Wohl aber kann der Achtungsanspruch, den jeder Einzelne als Rechtspersönlichkeit hat, verletzt werden. Und das beklagen zunehmend Sterbenskranke, Angehörige, Pflegende und Ärzte.[238]

Ein Sterbenskranker klagte: «Die Würde des Menschen ist unantastbar? Wie sollte ich das denn einklagen, wenn ich unfähig war, einen klaren Satz zu artikulieren? Sie standen vor mir, die Ärzte in ihren weißen Kitteln, und redeten auf mich ein. [...] Es war ihnen völlig egal, dass ich offensichtlich nur die Hälfte verstand von dem, was sie mir erzählten. Und jeder von ihnen machte mir Angst, Angst, Angst.»[239]

Angehörige beklagen fehlende Menschenwürde bei der Behandlung ihrer pflegebedürftigen Angehörigen in Kliniken und Pflegeheimen. «Ich möchte nicht, dass Mutter über eine Magensonde durch ihren Bauch künstlich ernährt wird. Das ist kein menschenwürdiges Leben mehr. Mutter hätte so etwas nie gewollt. Selbst wenn sie verhungern müsste.»

Über Verletzungen der Würde Pflegebedürftiger wird fast täglich in den Medien berichtet, an die Öffentlichkeit dringt aber fast nie, wenn Pflegebedürftige, Sterbenskranke oder deren Angehörige die Würde von Pflegenden und Ärzten verletzen. Solche Verletzungen sind nicht so selten, wie man annehmen sollte: Das kann mit plumpem Duzen beginnen, dann weiter über anzügliche Bemerkungen bis hin zu Beleidigungen und Bedrohungen gehen. Einige Beispiele: Eine Patientin ohrfeigte eine Krankenschwester, weil sie nicht gleich den Arzt holte. – Eine Frau mit Demenz weigerte sich, ihre Medikamente einzunehmen, und spuckte sie der Altenpflegerin ins Gesicht. – Ein älterer Patient grapschte immer wieder nach den Brüsten der Krankenschwester und fasste in ihren Schritt. – Ein verärgerter Patient schlug mit einem Stuhl auf einen Pfleger ein. – Als eine Krankenschwester bei einer sterbenskranken Frau eine Infusion anlegen wollte, wickelte diese den Infusionsschlauch um den Hals der Krankenschwester und strangulierte sie. – Ein Arzt wurde körperlich bedroht, weil er die sterbende Mutter nicht vor dem Tod bewahren konnte.

Sterbenskranke können wie alle Pflegebedürftigen psychische Gewalt durch gespielte Unselbständigkeit, absichtliches Einnässen, Boykottieren der nötigen Pflegehandlungen, permanentes Kritisieren und Nörgeln, maßlos überzogene Erwartungs- und Forderungshaltung, Gegeneinander-Ausspielen der Ärzte und der Pflegekräfte, Verleumdungen, Beschimpfungen, Beleidigungen, sexuelle Belästigungen und Bedrohungen gegen Pflegende ausüben, und manche tun das auch.

Sie haben viele Anlässe und subjektive Beweggründe für ihr Verhalten: Sie protestieren gegen ihr Schicksal, leisten Widerstand gegen Pflegemaßnahmen, reagieren auf die Konfrontation mit gesunden Menschen, wehren sich gegen den drohenden Autonomieverlust, weisen die Eindringlinge in ihre private Sphäre zurück und wüten, weil eine strapaziöse Therapie nutzlos war. Fehlende Selbstkontrolle und überhöhte, egoistische Ansprüche der Kranken und ihrer Angehörigen steigern ihre Bereitschaft, Ärzte und Pflegende anzugreifen und zu verletzen.

Eine Pflegende kommentierte das feindselige Verhalten einer Patientin und zeigte Verständnis: «Aber bei anderen Gelegenheiten verfiel sie unvermittelt in Feindseligkeit, ein Zeichen für den Unmut, den sie verspürte, aber nicht verstand; Unmut darüber, dass sie die Kontrolle über ihr Leben verloren hatte.»[240]

In der häuslichen Pflege sind nicht nur Hausärzte und ambulante Pflegekräfte «Opfer» von Pflegebedürftigen, sondern auch pflegende Angehörige. Ihnen fehlt dann sogar die Möglichkeit, sich zurückzuziehen. Sie wohnen mit dem «Täter» unter einem Dach. Im Unterschied dazu kann der Pflegedienst den Pflegevertrag kündigen und so auf Übergriffe reagieren.

Auch Sterbenskranke leben nicht im rechtsfreien Raum. Sie haben kein Recht, ihre Wut und ihren Zorn ohne jede

Rücksicht auf andere an anderen auszuleben. Auch sie müssen die Menschenwürde ihrer Angehörigen, Pflegekräfte, Ärzte und aller anderen Betreuer – bei allem Verständnis für ihre schlimme Situation – achten. Gegebenenfalls sind ihnen in passender Weise die Grenzen zu setzen.

RESÜMEE
Der Einzelne und der Staat verantworten gemeinsam, dass menschenwürdiges Sterben möglich ist

Wenn nicht mehr die Bedürfnisse der Sterbenden und die Bedürfnisse des pflegenden und ärztlichen Personals, sondern die von der Gesellschaft zur Verfügung gestellten finanziellen Mittel und die wirtschaftliche Rentabilität absolute Priorität haben, muss auch an die Artikel 23 und 24 der UN-Menschenrechtscharta erinnert werden. Dort wird nicht nur das Menschenrecht auf Arbeit, sondern dort werden auch grundlegende Rechte in der Arbeitswelt beschrieben, wie das Recht auf angemessene Arbeitsbedingungen. Und da stellt sich die Frage von selbst, ob «Sterbende am Fließband zu pflegen» eine angemessene Arbeitsbedingung ist, zumal dadurch die Emotionen und die Empathie der Pflegenden und Ärzte ausgebeutet werden.

Nationaler Pflegenotstand heißt doch überspitzt formuliert: Die Mehrzahl der Deutschen ist derzeit nicht bereit, Zeit und Geld für ihre Sterbenskranken und für ihre alten Eltern auszugeben; zugleich wächst jedoch die Furcht, selbst einmal so behandelt und vernachlässigt zu werden. Darf das so bleiben?

Sterbenskranke und Sterbende sind in Deutschland im Großen und Ganzen gesehen vermutlich noch nie so gut versorgt und gepflegt worden, wie das heute geschieht, dank der Fachkräfte. Gleichwohl sind vielfältige Reformen angesagt. Diese betreffen sowohl die Haltung und Bereitschaft, Menschen beim Sterben zu betreuen, als auch die Ausstattung und Finanzierung der Institutionen, in denen Menschen sterben. Für mich ist es allerdings fraglich, ob die bisherigen und die beabsichtigten Gesundheits- und Pflegereformen so greifen können, dass die beschriebenen Mängel beseitigt werden. Mit mehr Geld kann man einiges erreichen; aber Einstellungen und Haltungen gegenüber Sterben und Tod kann man damit nicht ändern. Eine Veränderung der Einstellung und Haltung gegenüber Sterben und Tod ist jedoch überfällig.

ZUM SCHLUSS: ERMUTIGUNG
ZU EINEM BESSEREN UMGANG MIT
STERBEN UND TOD

NACH DEM TOD SEINER FRAU stellte der Ehemann von Ruth Picardie traurig fest: «Alles richtig zu machen gelang keinem von uns. Wenn ich etwas im Laufe von Ruths letzten Wochen gelernt habe, dann daß einem die Illusionen von einem friedlichen, würdevollen Tod und dem perfekten Familienabschied am Sterbebett mit ziemlicher Gewissheit geraubt werden. […] Sterben ist gemein, hässlich und schmerzhaft.»²⁴¹

Die Wahrheit über das Sterben ist: Man kann ihm nichts von seinem Schrecken nehmen. Im günstigsten Fall finden wir einen Zipfel Trost. Gestehen wir uns aber ein: Wir fürchten uns vor dem Sterben und sind zugleich von ihm fasziniert. Die Angst vor dem Sterben werden wir nicht verlieren, weil wir das Leben lieben und uns nicht von den Menschen, die uns lieben und die wir lieben, verabschieden möchten. Machen wir uns da nichts vor, und lassen wir uns da nichts vormachen!

Begegnungen mit Sterbenskranken und Sterbenden können uns verändern. Wir können von ihnen für unser Leben und für unseren Umgang mit Sterben und Tod Entscheidendes lernen. Allerdings nur dann, wenn wir uns dafür öffnen und bereit sind, uns belehren zu lassen. Sterbende erinnern uns unausweichlich an unsere eigene Endlichkeit. Wer will sein eigenes Ende schon wahrhaben? Im Grunde stoßen wir täglich an unsere Grenzen. Aber genau dagegen wehren wir uns. Wer ist schon bereit zu akzeptieren, dass der Tag nur 24 Stunden und keine Sekunde mehr hat? Sterbenskrank bejahen wir Grenzen genauso wenig wie zuvor in unserem Leben. Deshalb ist *Palliative Care* für mich im Grunde nichts anderes, als Sterbenskranke in ihrem Kampf gegen ihre endgültige Lebensgrenze liebevoll zu begleiten und zu unterstützen.

Wir leben heute in einer Gesellschaft, in der Menschen oft wenig aufmerksam und wertschätzend miteinander umgehen. Hilfe delegieren wir vorrangig an soziale Organisationen. Gegen die finanziellen Kosten unserer Lebensrisiken versichern wir uns. Die persönliche gegenseitige Hilfe kommt oft schon deswegen zu kurz, weil natürliche soziale Netze, die den Einzelnen tragen, seltener werden. Unsere am Profit orientierte Gesellschaft ist eine Welt der Sieger.[242] Bedürftig- und Angewiesensein passen nicht in diese Welt. Kinder werden gefördert und gestützt, sie sind eine «Investition in die Zukunft» – aber schwache, alte und sterbenskranke Menschen? Sie sind bedürftig und kosten Geld, das sich nicht «rechnet». Siegertypen und «Selfies» pochen auf Freiheit, Selbstverwirklichung und ihr Selbstbestimmungsrecht. Selbst der Begriff «Pflegebedürftigkeit» stört sie und soll abgeschafft werden.[243] Verantwortung, Gemeinsinn und Solidarität sind für sie Fremdwörter. Die offenkundigen Defizite und Mängel dieser Welt bilden den Markt für eine wachsende Sterbe- Trauer- und Wohlfühl-Industrie. Nicht zuletzt erwachsen, meiner Meinung nach, auch die gegenwärtige Diskussion über Töten und Selbsttöten und die Angebote dafür aus der sozialen Armut unserer Gesellschaft.

Allerdings schmerzen die Auswirkungen dieser Entwicklung immer mehr Menschen und provozieren Gegenbewegungen. Eine dieser Gegenbewegungen ist die moderne Hospiz- und Palliativbewegung. Ist sie das schlechte oder das gute Gewissen der Gesellschaft? Diese Bürgerbewegung bezeugt, dass auch in der modernen Gesellschaft Einzelne, Familien, Institutionen und der Staat zum Wohl Sterbenskranker und ihrer Familien fruchtbar zusammenwirken können und das auch tun. Wir erleben, wie Hospizbegleiterinnen für sie fremde Sterbenskranke und deren Angehörige ortsnah, praktisch und kostenfrei unterstützen. Allerdings bedrängen nach meiner Beobachtung die gesellschaftliche Wirklichkeit und ihr Wachstum die Hospiz- und Palliativbewegung in ihren Idealen und Zielen: Der anstehende Generationswechsel und die sich ausweitende Institutionalisierung dieser Bewegung Ehrenamtlicher könnten zum Beispiel dazu führen, dass immer mehr Hauptamtliche («Funktionäre») – ohne Praxisbezug? – die Führung übernehmen. Damit könnten der Selbsterhalt der Institutionen (Vereine, Verbände, Gesellschaften, Stiftungen, Akademien) und ihre Finanzierung wichtiger werden als die Orientierung an den Bedürfnissen der Sterbenskranken und Sterbenden. Ein Beispiel für eine solche Entwicklung ist für mich, dass aus dem Kreis führender Funktionäre «eine Pflegestufe für Sterbende» gefordert wird.

Um besser mit Sterben und Tod umzugehen, bieten sich viele, erfolgversprechende Mittel und Wege an; einige Beispiele:

(1) Schauen wir weniger «Tatort» und andere Sendungen, in denen Menschen mit Gewalt getötet werden oder sich töten und qualvoll sterben. Lassen wir uns nicht länger dadurch unterhalten und unsere Vorstellungen vom Ster-

ben prägen. Kümmern wir uns vielmehr um alte und pflegebedürftige Menschen und Sterbenskranke. Eine Begegnung mit ihnen kann mindestens so aufregend wie ein «Tatort» sein.

(2) Gehen wir davon aus, dass Sterbenskranke und Sterbende für gewöhnlich wissen, dass ihr Leben durch ihre Erkrankung bedroht ist, also «die Wahrheit» kennen und nicht glauben wollen oder können, dass es so ist.

(3) Akzeptieren wir, dass auch Sterbenskranke und Sterbende leben und nicht sterben wollen. Begleiten wir sie in ihrem Kampf gegen den Tod und in ihrer Hoffnung, den Kampf zu gewinnen. Wenn *unser* Leben durch eine Krankheit bedroht ist, werden wir auch kämpfen.

(4) Beachten wir die vielfältigen Ambivalenzen, denen Sterbenskranke ausgeliefert sind, hauptsächlich das Spannungsfeld von Angst und Hoffnung. Gestehen wir ihnen das Recht auf Unruhe, Angst und Hoffnung zu. Verzichten wir auf noch so gutgemeinte Ratschläge, Ermahnungen, Erklärungen und zu schnelle medikamentöse «Beruhigungen».

(5) Bemühen wir uns, Sterbenskranken und Sterbenden gegenüber wahrhaftig zu sein. Zeigen wir, dass uns ihr Schicksal nicht gleichgültig ist. Strengen wir uns an, miteinander die gefährliche Lage auszuhalten, und scheuen wir uns nicht, gemeinsam zu klagen, zu hoffen und zu trauern.

(6) Suchen wir mit den Sterbenskranken und Sterbenden nach spirituellen Ressourcen, nach Quellen, aus denen wir gemeinsam Kraft schöpfen können, wenn die Dinge ihre Selbstverständlichkeit verlieren und wir uns nicht nur endlich, sondern auch gebrechlich und gebrochen erleben.

(7) Beherzigen wir, dass Krankenkassen und Pflegeversicherungen uns nicht pflegen können; auch Geld kann das nicht. Sorgen wir für Menschen, die sich mit Hirn, Herz und Hand um Alte und Sterbende kümmern. Welche Menschen wären bereit, mich liebevoll zu pflegen? Sieben Menschen, drei Menschen, ein Mensch oder niemand? Und umgekehrt: Wie viel Menschen bin ich bereit, liebevoll zu pflegen?

(8) Wundern wir uns nicht, dass junge Menschen sich gegen den Pflegeberuf und speziell gegen die Pflege in Pflegeheimen entscheiden. Empören wir uns, wenn «die Pflege» sowie Senioren- und Pflegeheime pauschal schlechtgemacht werden. Sorgen wir dafür, dass die Pflegenden einen gerechten Lohn für ihre anspruchsvolle Arbeit bekommen.

(9) Setzen wir uns dafür ein, dass Ärzte und Pflegende besser auf den Umgang mit Sterbenskranken und deren Familien vorbereitet werden. Medizinstudierende sollten lernen, wie der ärztliche Beitrag in kritischen Behandlungssituationen mit Tendenz zum Versterben, bei Multimorbidität und Gebrechlichkeit und somit Vergeblichkeit lebenserhaltender Maßnahmen aussehen kann und wie sie lebensmüde Menschen begleiten und stützen können.

(10) Anerkennen wir die Grenzen der Spezialisierung und Arbeitsteilung in den Gesundheitsberufen. Die Wochenarbeitszeit (Vollzeit) für Pflegende, die schwerpunktmäßig Sterbende pflegen, sollte auf 35 Stunden reduziert werden. Dann gäbe es für sie ausreichend Zeit zum Regenerieren. Weniger Pflegende müssten in Teilzeit gehen und wären damit vor Altersarmut geschützt.

(11) Bestärken und unterstützen wir Männer darin, Sterbens-

kranke zu begleiten und zu pflegen. Erinnern wir Manager und Politiker daran, dass ihr persönliches Verhältnis zu Sterben und Tod auch ihr Handeln in Wirtschaft und Politik beeinflusst.

(12) Beseitigen wir Schräglagen und Fehlentwicklungen von Institutionen. Anerkennen wir, dass zu Hause immer seltener gestorben wird. Beseitigen wir die Ungerechtigkeit bei der Finanzierung der Aufenthalte im Hospiz und im Pflegeheim zugunsten der Pflegeheime.

(13) Statten wir Krankenhäuser und Pflegeheime so für Palliative Care aus, dass ausreichend Menschen, Zeit und Räume für die Betreuung Sterbender zur Verfügung stehen. Dort sterben drei Viertel aller Sterbenden. Selbst eine Verdopplung der Anzahl der Hospize würde höchstens zwei Prozent aller Sterbefälle betreffen.

(14) Entwerfen wir realisierbare Konzepte und Modelle für Palliative Care in Kliniken und Pflegeheimen und führen sie wirklich ein.[244] Ein Palliativbeauftragter in jedem Krankenhaus und jedem Pflegeheim (analog zu Beauftragten für Hygiene) kann nicht die Lösung sein. Eine nach ökonomischen Kriterien getaktete Pflege lässt Palliative Care nicht zu. Richten wir Bereiche in den Abteilungen und Stationen für Sterbende ein, in denen Palliative Care gelingen kann.

(15) Entwickeln wir neue Formen gemeindenaher Palliativversorgung und erproben sie: Vernetzung und gegenseitige Unterstützung von örtlichen und regionalen Initiativen. In vielen Gemeinden werden Kleinheime für Senioren gebaut. Verknüpfen wir sie mit Sozialstationen, niedergelassenen Ärzten, ambulanten Palliativdiensten und Hospizvereinen.

(16) Bekräftigen und beachten wir den Wert- und Achtungs-

anspruch, den gebrechliche und sterbenskranke Menschen haben. Engagieren wir uns dafür, dass sie nicht aus der Gesellschaft ausgegliedert werden; damit sorgen wir letztlich auch für uns selbst.

Zur Wahrheit über das Sterben gehört auch, dass Leidende und Sterbende Trost brauchen. Als Ijob vor 3000 Jahren seinen Freunden sein Leid – den plötzlichen Tod seiner zehn Kinder – klagte, versuchten sie, ihn durch weise Reden und Ratschläge zu trösten. Sie erklärten ihm sein Leid und deuteten ihm seine Situation mit ihren Theorien. Ijob reagierte darauf ungehalten: «Wie nun mögt ihr so dunstig mich trösten! Von euren Antworten überbleibt nur die Treulosigkeit.» (Ijob 21,34) Als seine Freunde mit ihren Erklärungen und Deutungen nicht aufhörten, fuhr er sie grob an: «Genug dergleichen habe ich gehört. Elende Tröster seid ihr allesamt. – Wie lange wollt ihr mich noch peinigen, mit Worten mich zermalmen? – Nun hört doch aufmerksam auf meine Worte! Darin bestehe euer Trösten!» (Ijob 16,2; 19,2)

Jemanden zu trösten heißt also: Ich höre auf dich und bin dir nahe. Ich verlasse dich nicht, was auch passiert. Ich halte mit dir aus, was allein nicht auszuhalten ist. Solcher Trost wird so sogar zum doppelten Trost: für den Sterbenden, dass er nicht allein gelassen wird. Für den Tröstenden, dass er den Sterbenden nicht allein gelassen hat.

Anmerkungen

1 Engelke 1980
2 In meinem Buch «Gegen die Einsamkeit Sterbenskranker» (2012) habe ich Wege aufgezeigt, wie die Kommunikation mit Sterbenskranken gelingen kann.
3 Schlingensief 2010. S. 149
4 Siehe Elias 1982
5 Radbruch/Bausewein u. a. 2011
6 Stöcker 2012
7 Jaspers 1997. S. 166
8 Jankélévitch 2005. S. 93
9 Canetti 2014
10 Pascal 1994. S. 92
11 Siehe Ohler 2003
12 www.bmbf.de/press/3480.php (Zugriff 15.07.2014)
13 www.gesundheitliche-chancengleichheit.de (Zugriff 15.07.2014)
14 Ariès 1982. Vorspann
15 Elias 1982. S. 23–29
16 Tepl 2009. S. 7
17 Woyth 1701. S. 593
18 Rilke 1997. S. 11
19 Siehe Stolberg 2011
20 Siehe Schultz 1983
21 Siehe Meuer/Keller 1999
22 Damm 2001. S. 501
23 Damm 2001. S. 502
24 Damm 2001. S. 502 f.
25 Siehe ausführlich Rohde 1962
26 Zum Beispiel Glaser/Strauß 1974
27 Siehe Heller/Pleschberger/Fink/Gronemeyer 2012. S. 60–112
28 Siehe Wasner/Pankofer 2014
29 Deutscher Hospiz- und Palliativverband e. V.
30 Siehe Heller/Pleschberger/Fink/Gronemeyer 2012
31 Deutsche Gesellschaft für Palliativmedizin e. V./Deutscher Hospiz- und PalliativVerband e. V./Bundesärztekammer 2010
32 Hacker 1798. S. 46 f.
33 Müller-Busch 2012. S. 251–276
34 Siehe Putz/Steldinger 2012
35 Siehe Beauvoir 1977
36 Statistisches Bundesamt 2012. S. 51
37 www.destatis.de/DE/ZahlenFakten/GesellschaftStaat/Gesundheit/Todesursachen/Todesursachen.html
38 Siehe www.diakonie.de/media/Texte-04–2011_der-tod-

gehoert-zum-Leben.pdf (Zugriff am 21.01.2015)

39 Statistisches Bundesamt 2014. S. 50 f.

40 Statistisches Bundesamt 2012. S. 130

41 www.dak.de/dak/download/ Forsa-Umfrage_Pflege_ 2015–1536672.pdf? (Zugriff 21.01.2015)

42 Siehe Luhmann 1979

43 Siehe Stolberg 2011

44 Statistisches Bundesamt 2012. S. 51

45 Vgl. Müller/Pfister/Markett/ Jaspers 2009

46 Borasio 2013

47 Noll 2005. S. 149

48 Wander 2009. S. 19

49 Picardie 2007. S. 26

50 Klie 2014

51 Deutsche Übersetzung: «Interviews mit Sterbenden» (1970)

52 Vgl. Student 2011; Kübler-Ross 2002; ekrfoundation 2014

53 Konigsberg 2011. S. 96

54 Zum Beispiel Hacker 1798

55 Samarel 2003. S. 132 ff.; Stolberg 2011. S. 233 ff.

56 Stollberg 1970. S. 18–59

57 Kübler-Ross 1972. S. 27

58 Konigsberg 2011. S. 97; Nighswonger 1971

59 Vgl. Hornung/Lächler 2006. S. 66–69; Pflege heute 2011. S. 245 ff.; Student/Napiwotzky 2011. S. 40–46; Thiemes Pflege 2012. S. 549

60 Kübler-Ross 1972. S. 36

61 A. a. O.: S. 120, 219

62 A. a. O.: S. 120

63 Kübler-Ross 1972. S. 23

64 Kübler-Ross 2002. S. 302

65 In Haupt 2002

66 Noll 2005. S. 109

67 Noll 2005. S. 26

68 Als Beispiel Gross 2015

69 Schlingensief 2010. S. 93

70 Albom 2002. S. 107 f.

71 Albom 2002. S. 86

72 Siehe Ingensiep/Rehbock 2009

73 Schlingensief 2010. S. 113

74 Leinemann 2009. S. 84

75 Tolstoi 1992. S. 303

76 Tolstoi 1992. S. 297

77 Schlingensief 2010. S. 32

78 Geschichten aus 1001 Nacht 2004. S. 112

79 Noll 2005. S. 196

80 Albom 2002. S. 186

81 Jellouschek 2002

82 Schlingensief 2010. S. 22

83 Leinemann 2009. S. 231

84 Leinemann 2009. S. 187

85 Picardie 2007. S. 120

86 Wander 2009. S. 33

87 Albom 2002. S. 102

88 Albom 2002. S. 108

89 Solschenizyn 1968b. S. 17

90 Als Beispiel Geiger 2011

91 Allende 2003. S. 114

92 Albom 2002. S. 109

93 Allende 2003. S. 124

94 Picardie 2007. S. 167

95 Leinemann 2009. S. 157

96 Vgl. § 630 BGB

97 Tolstoi 1992. S. 258

98 Tolstoi 1992. S. 264

99 Solschenizyn 1968a. S. 145 f.

100 Schlingensief 2010. S. 45

101 Picardie 2007. S. 157 f.

102 Picardie 2007. S. 94

103 Schlingensief 2010. S. 46

104 Leinemann 2009. S. 133

105 Albom 2002. S. 191
106 Schlingensief 2010. S. 49
107 Picardie 2007. S. 22 f.
108 Noll 2005. S. 32
109 Schlingensief 2010. S. 191
110 Solschenizyn 1968b. S. 10
111 Allende 2003. S. 32
112 Picardie 2007. S. 157
113 Siehe Huppmann/Werner 1982;
    Egbert 2005
114 Lamont/Christakis 2001
115 Solschenizyn 1968b. S. 92
116 www.tagesspiegel.de/kultur/
    aus-der-perspektive-des-lebens-
    henning-mankell-macht-krebs-
    erkrankung-publik/9401008.
    html (Zugriff am 25. 07. 2014)
117 Noll 2005. S. 116
118 Schlingensief 2010. S. 80
119 Solschenizyn 1968b. S. 173
120 Picardie 2007. S. 24
121 Bartens 2014
122 Hacker 1798. S. 107
123 Vgl. Nuland 2007
124 Leinemann 2009. S. 17
125 Piper 1999. S. 20
126 Solschenizyn 1968a. S. 7
127 Kübler-Ross in Haupt 2002
128 Kübler-Ross 1997. S. 149
129 Leinemann 2009. S. 17
130 Albom 2002. S. 176
131 Kübler-Ross in Haupt 2002
132 Schmidt 2009. S. 35
133 Siehe Arnold 2014
134 Albom 2002. S. 134
135 Zorn 2010. S. 216
136 Leinemann 2009. S. 40
137 Vgl. auch das Buch Ijob
138 Siehe Spiegel 1973; Lewis 1999;
    Scheuring 2007; Weiher 2007
139 Albom 2002. S. 72
140 Picardie 2007. S. 60 f.

141 Solschenizyn 1968a. S. 140
142 Leinemann 2009. S. 217
143 Schlingensief 2010. S. 238
144 Tolstoi 1992. S. 305
145 Schlingensief 2010. S. 93
146 www.bag.admin.ch/themen/
    gesundheitspolitik/13764/13777/
    index.html?lang=de (Zugriff
    5. 8. 2014)
147 Charta 2012. S. 8
148 Die deutschen Bischöfe 1991.
    S. 26
149 Papst Benedikt XVI. 2008.
    S. 46
150 Evangelische Kirche in
    Deutschland (EKD) 1996
151 Borasio 2013. S. 9 f.
152 Borasio 2013. S. 72 ff.
153 Siehe Riemann 2007
154 Wander 2009. S. 19
155 Picardie 2007. S. 23
156 Allende 2003. S. 241
157 Siehe Kasper/Volz 2009.
    S. 118–178
158 Kübler-Ross 1972. S. 82
159 Sölle 1973. S. 229 ff.
160 Siehe Weiher 2007, 2009
161 Siehe Tilly 2010; Sunderbrink/
    Weber 2012
162 Siehe Rosenkranz 2012
163 Gemeinsame SYNODE der
    Bistümer in der Bundes-
    republik Deutschland 1976.
    S. 84–111
164 http://www.kultur-gesundheit.
    de/faq/besuch.php
165 Küçük 2005. S. 145
166 Siehe Troll 2012
167 Siehe Schuhmann/Schäfer
    2009
168 Siehe Engelke 1980
169 Noll 2005. S. 56 – «Seiner Herr-

schaft wird kein Ende sein.»
Aus dem Glaubensbekenntnis
der Kirche.

170 Wander 2009. S. 34
171 Solschenizyn 1968b. S. 119
172 Wander 2009. S. 252
173 Schlingensief 2010. S. 130
174 Tolstoi 1992. S. 286
175 Picardie 2007. S. 56
176 Hesse 1971. S. 8
177 Picardie 2007. S. 18 f.
178 Piper 1999. S. 48 f.
179 Schlingensief 2010. S. 67
180 Tolstoi 1992. S. 268
181 Solschenizyn 1968a. S. 116
182 Piper 1999. S. 78 f.
183 Kübler-Ross in Haupt 2002
184 Wellershoff 1997. S. 150
185 Hacker 1798. S. 107
186 Diese Erschöpfung ist nicht
     mit dem chronischen Erschöp-
     fungssyndrom, auch Chronic-
     Fatigue-Syndrom (CFS)
     genannt, und dem Burnout-
     Syndrom gleichzusetzen,
     obgleich ähnliche Symptome
     vorhanden sein können.
187 Wander 2009. S. 55
188 Allende 2003. S. 188
189 Schlingensief 2010. S. 38
190 Tolstoi 1992. S. 274
191 Kübler-Ross 1997. S. 149
192 Albom 2002. S. 197
193 Picardie 2007. S. 139
194 Schlingensief 2010. S. 138
195 Albom 2002. S. 49
196 Wander 2009. S. 19
197 Noll 2005. S. 59 f.
198 Siehe Cremerius 1983
199 Piper 1977. S. 83
200 Siehe hierzu Bundesärztekam-
     mer 2011; Arnold 2014

201 Noll 2005. S. 150
202 www.bild.de/storytelling/
     topics/html-sterbehilfe-
     mobil-33318502.bild.html
203 www.destatis.de/DE/Zah-
     lenFakten/GesellschaftStaat/
     Gesundheit/Todesursachen/
     Tabellen/EckdatenTU.html
     (Zugriff 19. 01. 2015)
204 Noll 2005. S. 214
205 Tolstoi 1992. S. 302
206 Siehe Cherny/Radbruch 2009;
     Müller-Busch 2012. S. 96
207 Schlingensief 2010. S. 125
208 Albom 2002. S. 23 f.
209 Hacker 1798. S. 84
210 Albom 2002. S. 146
211 Albom 2002. S. 187
212 Picardie 2007. S. 96
213 Schlingensief 2010. S. 249
214 Leinemann 2009. S. 157
215 Wander 2009. S. 25
216 Siehe George/Banat/Dommer
     2014; Jors/Adami/Xander u. a.
     2014; Ridder 2011
217 Leinemann 2009. S. 150
218 Leinemann 2009. S. 111
219 George 2013. S. 67–117
220 Als Beispiel Schiffter 2005
221 Zum Beispiel durch die Deut-
     sche Gesellschaft für Geronto-
     logie 1980
222 Pfeffer 2005
223 Siehe Allert 2011
224 Siehe Student 1985
225 Siehe Winter 2008
226 Deutsche Gesellschaft für
     Palliativmedizin e. V./Deutscher
     Hospiz- und PalliativVerband
     e. V. (Hg.) 2012
227 Siehe Deutsche Gesellschaft für
     Gerontologie 1980

228 Siehe Voltmer/Spahn/Westermann 2009

229 Vgl. Müller/Pfister/Markett/Jaspers 2009

230 Solschenizyn 1968a. S. 211 ff., 220

231 Siehe Pleschberger 2005

232 §§ 211 ff. StGB

233 Siehe Sonneck 2000

234 Siehe dazu Arnold 2014

235 www.exit.ch/news/news/details/kommen-sie-zur-gv/ (Zugriff 22. 01. 2015)

236 Heribert Prantl in der Süddeutschen Zeitung vom 13. 01. 2014

237 Süddeutsche Zeitung vom 26. 01. 2010

238 Siehe Putz/Steldinger 2012

239 Leinemann 2009. S. 152

240 Picardie 2007. S. 164

241 Picardie 2007. S. 151 f.

242 Vgl. Steffensky 2007

243 Siehe Klie 2014. S. 38 ff.

244 Siehe zum Beispiel Schmitz 2012; Deutsche Gesellschaft für Palliativmedizin e. V./Deutscher Hospiz- und PalliativVerband e. V. 2010 und 2012; Bundesarbeitsgemeinschaft Hospiz o. J.

Literatur

Albom, Mitch 2002: Dienstags bei Morrie. Die Lehre eines Lebens. München

Allende, Isabel 2003: Paula. Frankfurt a. M.

Allert, Rochus 2011: Das stationäre Hospiz auf dem Weg in die Sackgasse? In: Die Hospizzeitschrift 3. S. 6–8

Ariès, Philippe 1982: Geschichte des Todes. München

Arnold, Uwe-Christian 2014: Letzte Hilfe. Ein Plädoyer für das selbstbestimmte Sterben. Reinbek bei Hamburg

Bartens, Werner 2014: Aneinander vorbeigeredet. In: Süddeutsche Zeitung vom 04. 11. 2014

Bausewein, Claudia/Roller, Susanne/Voltz, Raymond (Hg.) 2011: Leitfaden Palliative Care. München

Beauvoir, Simone de 1977: Das Alter. Reinbek bei Hamburg

Borasio, Gian Domenico 2012: Über das Sterben. München

Borasio, Gian Domenico 2013: Der Preis des Lebens. In: Süddeutsche Zeitung vom 08./09. 06. 2013

Bowers, Margaretta K./Jackson, Edgar N./Knight, James A./Leshan, Lawrence 1973: Wie können wir Sterbenden beistehen. London (Original: Counseling the Dying 1964)

Brüder Grimm 1972: Kinder- und Hausmärchen. Freiburg i. Br.

Bundesärztekammer 2011: Grundsätze der Bundesärztekammer zur ärztlichen Sterbebegleitung. In: Deutsches Ärzteblatt. 7 (108)

Bundesarbeitsgemeinschaft Hospiz zur Förderung von ambulanten, teilstationären und stationären Hospizen und Palliativmedizin e. V. (o. J.): Hospizkultur im Alten- und Pflegeheim – Indikatoren und Empfehlungen zur Palliativkompetenz. Berlin

Canetti, Elias 2014: Das Buch gegen den Tod. Hrsg. von Sven Hanuschek, Kristian Wachinger, Peter von Matt. München

Cartwright, Ann/Hockey, Lisbeth/Anderson, John L. 1973: Life before Death. London

Cherny, I Nathan/Radbruch, Lukas/The Board of the European Association
for Palliative Care 2009: European Association for Palliative Care (EAPC)
recommended framework for the use of sedation in palliative care. In:
Palliative Medicine 23 (7) S. 581–593

Cremerius, Johannes 1983: Sigmund Freud. In: Schultz, Hans Jürgen (Hg.),
Letzte Tage. Sterbegeschichten aus zwei Jahrtausenden. Stuttgart. S. 49–59

Damm, Sigrid 2001: Christiane und Goethe. Eine Recherche. Frankfurt
a. M., Leipzig

Deutsche Gesellschaft für Gerontologie 1980: Resolutionen eines Sympo-
sions der Deutschen Gesellschaft für Gerontologie. In: Zeitschrift für
Gerontologie, Band 13. Heft 6. S. 566–568

Deutsche Gesellschaft für Palliativmedizin e. V./Deutscher Hospiz- und PalliativVerband e. V./Bundesärztekammer (Hg.) 2010: Charta zur Betreuung schwerstkranker und sterbender Menschen in Deutschland. Berlin

Deutsche Gesellschaft für Palliativmedizin e. V./Deutscher Hospiz- und PalliativVerband e. V. (Hg.) 2012: Betreuung schwerstkranker und sterbender
Menschen im hohen Lebensalter in Pflegeeinrichtungen. Grundsatz-
papier zur Entwicklung von Hospizkultur und Palliativversorgung in
stationären Einrichtungen der Altenhilfe. Berlin

Die deutschen Bischöfe 1991: Menschenwürdig sterben und christlich sterben. Bonn.

Domin, Hilde 1977: Nur eine Rose als Stütze. Frankfurt a. M.

Egbert, Susanne 2005: Aspekte der Sozialisation zum Arzt: Eine empirische
Studie über Auswirkungen der praktischen Makroanatomie auf Medizinstudierende und deren Einstellung zu Sterben und Tod. Gießen

Ekrfoundation 2014: http://www.ekrfoundation.org/five-stages-of-grief/
(Zugriff 15. 04. 2014)

Elias, Norbert 1982: Über die Einsamkeit der Sterbenden in unseren Tagen.
Frankfurt a. M.

Engelke, Ernst 1980: Sterbenskranke und die Kirche. München

Engelke, Ernst 2012: Gegen die Einsamkeit Sterbenskranker. Wie Kommunikation gelingen kann. Freiburg i. Br.

Engelke, Ernst/Schmoll, Hans-Joachim/Wolff, Georg (Hg.) 1979: Sterbebei-
stand bei Kindern und Erwachsenen. Stuttgart

Eser, Albin 1976: Erscheinungsformen von Suizid und Euthanasie. In: Eser,
Albin (Hg.): Suizid und Euthanasie als human- und sozialwissenschaft-
liches Problem. Stuttgart

Evangelische Kirche in Deutschland (EKD) 1996: Gemeinsames Wort zur
Woche für das Leben «Im Sterben: Umfangen vom Leben». http://www.
ekd.de/EKD-Texte/sterben_1996.html

Feldman, Klaus 2010: Tod und Gesellschaft. Sozialwissenschaftliche Thanatologie im Überblick. 2., neu bearbeitete Aufl. Wiesbaden

Geiger, Arno 2011: Der alte König in seinem Exil. München

Gemeinsame SYNODE der Bistümer in der Bundesrepublik Deutschland 1976: Beschlüsse der Vollversammlung. Unsere Hoffnung. Offizielle Gesamtausgabe. Freiburg i. Br. S. 84–111

George, Wolfgang M./Banat Gamal A./Dommer, Eckhard 2014: Betreuung Sterbender im Krankenhaus: Ärzte üben Kritik an ihrer Ausbildung. In: Deutsches Ärzteblatt. 111(9): A-340/B-296/C-282

George, Wolfgang M./Dommer, Eckhard/Szymczak, Viktor R. (Hg.) 2013: Sterben im Krankenhaus. Situationsbeschreibung, Zusammenhänge, Empfehlungen. Gießen

Gernhardt, Robert 2004: Die K-Gedichte. Frankfurt a. M.

Gernhardt, Robert 2006: Später Spagat. Gedichte. Frankfurt a. M.

Geschichten aus 1001 Nacht 2004. München

Glaser, Barnay G./Strauss, Anselm 1974: Interaktion mit Sterbenden. Beobachtungen für Ärzte, Schwestern, Seelsorger und Angehörige. Göttingen (1965) (Original: Awareness of Dying. 1965)

Gross, Peter 2015: Ich muss sterben. Im Leid die Liebe neu erfahren. Freiburg i. Br.

Hacker, Joachim B. N. 1798: Thanatologie oder Denkwürdigkeiten aus dem Gebiete der Gräber. – Ein unterhaltsames Lesebuch für Kranke und Sterbende. Leipzig

Haupt, Stefan 2002: Elisabeth Kübler-Ross – Dem Tod ins Gesicht sehen. Film. Schweiz, DVD

Heller, Andreas/Pleschberger, Sabine/Fink, Michaela/Gronemeyer, Reimer 2012: Die Geschichte der Hospizbewegung in Deutschland. Ludwigsburg

Hesse, Hermann 1971: Die Romane und die großen Erzählungen. 7. Band. Das Glasperlenspiel 1. Frankfurt a. M.

Hinton, John 1972: Dying. New York (1965)

Hornung, Rainer/Lächler, Judith 2006: Psychologisches und soziologisches Grundwissen für Gesundheits- und Krankenpflegeberufe. Weinheim

Huppmann, Gernot/Werner, Angela 1982: Sterben in der Institution: psychologische Aspekte. In: Medizin Mensch Gesellschaft. 7 S. 155–168

Ilkilic, Ilhan 2005: Begegnung und Umgang mit muslimischen Patienten. Eine Handreichung für die Gesundheitsberufe. Bochum

Ingensiep, Werner/Rehbock, Theda (Hg.) 2009: «Die rechten Worte finden …» Sprache und Sinn in Grenzsituationen des Lebens. Würzburg

Jankélévitch, Vladimir 2005: Der Tod. Frankfurt a. M. (1977)

Jaspers, Karl 1997: Kleine Schule des philosophischen Denkens. München (1974)

Jellouschek, Hans 2002: Bis zuletzt die Liebe. Als Paar von einer schweren Krankheit herausgefordert. Freiburg i. Br.

Jors, K./Adami, S./Xander, C. u. a. 2014: Dying in Cancer Centers: Do the circumstances allow for a dignified death? In: Cancer J. 120 (20) S. 3254–3260

Kasper, Siegfried/Volz, Hans-Peter (Hg.) 2009: Psychiatrie und Psychotherapie compact. Stuttgart

Kastenbaum, Robert 1977: Death, society, and human experience. Saint Louis

Kautzky, Rudolf (Hg.) 1976: Sterben im Krankenhaus. Aufzeichnungen über einen Tod. Freibug i. Br.

Klie, Thomas 2014: Wen kümmern die Alten? Auf dem Weg in eine sorgende Gesellschaft. München

Koch, Uwe/Lang, Klaus/Mehnert, Anja/Schmeling-Kludas, Christoph (Hg.) 2006: Die Begleitung schwer kranker und sterbender Menschen. Stuttgart

Konigsberg, Ruth Davis 2011: The Truth about Grief. The Myth of the Five Stages and the New Science of Loss. New York

Kübler-Ross, Elisabeth 1972: Interviews mit Sterbenden. Stuttgart. (Original: On Death and Dying. What the dying have to teach doctors, nurses, clergy, and their own families. London. 1969)

Kübler-Ross, Elisabeth 1997: Die Kojoten sind meine Freunde. Interview. In: Der Spiegel 39. S. 149 f.

Kübler-Ross, Elisabeth 2002: Das Rad des Lebens. Autobiographie (1997)

Küçük, Filiz 2005: Rituelle Begleitung sterbender Muslime. In: Soziale Arbeit 4. S. 142–148

Lamont, Elizabeth B./Christakis, Nicholas A. 2001: Prognostic Disclosure to Patients with Cancer near the End of Life. In: Ann Intern Med. 134. S. 1096–1105

Leinemann, Jürgen 2009: Das Leben ist der Ernstfall. Hamburg

Lenz, Siegfried 1985: Der Verlust. München

Lewis, Clive S. 1999: Über die Trauer. Der Begleiter für schwere Stunden. Frankfurt a. M. (1964)

Lugton, Jean 2002: Communicating with Dying People and Their Relatives. Oxford

Meuer, Peter/Keller, Werner 1999: Abschied und Übergang. Goethes Gedanken über Tod und Unsterblichkeit. Düsseldorf

Müller, Monika/Pfister, David/Markett, Sebastian/Jaspers, Birgit 2009: Wie viel Tod verträgt das Team? Eine bundesweite Befragung der Palliativstationen in Deutschland. In: Der Schmerz 23 (6) S. 600–608

Müller-Busch, H. Christof 2012: Abschied braucht Zeit. Palliativmedizin und Ethik des Sterbens. Berlin

Murgia, Michaela 2010: Accabadora. Rom, Berlin

Nighswonger, Carl A. 1971: Seelsorge an Sterbenden. In: Evangelische Seelsorge. 5. S. 2–7

Noll, Peter 2005: Diktate über Sterben und Tod. Mit der Totenrede von Max Frisch. München (1984)

Nuland, Sherwin B. 2007: Wie wir sterben. Ein Ende in Würde? München (1993)

Ohler, Norbert 2003: Sterben und Tod im Mittelalter. Ostfildern

Papst Benedikt XVI. 2008: Enzyklika Spe Salvi. Über die christliche Hoffnung. Bonn

Pascal, Blaise 1994: Pensées. Über die Religion und einige andere Gegenstände. Gerlingen (1670)

Pfeffer, Christine 2005: Hier wird immer noch besser gestorben als woanders. Eine Ethnographie stationärer Hospizarbeit. Bern

Pflege heute 2011: Lehrbuch und Atlas für Pflegeberufe. München

Picardie, Ruth 2007: Es wird mir fehlen, das Leben. Reinbek bei Hamburg. (1997)

Piper, Hans-Christoph 1977: Gespräche mit Sterbenden. Göttingen

Piper, Hans-Christoph 1981: Kommunizieren lernen. Göttingen

Piper, Hans-Christoph 1999: Kranksein – Erleben und Lernen. Göttingen

Pleschberger, Sabine 2005: Nur nicht zur Last fallen. Sterben in Würde aus der Sicht alter Menschen in Pflegeheimen. Freiburg i. Br.

Putz, Wolfgang/Steldinger, Beate 2012: Patientenrechte am Ende des Lebens. München

Radbruch, Lukas/Bausewein, Claudia u. a. 2011: Europäische Empfehlungen zur Palliativversorgung und Hospizarbeit und ihre Umsetzung in Deutschland. In: Palliativmedizin. 12 (4). S. 175–183

Rat der Evangelischen Kirche in Deutschland 2004: Die Kraft zum Menschsein stärken. Leitlinien für die evangelische Krankenhausseelsorge. Eine Orientierungshilfe. Hannover

Ridder, Michael de 2011: Wie wollen wir sterben? Ein ärztliches Plädoyer für eine neue Sterbekultur in Zeiten der Hochleistungsmedizin. München

Riedel, Marianne/Engelke, Ernst/Schmoll, Hans-Joachim 1975: Hoffnung wider alle Hoffnung – Vom Umgang mit Todkranken. Fernsehfilm. Im ZDF am 24.03.1975. Mainz

Riemann, Fritz 2007: Grundformen der Angst und die Antinomien des Lebens. Basel, München (1961)

Rilke, Rainer Maria 1997: Aufzeichnungen des Malte Laurids Brigge. Stuttgart (1910)

Ritter, Mechthild 2011: Wenn ein Kind stirbt. Hilfe und Orientierung für Eltern, Geschwister und Begleitende. Gütersloh

Rohde, Johann Jürgen 1962: Soziologie des Krankenhauses. Stuttgart

Rosenkranz, Michael 2012: Der Tod eines Menschen. Das Ende des Lebens und die damit verbundenen Riten. talmud.de/cms/Tod_eines_Menschen.76.0.html

Samarel, Nelda 2003: Der Sterbeprozess. In: Wittkowski, Joachim (Hg.): Sterben, Tod und Trauer. Grundlagen, Methoden, Anwendungsfelder. Stuttgart. S. 132–151

Schäfer, Rainer/Schuhmann, Günter (Hg.) 2009: Sterben Gläubige leichter? Zur Bedeutung von Religion und Weltanschauung im Sterbeprozess. Würzburg

Scheuring, Herbert 2007: Mit der Trauer leben. Von Abschied und Neubeginn. Würzburg

Schiffter, Roland 2005: Der Arzt im Krankenbette. Ein Plädoyer für mehr Menschlichkeit im Krankenhaus, «trotz Finanznot und Wirtschaftskrise». In: Deutsches Ärzteblatt 47 (102) S. C 2558–2561

Schlingensief, Christoph 2010: So schön wie hier kanns im Himmel gar nicht sein. Tagebuch einer Krebserkrankung. München

Schmeling-Kludas, Christoph 2006: Die Kommunikation mit Schwerstkranken und ihren Angehörigen. In: Koch/Lang/Mehnert/Schmeling-Kludas (Hg.): Die Begleitung schwer kranker und sterbender Menschen. Stuttgart. S. 31–52

Schmidt, Kathrin 2009: Du stirbst nicht. Köln

Schmitz, Andrea 2012: Palliativmedizin im Akutkrankenhaus: Würdevolle Betreuung. Multiprofessionelle Versorgung von Palliativpatienten – ein Erfahrungsbericht. In: Deutsches Ärzteblatt. 109 (6) S. A-257/B-224/C-224

Schultz, Hans Jürgen (Hg.) 1983: Letzte Tage. Sterbegeschichten aus zwei Jahrtausenden. Stuttgart

Sölle, Dorothee 1973: Leiden. Stuttgart

Solschenizyn, Alexander 1968a, b: Krebsstation. 2 Bde. Neuwied

Sonneck, Gernot 2000: Krisenintervention und Suizidverhütung. Wien

Spiegel, Yorick 1973: Der Prozess des Trauerns. Analyse und Beratung. München

Statistisches Bundesamt 2012: Statistisches Jahrbuch Deutschland und Internationales 2012. Wiesbaden

Statistisches Bundesamt 2013: Statistisches Jahrbuch Deutschland und Internationales 2013. Wiesbaden

Statistisches Bundesamt 2014: Statistisches Jahrbuch Deutschland und Internationales 2014. Wiesbaden

Steffensky, Fulbert 2007: Mut zur Endlichkeit. Sterben in einer Gesellschaft der Sieger. Stuttgart

Stöcker, Christian 2012: «Lass uns leben, ARD!», http://www.spiegel.de/kultur/tv/liebe-ard-ein-brief-zur-themenwoche-tod-und-sterben-a-868469.html (Zugriff 12. 12. 2012)

Stolberg, Michael 2011: Die Geschichte der Palliativmedizin. Medizinische Sterbebegleitung von 1500 bis heute. Frankfurt a. M.

Stollberg, Dietrich 1970: Therapeutische Seelsorge. Die amerikanische Seelsorgebewegung. Darstellung und Kritik. Mit einer Dokumentation. München

Student, Christoph 1985: Hospiz versus «Sterbeklinik». In: Wege zum Menschen 37. S. 260–269

Student, Christoph 2011: Gibt es ein Sterben ohne Angst? Ein einleitender Essay. In: Kübler-Ross, Elisabeth: Interviews mit Sterbenden. Stuttgart. S. 8–26

Student, Christoph/Napiwotzky, Annedore 2011: Palliative Care. Stuttgart

Sunderbrink, Juliane/Weber, Susanne 2012: Jüdisches Leben. Krankheit, Sterben und Tod. http://www.talmud.de/artikel/cholim.htm

Tepl, Johannes von 2009: Der Ackermann. Stuttgart (1404)

Thiemes Pflege 2012. Stuttgart

Tilly, Michael 2010: Das Judentum. Wiesbaden

Tolstoi, Leo 1992: Der Tod des Iwan Iljitsch. In: Tolstoi, Leo: Erzählungen. Stuttgart. S. 225–308

Troll, Christian 2012: Krankheit, Leiden und Tod im islamischen Glauben und Denken. Frankfurt a. M. sankt-georgen.de/leseraum/troll10.html

Voltmer, Edgar/Spahn, Claudia/Westermann, Jürgen 2009: Psychosoziale Belastungen werden zu wenig thematisiert. In: Deutsches Ärzteblatt 8 (106) C 305 f.

Wander, Maxie 2009: Leben wär' eine prima Alternative. Tagebücher und Briefe. München (1979)

Wasner, Maria/Pankofer, Sabine (Hg.) 2014: Soziale Arbeit in Palliative Care. Stuttgart

Weiher, Erhard 2007: Die Religion, die Trauer und der Trost. Seelsorge an den Grenzen des Lebens. Ostfildern

Weiher, Erhard 2009: Das Geheimnis des Lebens berühren. Spiritualität bei Krankheit, Sterben, Tod. Stuttgart

Wellershoff, Marianne 1997: Das elende Warten auf Tag X. In: DER SPIEGEL 39. S. 146 f.

Winter, Maik H.-J. 2008: Pflegeheime auf dem Weg zu Institutionen des Sterbens? In: Gesundheit und Gesellschaft. 8 (4) S. 15–22

Wittkowski, Joachim (Hg.) 2003: Sterben, Tod und Trauer. Grundlagen, Methoden, Anwendungsfelder. Stuttgart

Worth, Richard 2005: Elisabeth Kübler-Ross – encountering death and dying. Chelsea

Woyth, Johann Jakob 1701: Medicinische Schatz Kammer. Königsberg

Zerfaß, Rolf 1995: Lebensnerv Caritas. Helfer brauchen Rückhalt. Freiburg i. Br.

Zorn, Fritz 2010: Mars. Frankfurt a. M. (1979)

Dank

Über «die Wahrheit im und am Sterbebett» habe ich in den vergangenen 50 Jahren mit vielen Menschen gesprochen. Zumeist ging es um die Fragen, wie wir mit Sterben und Tod umgehen und wie wir besser damit umgehen können. In diesem Buch sind die Antworten vieler Menschen auf diese Fragen zusammengeflossen. Allen danke ich für ihre wertvollen Ideen, Informationen, Erfahrungen und Erkenntnisse.

Einige möchte ich benennen und ihnen hier besonders danken.

Ich danke …

… den Sterbenskranken und ihren Angehörigen, die mir ihr Vertrauen geschenkt haben und die ich begleiten durfte.

… den Pflegenden und Ärzten, mit denen ich im Laufe der Jahre gemeinsam Sterbende und deren Familien begleitet habe.

… den Teilnehmerinnen und Teilnehmern der Seminare und Supervisionen, die mir von ihren Erfahrungen in Palliative Care berichtet und mit mir nach Alternativen für den Umgang mit Sterbenden und ihren Angehörigen gesucht haben.

… meinen akademischen Lehrern und Mentoren Hans-Christoph Piper (1930–2002) und Rolf Zerfaß, die mir gezeigt haben, wie Wissenschaftler praxisorientiert denken und lehren.

… den Mitarbeiterinnen und Mitarbeitern der Akademie für Palliativmedizin, Palliativpflege und Hospizarbeit der Stiftung Juliusspital in Würzburg, insbesondere Günter Schuhmann, Burkard Brehm, Volker Kleinhenz und Christine Kroschewski, für die jahrelange erfolgreiche Zusammenarbeit.

… den Mitarbeiterinnen und Mitarbeitern des Palliativ- und Hospizzentrums der Stiftung Juliusspital in Würzburg, insbesondere Rainer Schäfer, Sibylla Baumann, Martin Gehring, Karola Gramß, Heribert Joha, Elisabeth Köhler, Regina Raps und Bernhard Stühler, für den fachlichen Austausch und die gegenseitige Wertschätzung.

… der Geschäftsführung der Stiftung Juliusspital in Würzburg, insbesondere Walter Herberth, Franz-Josef Steingasser und Wolfgang Popp, für die Förderung und die weiterführenden Hinweise aus Sicht der Träger.

… Frithjof Ringler für seine Bereitschaft und Ausdauer, das Buchmanuskript mit mir im fruchtbaren Dialog durchzuarbeiten.

… Julia Vorrath für ihre aufmerksame und inspirierende Begleitung beim Entstehen des Buches.

… Alice, Hanna und Eva Engelke für unser gemeinsames Leben.

Ernst Engelke